JN326869

Understanding Education, Child care, and Autism

「心の理論」から学ぶ
発達の基礎

教育・保育・自閉症理解への道

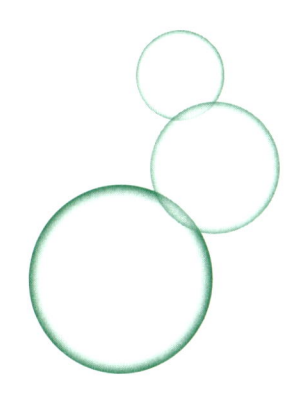

子安増生 [編著]

ミネルヴァ書房

Theory of Mind as the Basis of Development

まえがき

　「心の理論」の発達研究が開始されたのは，1983年とされますので，ほぼ一世代にあたる期間が経過します。「心の理論」はいまや，発達心理学だけでなく，さまざまな専門誌や学会においてこのテーマや関連する内容の研究発表が行われており，心理学の世界で幅広く取り上げられるようになりました。本書のタイトルの『「心の理論」から学ぶ発達の基礎──教育・保育・自閉症理解への道』は，広く子どもの発達のしくみを理解するためだけでなく，保育・教育の実践や，自閉症の理解にとっても，「心の理論」を学ぶことが不可欠であることを示すものです。

　本書で「心の理論」について学ぶ具体的内容として，「Ⅰ　心の発達のしくみを理解するために」，「Ⅱ　保育・教育の現場で子どもを理解するために」，「Ⅲ　自閉症児を理解するために」の三部構成にしました。読み進める順序としては，Ⅰ部，Ⅱ部，Ⅲ部と順を追うのが理解しやすくなると思います。

　本書には，前身となる出版物があります。ミネルヴァ書房刊行の雑誌『発達』第135号は，「いま，あらためて「心の理論」を学ぶ」という特集を組み，2013年7月に発行されました。この特集に際して，本書の編者（子安増生）が実質的な企画者となり，各章のテーマと執筆者を『発達』編集部に提案しましたが，その企画会議において，将来の書籍化の話が編集部との間で話題とされました。幸い，『発達』第135号は内容と売れ行きの両面で好評を博し，それを受けて書籍化が実現することになったものです。

　雑誌『発達』版はB5判縦書きで「です，ます」調でしたが，書籍版（本書）はA5判横書きにして「である」調となります。書籍版では，図表や索引を充実させ，専門書の装いを強化しましたが，「学術的正確さを維持しつつ初学者にも読みやすい内容」という雑誌での基本方針は引き継いでいます。

雑誌版に掲載された12編の原論文については，その後の研究の発展を含めて，著者自身に加筆修正を行っていただき，内容の一層の充実をみました。書籍版では，新たに7人の先生のご協力を得て，6章を追加しました。執筆陣に新たに加わったのは，嶋田総太郎，東山薫，セレナ・レッチェとフェデリカ・ビアンコ（共著），若林明雄，藤野博，米田英嗣の各先生方です。イタリア・パヴィア大学のレッチェ先生は，英国・ケンブリッジ大学のクレア・ヒューズ先生との共同研究グループを通じてのお付き合いです。わが国における「心の理論」研究のグローバル化の進展を表わすものとして，本書に執筆をお願いした次第です。その翻訳は，共同研究グループに属する溝川藍先生にお願いしました。
　「心の理論」研究が契機となって理解が深まり，発達支援の実践が飛躍的に発展した分野に自閉症研究があります。本書では，新たに3章を追加して，「Ⅲ　自閉症児を理解するために」の部の内容の一層の充実をはかりました（なお本書では「自閉症」の表記については各章の執筆者の意向に合わせる方針としています）。本書を通じて，子どもたちとその発達についての理解が深まり，そのことがよりよい保育ならびに教育の実践につながることを切に願う次第です。
　本書ができあがるまでに，前述のように，ミネルヴァ書房編集部には大変お世話になりました。雑誌企画の際に担当してくださった吉岡昌俊さん，本書を直接担当してくださった丸山碧さんのお名前を挙げて，ここに関係各位に厚く御礼申し上げます。

2016年1月

子安　増生

「心の理論」から学ぶ発達の基礎
——教育・保育・自閉症理解への道——

目　次

まえがき

Ⅰ　心の発達のしくみを理解するために

Ⅰ-1　いまなぜ「心の理論」を学ぶのか……………………子安増生…3
　1　「心の理論」研究30年……………………………………………3
　2　「心の理論」研究のメタ分析結果………………………………7
　3　「心の理論」は教育可能か………………………………………12

Ⅰ-2　「心の理論」と表象理解………………………………加藤義信…17
　　　──2～4歳児はどんな心の世界に生きているか
　1　はじめに……………………………………………………………17
　2　誤信念課題に向き合う3～4歳児と5歳児の態度の違い…………18
　3　パーナーの心の表象理論…………………………………………19
　4　多義図形課題を通してみた表象発達……………………………22
　5　おわりに……………………………………………………………26

Ⅰ-3　「心の理論」と実行機能………………………………郷式　徹…29
　　　──どのような認知機能が誤信念課題に必要か？
　1　誤信念課題に必要な認知機能──実行機能と3つの下位機能……29
　2　心の理論と実行機能の関連──発達時期と脳領域の重なり………32
　3　心の理論と実行機能の出会い……………………………………33
　4　社会的知能と実行機能……………………………………………36

Ⅰ-4　ミラーシステムと「心の理論」…………………………嶋田総太郎…41
　　　──認知神経科学的アプローチ
　1　ミラーシステム……………………………………………………41
　2　心の理論の神経基盤………………………………………………47

3　ミラーシステムと「心の理論」領野……………………………50

Ⅰ-5　「心の理論」の発達の文化差………………………東山　薫…55
　　　──日本・韓国・オーストラリアの比較から
　1　誤信念課題の通過年齢における文化差……………………………55
　2　個人主義 vs. 集団主義理論による文化差の説明…………………56
　3　言語環境による文化差の説明………………………………………57
　4　心の多面性の理解を測定する課題…………………………………58
　5　心の理論課題における文化差と言語環境…………………………58
　6　心の理論における文化差の要因の検討……………………………59

Ⅱ　保育・教育の現場で子どもを理解するために

Ⅱ-1　乳児期の「心の理論」………………………………千住　淳…69
　　　──赤ちゃんはどこまでわかっている？
　1　赤ちゃんの他者理解…………………………………………………69
　2　誤信念課題と3歳の壁………………………………………………71
　3　自発的な誤信念課題…………………………………………………72
　4　赤ちゃんはどのように誤信念課題を解いているのか……………76

Ⅱ-2　幼児期の"心の理解"………………………………木下孝司…81
　　　──心を理解するということが"問題"となるとき
　1　通じ合うことの謎……………………………………………………81
　2　「心」をめぐるパラドクス…………………………………………82
　3　子どもが「心」に気づくとき………………………………………83
　4　時間的に拡張された自己と心の理解………………………………87
　5　今後の"心の理解"研究に期待されること………………………89

Ⅱ-3 児童期の「心の理論」..林 創... 95
　　　――大人へとつながる時期の教育的視点をふまえて
　1　二次の心の理論..95
　2　二次の心の理論に関連する社会性の発達............................97
　3　一次の心の理論に関連する社会性の発達............................101
　4　児童期の心の理論を育む教育をめざして............................102

Ⅱ-4 「心の理論」と感情理解..................................溝川 藍... 107
　　　――子どものコミュニケーションを支える心の発達
　1　初期の感情理解――「心の理論」以前の発達.....................107
　2　心の理論の発達..108
　3　偽りの感情の理解...112
　4　感情理解と社会的関係..116

Ⅱ-5 「心の理論」と教示行為..................................赤木和重... 119
　　　――子どもに教えるのではなく子どもが教える
　1　「心の理論」との出会い..119
　2　「教える」行為に注目する理由..119
　3　1歳, 3歳, 5歳の教示行為..121
　4　これからの教示行為研究に向けて......................................124
　5　「奇跡」としての教示行為...125
　6　教示行為研究が提起する子ども理解...................................127

Ⅱ-6 「心の理論」と保育..小川絢子... 131
　　　――保育のなかの子どもたちにみる心の理解
　1　保育実践と「心の理論」研究をいかに結びつけるか............131
　2　1, 2歳児にみられる人とのかかわり――意図や欲求の理解から..........132
　3　幼児期後半の人とのかかわり――心の表象的理解から.........136
　4　保育のなかの子ども理解からみた「心の理論」研究の課題..............140

目 次

Ⅱ-7 「心の理論」の訓練……S・レッチェ，F・ビアンコ／溝川 藍 訳… 143
　　　——介入の有効性
　1　なぜ児童期に心の理論を訓練すべきなのか？………………………… 143
　2　既存の心の理論の訓練から得られる指針……………………………… 143
　3　児童期中期の心の理論の促進——訓練プログラム…………………… 145
　4　児童期中期の心の理論の訓練——実証的証拠………………………… 150
　5　心的状態についてのグループでの会話による心の理論の促進……… 155

Ⅲ　自閉症児を理解するために

Ⅲ-1　自閉症児の「心の理論」………………………………内藤美加… 163
　　　——マインド・ブラインドネス仮説とその後の展開
　1　心の理論の障害仮説とその限界………………………………………… 164
　2　共同注意とそれに関連する障害………………………………………… 168
　3　脳科学からの説明………………………………………………………… 176

Ⅲ-2　自閉症スペクトラム指数（AQ）と「心の理論」……若林明雄… 187
　1　自閉症スペクトラム……………………………………………………… 187
　2　自閉症スペクトラムと基本的な因果認知……………………………… 190
　3　「共感化—システム化」理論と「心の理論」………………………… 192
　4　自閉症スペクトラムの2次元的理解へ………………………………… 196

Ⅲ-3　自閉症児と情動——情動調整の障害と発達……………別府 哲… 199
　1　社会性の問題行動は「心の理論」の欠損で説明できるのか ………… 199
　2　心を「わかる」ことと「調整」すること……………………………… 200
　3　認知的な心，情動的な心………………………………………………… 201
　4　情動的な心の調整………………………………………………………… 202

Ⅲ-4 自閉症と三項関係の発展型としての「心の理論」…熊谷高幸… 209
 1 「心の理論」と三項関係……………………………………………… 209
 2 「サリーとアン」テストのなかの三項関係………………………… 210
 3 三項関係と非共有者への気づき……………………………………… 212
 4 「スマーティ」テストのなかの三項関係…………………………… 213
 5 「カード分類テスト」のなかの三項関係…………………………… 214
 6 カード分類テストの簡易版の適用…………………………………… 216

Ⅲ-5 自閉症児への心の読み取り指導………………………藤野　博… 219
 1 自閉症児は心の理論を獲得できるか？……………………………… 219
 2 自閉症児への心の読み取り指導——介入研究の知見……………… 220
 3 自閉症児への心の読み取り指導——実践事例……………………… 222
 4 自閉症児の心の読み取りと言語の役割……………………………… 226
 5 自閉症児の心の読み取り——限界と可能性………………………… 228
 6 多様な心の理論と共生の視点………………………………………… 230

Ⅲ-6 自閉症児の善悪判断………………………………………米田英嗣… 233
 1 善悪の判断とは………………………………………………………… 234
 2 定型発達者の善悪判断………………………………………………… 235
 3 自閉症者の善悪判断…………………………………………………… 239
 4 今後の展望……………………………………………………………… 241

索　引　247

I

心の発達のしくみを
理解するために

I-1 いまなぜ「心の理論」を学ぶのか

子安増生

1 「心の理論」研究 30 年

　発達心理学の教科書，参考書，学術書などには必ずと言ってよいほど「心の理論（theory of mind）」という言葉が出てくる。また，国内外の心理学の専門誌のタイトルや学会発表の題目を見ると，「心の理論」は，発達心理学でも今や最も主要な研究テーマの 1 つになったといえよう。後に詳しく見るが，「心の理論」研究自体は，1978 年に最初の研究が開始され，1983 年にその発達的研究の最初の論文が発表された。すなわち，「心の理論」は，2015 年現在，すでに 30 年以上にわたって研究され続けてきたのである。

　では，「心の理論」とはどういう意味だろうか。また，「心の理論」を理解しておくことは，子どもの養育，保育，教育，臨床などの活動にかかわる人にとって不可欠とされるのは，いったいなぜなのだろうか。本書全体がこの問いに答えようとするものであるが，本章では，「心の理論」の研究の歴史を振り返り，その研究の成果をまとめて，いまなぜ「心の理論」を学ぶのかという問いに答えたい。

(1)「心の理論」研究の始まり

　「心の理論」という言葉を最初に提唱したのは，チンパンジーのコミュニケーション能力の研究を行ったアメリカの霊長類学者のプレマック（Premack, D.）である。プレマックとウッドラフ（Woodruff, D.）が 1978 年に公刊した「チ

ンパンジーは心の理論を持つか」という論文において，群れを形成し集団生活を営むチンパンジーたちは，たとえばあざむき行動のように，他の仲間や他の種の個体の心の状態を推測しているかのような行動をとることも可能かもしれないと考え，そのような行動の背後にある能力を「心の理論」と呼んだのである（Premack & Woodruff, 1978）。

　プレマックは，人間であれ，他の動物であれ，自己および他者の目的・意図・知識・信念・思考・疑念・推測・ふり・好み等の内容が理解できるのであれば，その人間または動物は「心の理論」を持つといえるのではないかと考えた。

　他者の心の状態を推測することを「理論」と呼んだのは，心の状態は直接に観察できる現象でなく，電気や磁気の法則のように，推論に基づいて構成されるものであること，しかし，いったんそのような理論を構成すれば，科学の理論がさまざまな現象の生起を予測しうるのと同じように，「心の理論」に基づいて他者の行動をある程度予測できるようになることからである。

（2）「心の理論」の発達研究

　1983年になって，オーストリアの心理学者ヴィマー（Wimmer, H.）とパーナー（Perner, J.）は，マクシという男の子を主人公とする「誤った信念課題」を開発して幼児期の「心の理論」の発達過程を調べる研究を公刊した（Wimmer & Perner, 1983）。

　　「マクシは，お母さんの買い物袋をあける手伝いをし，〈緑〉の戸棚にチョコレートを入れた後，遊び場に出かけた。マクシのいない間に，お母さんは戸棚からチョコレートを取り出し，ケーキを作るために少し使い，その後それを〈緑〉ではなく〈青〉の戸棚にしまった。お母さんは卵を買うために出かけた。しばらくしてマクシは，お腹をすかせて遊び場から戻ってきた」。

　このようなお話を子どもに聞かせた後，「マクシは，チョコレートがどこに

あると思っているだろうか？」という質問に対して，子どもが正しく〈緑〉の戸棚を選ぶと，マクシの誤った信念（思い込み）を正しく推測することができたということになる。

この課題に対して，3～4歳児はそのほとんどが正しく答えられないが，4～7歳にかけて正解率が上昇するというデータが得られた。「心の理論」の発生の時期は，およそ4歳頃からであることが明らかにされたのである。

誤った信念課題の変種として，パーナーらは，1987年に「スマーティ課題」を考案した。スマーティという商品名のチョコレートの箱を示し，「この箱の中に何が入っていると思う？」と尋ねると，子どもたちの大部分は「スマーティ」とか「チョコレート」と答えるが，箱をあけると中に入っているのはエンピツなのであった。その後，「ここに何が入っていると思った？」と聞き，次いで友だちの名前をあげながら「○○ちゃんは，この中に何が入っていると思うかな？」と尋ねる。そうすると，年少児では「最初からエンピツが入っていたと思った」と答えたり，「友だちもエンピツが入っていると思うだろう」と答える子どもが多いのである（Perner et al., 1987）。

また，誤った信念課題もスマーティ課題も共に幼児期の他者理解の発達を調べるものであるが，児童期では「二次的誤信念」の理解ということが重要になってくることをパーナーとヴィマーの研究チームが1985年に明らかにした（Perner & Wimmer, 1985）。その研究では，ジョンとメアリーという子どもが登場する物語を聞かせ，「メアリーはアイスクリーム屋さんが公園にいると思っている，とジョンは思っている」という2段階の誤解がわかるかどうかが調べられた（物語の途中でワゴン車のアイスクリーム屋さんは公園から教会に移動したため誤解が生じる設定）。この実験の結果，5歳までは正解率が19％であるが，6歳で66％，7歳で78％，8歳で88％，9歳で94％となることが示された。

（3）自閉症児の「心の理論」

1985年に，イギリスの心理学者バロン＝コーエン（Baron-Cohen, S.）らは，自閉症児の「心の理論」の研究を開始した。バロン＝コーエンらが最初に報告し

た研究（Baron-Cohen et al., 1985）では，課題の意味を理解することのできる平均年齢11歳11カ月（精神年齢は非言語性知能検査で9歳3カ月，言語性知能検査で5歳5カ月）の高機能とされる自閉症児でも，誤った信念課題に正解できたのは20％にとどまったのである。なお，この研究では，課題の登場人物が2人の少女に変更され，その登場人物の名前をとって「サリーとアンの課題」とされた。この研究結果から，バロン＝コーエンは，自閉症の中核的障害が「心の理論」の欠損にあるとし，「自閉症＝〈心の理論〉欠如」仮説を提唱したのであるが，その妥当性をめぐってその後多くの研究が重ねられた。

（4）「心の理論」研究の5分野

プレマックが始めた動物の「心の理論」研究，パーナーが始めた「心の理論」の定型発達研究，そしてバロン＝コーエンが始めた「心の理論」の障害（自閉症）研究の3つは，「心の理論」の最も基本的な研究分野である。次節では，この3分野におけるその後の発展についてまとめるが，それに加えて，「心の理論」の脳機能研究と，機械と「心の理論」研究とをあわせて，「心の理論」の5分野と考えることができる（図Ⅰ-1-1）。本論の主旨からは外れる後二者について，ここでまとめておこう。

脳機能研究では，「心の理論」のはたらきを支える神経基盤となる脳部位として，上側頭溝（superior temporal sulcus; STS）や内側前頭前野（medial prefrontal cortex; mPFC）などがあげられている（Baron-Cohen, 1995；苧阪, 2006；子安・大平, 2011）。上側頭溝は他者の眼や顔や手の動きに対して反応する脳部位であり，内側前頭前野は葛藤の解決や報酬の選択などさまざまな社会的行動を支える脳部位とされる。脳画像研究の進展は著しく，解剖学的に分離可能なさまざまな脳部位の役割が明らかになってきたが，脳のどこかに「心の理論」の座というものがあるのではなく，脳全体の活動として機能するものとして「心の理論」を考えた方がよいとされる。

機械と「心の理論」研究とは，人間の心を理解したり，人間の心にはたらきかけたりする機械の製作とかかわるものである（子安, 2000）。その第一は，人

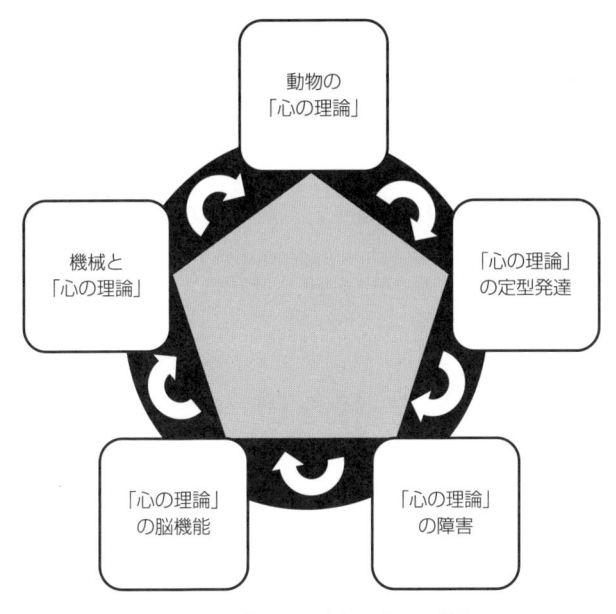

図 I-1-1 「心の理論」研究の5分野

（動物の「心の理論」／「心の理論」の定型発達／「心の理論」の障害／「心の理論」の脳機能／機械と「心の理論」）

工知能の研究である。チェスの世界では，IBM社が開発したコンピュータ「ディープ・ブルー」が1997年にロシア人の当時の世界チャンピオン・カスパロフ（Kasparov, G.K.）に勝利して以来，人工知能に支えられた機械は，多くの分野で人間の知能をはるかに凌駕する存在として認識されるようになった。しかしながら，そのような人工知能の技術をベースとし，自律的に移動し作業を行うことができる人型ロボット（ヒューマノイド）に人間の心を理解する「心」を移植（インストール）することは，まだまだ基礎研究の段階であって，実用化の域に達しているとはいえないが，今後人型ロボットが接客や介護などのヒューマン・サービスの分野に入っていくためには重要な研究課題である。

2　「心の理論」研究のメタ分析結果

1980年代から始まった「心の理論」研究は，いまや30年が経過した。研究の

Ⅰ　心の発達のしくみを理解するために

結果，いったいどんなことが明らかになったのだろうか。あるテーマに関して，研究数が一定程度蓄積されると，研究をまとめて「レヴュー」したり，個々の論文のデータ分析結果をもとに統計的に再分析して確定的な結論を引き出す「メタ分析」を行ったりする論文が出てくる。

　次に，霊長類研究，定型発達研究，自閉症研究の別に「心の理論」研究が明らかにしたことをいくつかのレヴュー論文をもとにまとめてみよう。

（1）霊長類研究の成果

　ドイツのマックスプランク研究所のコール（Call, J.）とトマセロ（Tomasello, M.）は，プレマックらの論文のちょうど30年後の2008年に，「チンパンジーは心の理論を持つか──30年後に」というレヴュー論文を発表している（Call & Tomasello, 2008）。その結論は，広義には「イエス」であるが，狭義には「ノー」というものであった。

　まず，広義には「イエス」という意味は，多くの研究の結果，チンパンジーは，他者の知覚・知識・目標・意図等を理解することが示されたということである。わかりやすく言うと，「他者には何が見えているのか」「何を知っているのか」「何をしようとしているのか」「何がしたいのか」等を理解することは，条件によってはチンパンジーにも十分可能であるとされたのである。

　他方，狭義には「ノー」という意味は，チンパンジーを含む人間以外の霊長類動物では，他者の誤った信念を理解するということは，とうとうその存在を証明できなかったということになる。

　以上の結果を言い換えると，他者の「誤った信念」あるいは「誤表象」の理解は，人間に固有の能力ではないだろうかということである。

（2）定型発達研究の成果

　次に，定型発達児を対象とする「心の理論」研究の結果を見てみよう。定型発達（typical development）とは，知的障害や発達障害があるとは報告されていないことをいう。

「心の理論」の定型発達のメタ分析研究では，アメリカの心理学者ウェルマン（Wellmann, H. M.）らの2001年の論文が有名である（Wellman et al., 2001）。これは，さまざまな国で行われた178の研究を対象とする包括的なメタ分析研究である。実は，筆者の研究も日本のデータとしてこの178の研究の中に含まれている。

　それでは，このメタ分析研究から，いったいどのようなことがわかったのであろうか。分析に際して想定された重要な条件は，対象児の年齢，国籍，および誤った信念課題の種類である。

　まず第一に，年齢の要因に関しては，さまざまな工夫をして課題の難易度を下げても，その効果は相対的に小さく，「心の理論」の獲得についてのデータは，調査方法によって生ずるアーティファクト（人為的な結果）ではなく，幼児期に一貫して見られる「真性の概念変化」であることが示された。

　第2に，誤った信念の理解は，欧米の価値観に基づく特定の文化に固有の発達ではないことが示された。対象となった子どもたちの住む地域は，欧州，北米，南米，東アジア，オーストラリア，アフリカなど多岐にわたったが，早い遅いの違いはあれ，発達の軌跡は同一であることが示された。とはいえ，その後の研究では，「心の理論」の発達のスピードに関して，日本だけでなく，中国や韓国の子どもたちにも共通することとして，東アジアの子どもたちは欧米の子どもたちよりも「心の理論」の獲得期が半年から1年遅いことがかなり一貫して見られ，その原因を探る研究も行われている。

　第3の結果は，誤った信念課題の実施手続きがもたらす差は，予想よりもずっと小さいということである。たとえば，登場人物の誤った信念（思い込み）が生ずる原因は，マクシの課題では物（たとえばチョコレート）の移動により生じるが，スマーティ課題では，物そのものの変化（チョコレートと思っていたらエンピツだった）による。あるいは，課題の実施に際して，登場人物を表現するのに人形を使う場合と人間が実際に演ずる場合があるが，全体としてみれば，このような方法の違いは結果に大きな差をもたらさないということである。

　しかし，第3の点で筆者が思うことは，方法のヴァリエーションが結果に大

きく影響しないということは，研究の実施にとって好都合であるかもしれないが，誤った信念課題にいわゆる標準化された手続きがないこと，言い換えると手続きの標準化を行わないまま研究が進展してきたことは，異なる研究の結果の直接的比較を妨げるものであり，決して望ましいとはいえないのではないかということである。

（3）自閉症研究の成果

1985年のバロン＝コーエンらの「自閉症＝〈心の理論〉欠如」仮説の提唱以来，自閉症児と自閉症者の「心の理論」研究は数多く行われ，そのレヴュー論文もいくつか公刊されているが，ここではアメリカのガーンズバッカー（Gernsbacher, M. A.）らの2005年のレビュー論文を見てみよう（Gernsbacher & Frymiare, 2005）。

ガーンズバッカーらは，自閉症児が「心の理論」の理解に困難があること，他者と視線が合わなかったり他者の表情の理解に困難があることのそれぞれの原因について，多くの先行研究を引きながら詳しく検討した。

前述のように，バロン＝コーエンらの1985年の最初の報告では，平均年齢11歳11カ月の高機能自閉症児でさえ，誤った信念課題の正解率が20％であることが示された。この課題がもともと幼児対象のものであることを考えると，正解率20％は確かに低いのであるが，「自閉症＝〈心の理論〉欠如」仮説が正しいのであれば，むしろ20％もの例外があること自体の意味を考えていかなければならないであろう。

ガーンズバッカーらは，自閉症の診断基準の1つに言語発達の遅れがあることに着目し，「心の理論」課題が，その理解の前提として，高度な構文の組み立てを持つ質問を理解しなければならないことを問題にした。特に，二次的誤信念の理解を調べる課題では，「メアリーはアイスクリーム屋さんが公園にいると思っている，とジョンは思っている」という入れ子構造になった複雑な文の意味を処理しなければならないのである。

ガーンズバッカーらは，①自閉症児と定型発達児を比較する際，言語能力をマッチさせると誤った信念課題および二次的誤信念課題ともに群差が見られな

くなるという研究，②文の補語の構造についての文法的学習をさせると誤った信念課題の成績が向上するという訓練研究，などの結果を引用し，「心の理論」の欠損はすべての自閉症児に共通の特徴でもなければ，自閉症児のみに固有に見られる特徴でもないと結論した。なお，「心の理論」の発達における言語能力の重要性については，後ほど別のレヴュー論文でもう一度見ることにする。

　次に，自閉症児において他者と視線が合わなかったり他者の表情の理解に困難があることの原因についてはどうだろうか。ガーンズバッカーらは，「心の理論」が関与する脳部位を調べる脳画像研究の結果を検討し，たとえば顔写真を見るとき，自閉症者では脳の右紡錘状回という部位の活性化が低いという研究結果を引きながら，その原因がアイ・コンタクト（他者と視線を合わせる行動）の乏しさにあるのではないかと考えた。

　アイ・コンタクトは，少なくとも欧米の社会では，日常生活の会話などの中で期待される行動であり，逆にアイ・コンタクトをしないと無作法であるとか，感情が鈍いというように誤解されやすいのであるが，自閉症の当事者の発言からは，アイ・コンタクトをすると，他人からにらまれているような脅威を感じさせられるとされるのである。

　たとえば，自閉症（アスペルガー障害）の当事者として著名なアメリカのグランディン（Grandin, T.）は，イリノイ大学で動物学の博士号を取得した女性の動物学者であるが，自身が他者からのアイ・コンタクトに脅威を感じることから，まだ人間に慣れていない動物や，自分がつきあいはじめたばかりの動物を扱うときは，つば広の帽子をかぶったりして，動物にとって脅威刺激となりやすい直接のアイ・コンタクトを避けるように指導しているという。

　ガーンズバッカーらは，自閉症児において他者と視線が合わなかったり他者の表情の理解に困難があったりするのは，彼らがアイ・コンタクトを脅威刺激と感じやすいからだと考えると説明がつきやすいと結論している。

（4）言語能力との関連

　ガーンズバッカーらのレヴュー論文は，「心の理論」課題の理解の前提として，

言語能力の役割を強調するものであった。「心の理論」と言語能力の間の関連性については，カナダの発達心理学者アスティントン（Astington, J.）らの2007年のレヴュー論文（Milligan et al., 2007）が参考になる。

アスティントンらのレヴュー論文は，英語圏の定型発達児のみを取り扱ったものであるが，「心の理論」と言語能力の関係を検討した104もの先行研究（対象児総数8,891人）のメタ分析を行っている。

メタ分析に際して，「心の理論」課題は，サリー・アン型の誤った信念課題，スマーティ課題ほか5タイプ，言語能力は，①一般言語課題，②意味論課題，③受容語彙課題，④統語論課題，⑤補語記憶課題の5タイプに分類して検討された。それぞれの課題の詳しい内容については説明を省くが，「心の理論」と言語能力の両方について，体系的な検討が行われたということである。

このメタ分析の結果，「心の理論」と言語能力の間に密接な関連性が見出されたが，縦断的データの分析では，先行する言語能力が後続する「心の理論」の成績を予測するのであり，その逆ではないということが示されている。

年齢を要因として「心の理論」課題の正解率を分析すると，確かに年齢差は見られるが，年齢は成熟変数の代表であり，年齢と共に言語能力が高まっていくということが実は重要な点なのである。

3　「心の理論」は教育可能か

（1）「心の理論」の大切さ

ここまで「心の理論」とはどういう意味であり，そのテーマでどんな研究が行われてきたかについて見てきた。子どもの養育，保育，教育，臨床などの活動にかかわる人にとって，「心の理論」を理解しておくことが不可欠とされる理由の一端は，以上のことからも理解できたことと思う。

すなわち，「心の理論」は幼児期から児童期の子どもにとって大変重要な発達課題であり，このことを知らずして，子どもの養育，保育，教育，臨床などの十分な実践活動はできないということである。

たとえば，他の子どもに危害を与えたり，悲しくつらい思いをさせてしまった子どもに対して，「○○ちゃんの気持ちになってごらん」と諭しても，自分が被害を受けていなかったり，特に悲しくも苦しくも感じなければ，そのような説諭はなかなか子どもの心に届かないだろう。

　また，自閉症児が「心の理論」の理解に困難があることを知らないと，やはり説諭が心に届かず，単にわがまま，自分勝手，横着，不作法な子どもと誤解してしまうことになる。

　さらに，子どもの養育，保育，教育，臨床などの活動にかかわる人自身が高い「心の理論」能力を持っていないと，子どもの心がわからないまま，苛立ちやストレスがつのり，養育放棄あるいは虐待や体罰という名の暴力行為に走っていくことになりかねない。

（2）「心の理論」をどう育てるか

　それでは，「心の理論」が育っていくためには，どのようなことをしたらよいのであろうか。

　すでに見たように，「心の理論」の発達は言語能力の発達を前提にしているから，子どもの言語能力そのものを育てることが重要であることは間違いない。しかし，それだけではもちろん十分とはいえないのである。

　筆者が最も重要と考えているのは，「物語」を通じて，多様な人間関係のあり方を教えることである。ここでいう物語は，お話，絵本，小説，ドラマ，映画など，メディアの種類を問わない。

　もちろん，子どもが小さいときには，絵本の読み聞かせのような相互的な活動が大切である。この場合，相互的な活動とは，子どもの反応を横目で見ながら，ある部分を強調したり，繰り返したり，「面白いね」「こわいね」「どうなるのかな」などの言葉を交えたりして読み聞かせることをいう。

　物語の役割ということに関連して，小学生を対象にした筆者らの関連する研究（子安・西垣，2006）の結果を引いておこう。題材は，10歳の女児である「私」の心の軌跡を描いた山田詠美の『晩年の子供』（講談社文庫所収）という

Ⅰ　心の発達のしくみを理解するために

短編小説である。この物語の概略は，次のようなものある。

　「私」は，夏休みに伯母の家に遊びに行き，犬のチロに手を噛まれてしまうが，チロの立場を思い，他言すまいと決心する。その晩のテレビで，アニメ番組の少年忍者が犬に噛まれ，狂犬病で奇妙な行動をする場面を見て，「私」は愕然とする。「犬に噛まれると，狂犬病になっちゃうんだって」と無邪気に叫ぶ妹の髪をひっぱり，母親に叱られ，「私」は泣き出してしまう。死期が迫り，晩年を迎えたと思い込んだ「私」は絶望し，学校でひそかに常軌を逸したいたずらを重ね，夕暮れの墓地にたたずんだりした。しかし，とうとう意を決して，チロに噛まれたことを母親に告げると，「予防注射をしているから大丈夫」と言われ，「私」は脱力感に襲われるのである。

　この短編小説は，まさに主人公の「私」の誤った信念の物語である。小学校の高学年になると，子どもたちは親には話せない「秘密」をもちはじめる。犬に噛まれたという取るに足らないことでも，いったん秘密にすると，その秘密自体がときに子どもの行動を支配しはじめるのである。
　筆者らの研究では，公立小学校の4年生83人，5年生74人，6年生98人（男女ほぼ同数）を対象に，『晩年の子供』を含む2つの物語と，二次的誤信念課題など「心の理論」課題との関連性を調べた。この物語の抜粋を読んだ後，たとえば，次のような設問に答えてもらうのである。

①私はきずぐちを洗い，なにごともなかったかのように，他の人々の前でふるまった。だれも，チロにかまれた私の衝撃を知る者はいなかった。
　◇――線①について，「私」がなぜそうしたのかを，ひとつ選んで，○をつけてください。
　（　）かまれたのは手だけなので，きずぐちを洗ってしまえば他の人にはわからないと思ったから。
　（　）チロもカレーライスをたいらげ気持ちよさそうにあくびをしているの

で，私もさわがないでおこうと思ったから。
（○）チロにかまれたことがわかると，チロがおばさんの家にいられなくなることをおそれたから。
（　）犬にかまれると狂犬病になることを知らなかったから。

　このような物語文読解課題の成績は，小学校高学年において向上し，6年生の二次的誤信念課題の正解率も4，5年生より高いという結果が得られた。また，二次的誤信念課題に正解した児童は，読解課題の成績も高かったのである。すなわち，物語は子どもの「心の理論」の成長を促し，「心の理論」が物語理解を豊かにするという双方向の関係が重要なのである。

文　献

Baron-Cohen, S. (1995). *Mindblindness: An essay on autism and theory of mind*. Cambridge, MA: The MIT Press.
Baron-Cohen, S., Leslie, A. M., & Frith, U. (1985). Does the autistic child have a "theory of mind"? *Cognition*, 21, 37-46.
Call, J., & Tomasello, M. (2008). Does the chimpanzee have a theory of mind? 30 years later. *Trends in Cognitive Sciences*, 12, 187-192.
Gernsbacher, M. A., & Frymiare, J. (2005). Does the autistic brain lack core modules? *Journal of Developmental and Learning Disorders*, 9, 3-16.
子安増生（2000）．心の理論——心を読む心の科学．岩波書店．
子安増生・西垣順子（2006）．小学生における物語文の読解パターンと「心の理論」の関連性．京都大学大学院教育学研究科紀要，52，47-64．
子安増生・大平英樹（編）（2011）．ミラーニューロンと〈心の理論〉．新曜社．
Milligan, K., Astington, J. W., & Dack, L. A. (2007). Language and theory of mind: Meta-analysis of the relation between language ability and false-belief understanding. *Child Development*, 78, 622-646.
苧阪直行（2006）．「心の理論」の脳内表現——ワーキングメモリからのアプローチ．心理学評論，49, 358-374．
Perner, J., Leekam, S., & Wimmer, H. (1987). Three-year-olds' difficulty with false belief task: The case for a conceptual deficit. *British Journal of Developmental Psychology*, 5, 125-137.

Perner, J., & Wimmer, H. (1985). "John thinks that Mary thinks that...": Attribution of second-order beliefs by 5- to 10-year-old children. *Journal of Experimental Child Psychology*, **39**, 437-471.

Premack, D., & Woodruff, G. (1978). Does the chimpanzee have a theory of mind? *Behavioral and Brain Sciences*, **1**, 515-526.

Wellmann, H. M., Cross, D., & Watson, J. (2001). Meta-analysis of theory-of-mind development: The truth about false belief. *Child Development*, **72**, 655-684.

Wimmer, H., & Perner, J. (1983). Beliefs about beliefs: Representation and constraining function of wrong beliefs in young children's understanding of deception. *Cognition*, **13**, 103-128.

I-2 「心の理論」と表象理解
──2～4歳児はどんな心の世界に生きているか

加藤義信

1 はじめに

「世界との関係は，反省されるまえに，すでに生きられてしまっている。生きられている関係に目を向けるために，世界との密接なかかわりからいったん身をしりぞけなければならない」(熊野, 2005)

誤信念課題は，「心の理論」研究の標準指標課題としてあまりにも有名である。過去30年以上にわたって，世界中の研究者が何百回，何千回と繰り返しこの課題を用いてきた。しかし，子どもがこの課題で何と答えたかではなく，どのように答えたかに注目した研究は，あまり多くない。

もう10年以上も前，筆者はたまたま，養老孟司監修の「生命38億年スペシャル"人間とは何だ!?" Ⅲ・奇跡の脳」というテレビ番組を観ていて，誤信念課題の映像に出会い，そのとき初めて，この課題での子どもの答え方に興味を持った。

以下，本章では，この映像から気づいたことを手がかりに，表象機能の発達という観点から，心の理論とは何であるかについて，改めて考えてみようと思う。

Ⅰ　心の発達のしくみを理解するために

2　誤信念課題に向き合う3〜4歳児と5歳児の態度の違い

　映像では，課題は劇仕立てになっていた。女の子がクマさんの人形を黄色の箱（右）に隠して退場したあと，いじわるな男の子が現れて，クマさんを緑色の箱（左）に移し替えてしまう。そして，また入れ替わりに女の子が戻って来たときに，「さて，女の子はどちらの箱を開けるかな？」と実験者が子どもに尋ねる。

　これは典型的な誤信念課題であることがわかるだろう。4歳の実験参加児は，「移し替えを見ていなかった女の子は，クマさんがまだ（元の）黄色の箱にあると思い込んでいる」ことを理解できない。5歳の参加児はこの誤信念を理解できるので，女の子は「黄色の箱を探す」と，正しく答えられる。

　ここまでは心理学の教科書にある通りの結果である。筆者が面白いと思ったのは，これとは別の，4歳児と5歳児の答え方の違いだ。

　4歳の参加児は，吸い込まれるように劇の進行を見ている。そして，実験者が「女の子（主人公）は，こっちの箱（黄色）とこっちの箱（緑色）のどっちを開けるかな？」とジェスチャーを交えて尋ねると，その発話が完了する前から，この男の子は体を前に乗り出して，緑色の箱（実際に人形のある箱）に手を伸ばしてしまう。

　これに対して，5歳の参加児の課題に向かう態度には全体に余裕が感じられる。実験者から発せられた問いにも，「……どっちを開けるかな？」という文末の語尾を聞いたあと，まず，にっこり微笑んで首を傾け，それから一呼吸おいて，嬉しそうな顔をしながら黄色の箱をしっかり指さすのである（正答）。まるで，「私，あの子（劇の主人公）と違って，ほんとのこと知ってるんだもん」と自慢したいかのようだ。

　あとになって，筆者自身が共同研究者と誤信念課題を含む実験を行うようになって出会ったのも，4歳と5歳の間に見られたのは，これと同タイプの反応の違いだった。筆者たちは，このことに興味を持ち，誤信念課題よりもずっと

シンプルな隠しっこゲームを工夫して，子どもの行動を観察してみた。相手が後ろを向いて見ていない間に，参加児におもちゃを3つあるコップのいずれかに隠すよう求める。そのあと，振り返った相手がおもちゃの隠し場所を知っているかを尋ねると，3歳児の半分以上，4歳児の2割は「相手は知らない」と答えられず，自分から先におもちゃのある場所を「ここ！」と元気よく指さしてしまう。質問が自分でなく相手の行為や状態に向けられた問いであることを理解できていないため，3～4歳児はこのような反応を行うのではない。この点は予め実験手続きの中で確認できている。5歳児では，まったくこのような行為反応は見られずに，「（見ていなかった相手は隠し場所を）知らない」と言葉で答えることができるようになる（瀬野・加藤，2007）。

　こうした3歳児の反応を抑制機能の未熟に帰す説明も可能だろう。しかし，実際に子どもたちの反応を観察していると，私には問題はそれ以前の「知っている」などの心的状態語の理解の仕方，さらには，心的状態そのものの理解の仕方にあるように思えてきた。以下，パーナー（Perner, J.）の表象の発達理論を紹介する中で，この点を中心に考えを進めていこう。

3　パーナーの心の表象理論

　パーナーは誤信念課題の考案者の一人であり，「心の理論」研究では常に先端を走ってきた研究者である。しかし，その理論的立場は，今や必ずしも多数派とはいえない。認知発達研究全体の中では領域固有的な見方が優勢となり，現在では「心の理論」研究においても，他者の心の理解に特化したモジュールが発達の早期からあるとする生得論的傾向の強い主張が主流となっている。それでも，いやそれだからこそ，領域普遍的な大きい概念変化を4歳頃に認めようとする彼の主張には，学ぶべき点が多いと筆者は思っている。

　パーナーは，子どもの心の発達を表象の発達として捉えようとする（Perner, 1991）。表象（representation）とは，私流に定義すれば，「対象や出来事をそれが経験される場から時間的・空間的に切り離して，別の心的なもの（イメージ，

Ⅰ　心の発達のしくみを理解するために

記号，ことばなど）に置き換えて保持すること」（加藤，2007）である。そこでは，置き換えるものを表象媒体（representational medium）あるいは単に表象と呼び，置き換えられるものを指示対象（referent）と呼んでいる。また，指示対象がどのような視点からどのように表象されているかを表象内容（content），あるいは意味（sense）と呼ぶことがある（Perner, 2004）。ここで重要なのは，パーナーが指示対象と表象内容をしっかり区別している点である。この区別について理解できるか否かが，パーナーの心の表象理論（representational theory of mind）のエッセンスを理解できるか否かの鍵になる。

　パーナーは，表象の発達には乳児期・幼児期を通じて3つのレベルがあると主張した。誕生から18カ月ぐらいまでは一次表象のレベルで，子どもの心には「いま・ここ」の状況だけが次々に映し出されるだけである(1)。ところが，18カ月を超えたあたりから，不在の状況を心的表象として保持できるようになり，ここから時間的・空間的に「いま・ここ」を越えた本来の表象の世界が始まる。つまり，言葉や記号やイメージによって置き換えられた，現実の世界とは違うもう1つの心的世界＝表象的世界が拓けてゆく。これをパーナーは二次表象のレベルと呼んだ。しかし，このレベルでは未だ，表象は表象として理解されていない。つまり，表象はそれが表象する対象や状況（指示対象）とは区別された，自分の中に立ち上がっている心的現象であるということが理解されていない。表象は客観的な現実そのものでなく，心の中の主観の世界に属している。だから，"私"も"他者"も，現実世界とは異なる，誤った表象内容を保持することがあるし（誤表象），同じ現実を表象しながら，その表象内容は人によってみんな異なる場合もあるはずである。ところが，子どもはしばらくこのことに気づかない。

　少しわかりにくいかもしれないので，個人的体験に基づく例で話すことにしよう。筆者のような団塊の世代に属する者にとっては，子どもの頃，バナナは貴重品でめったに口にできない果物だった。だから，子どもはみんなバナナが大好きで，「バナナはおいしいもの」だった。自分が「おいしいと思っているもの，感じているもの」でなくて，バナナ自体が「おいしい」という客観的属性

を備えているかのように信じていたのだ。大人になって，外国へ行き，その国の友だちができて，彼女があるとき「子どもの頃，バナナが嫌いだった」と言うのを聞いたとき，筆者は心底びっくりしてしまった。その国では第2次世界大戦のあともずっと，アフリカの植民地から安価なバナナが輸入されていて，きっと子どもたちは（今の日本の子どもたちと同じように）バナナに飽き飽きしていたのだろう。

　もちろん，この例を出したのは，現実について「思うこと」「感じること」（表象内容）が現実そのもの（指示対象）でないことを，大人の筆者ですらわかっていなかった，と言いたいためではない。「おいしいと思う」という心的状態が，不都合がない限り大人の世界でさえも，対象の側の「おいしい」という属性として自明のごとく了解され，日常生活はそうした自明性のもとに成り立っているということを指摘したいのである。しかし，表象を介して世界の中で生きていくには，ときにこうした表象内容と指示対象とのあまりに自明なつながりを切り離す必要がある。大人であれば，この切り離しは自在にできるが，パーナーによれば，2歳から4歳ぐらいまでの子どもにはこれが困難なのである。この年齢の子どもたちは，自分の心的表象の世界を状況のリアリティそのものとみなしている。表象された状況（つまり，主観性を帯びざるをえない表象内容）と，状況そのもの（現実，つまり表象の指示対象）との区別がついていなければ，他者の行動も状況とは次元を異にするその人自身の表象によって導かれると考えられるはずがない。自己も他者もその行動は状況に導かれて生ずるはずだから，結局，2～4歳児は自分が把握している状況（その子どもの中に立ち上がっている，現実についての表象内容）から，他者の行動を予測することになる。パーナーが，このレベルの他者理解にある2～4歳の子どもを「状況理論家」と呼んだのは，このような意味においてである。

　さて，5歳に近づくと，子どもの表象理解は，メタ表象レベルへと移行しはじめる。「メタ」とは，「一段上位の」という意味だから，表象自体を表象する能力が獲得されるのが，このレベルということになる。子どもは，表象は現実とは区別される心的現象であることを理解するようになる。同じことを，「心

的状態の主観的性質に気づく」という言い方で表すこともできよう。また，パーナー的な用語で言えば，表象内容と指示対象の違いに気づくともいえよう。そうなれば，子どもは，複数の表象間の関係を表象することもできるようになる。そして，行動の背後には表象があり，他者の行動をその背後にある表象内容の推定によって予測したり説明したりすることも可能となる。パーナーの表現で言えば，子どもは「表象理論家」になるわけである。さらに，表象は状況から切り離されても，常に何かについての表象であること（aboutness）に変わりない。そうすると，その何かが現実の状況でない場合もあることに，他者との相互交渉の経験を通して気づいていくようになる。つまり，他者の表象が自分の表象と異なっていたり，現実のコピーではなく誤ったコピーである可能性にも子どもは気づくようになる。これが，パーナーの考える，子どもが誤信念（間違った思い込み）の理解へと至る基本の筋道なのである。

　パーナーは，世紀がかわってから，一次表象，二次表象，メタ表象という用語をあまり使わなくなり，これを視点論的な用語——視点取得，視点切り替え，視点統合——に置き換えて語ることが多くなる（Perner et al., 2002; Perner & Roessler, 2012）。しかし，1991年の著書で展開したような心の表象的理解に関する理論的枠組みは基本的に保持されていると，筆者は考えている。

4　多義図形課題を通してみた表象発達

　パーナーの3つの表象発達のレベルのうち，二次表象のレベルとメタ表象のレベルとを分けるロジックは必ずしも理解しやすいものではないかもしれない。そこで，私が工藤英美さんと共同研究で行っている「多義図形理解の発達」の実験を以下に紹介する中で，このレベルの違いについてさらに考えてみることにしよう。

　図Ⅰ-2-1に見るように，多義図形とは1つの図に対して2通りの見え方が可能な図のことである。図Ⅰ-2-1を見れば，大人の場合，まずアヒルかウサギのどちらかに見え，続いて「もう1つの違った見え方がある」あるいは「○○に

図Ⅰ-2-1　アヒルとウサギに見える多義図形
出典：Doherty, 2009.

見えるはず」との示唆を受ければ，ほとんどの人が2通りの見えを報告できるはずである。ところが，幼児には，この多義図形課題が結構難しい。ロックら（Rock et al., 1994）によると，3～4歳児は2つの見え方を自発的に切り替えて報告することがまったくできない。ウィマーとドハーティ（Wimmer & Doherty, 2011）も，3歳から5歳までの子どもの多義図形理解の発達を調べているが，図形に2通りの見えを可能とする文脈を与えてその2通りの見え方を丁寧に教えた後でも，1分間図形を見せて，5秒，30秒，60秒の時点で最初の見え方とは違う見え方になったかを尋ねると，3歳児ではほとんど反転が見られず，4歳児でもかなり難しいが，5歳児ではできるようになると報告している。また彼らは，多義図形認知と他の認知能力の発達との関係を組織的に検討していて，特に，誤信念課題との間に比較的高い相関の見られることを明らかにした。

　では，3～4歳児には，なぜ多義図形の反転が難しいのだろうか。多義図形の場合，どのように見えるかは図形の刺激布置によってもっぱら規定されているのではなく，それを見る人間の側が予め解釈（表象）を図形に投影してゲシュタルト（図の体制化）を作る必要がある。ということは，いったん1つの見え方が成立してしまうと，年少幼児の場合はもう1つの解釈（表象）を心的に立ち上げることが難しいと予測することができる。なぜそれが難しいかといえば，

年少幼児は表象の性質についての理解が欠けているから，とパーナーなら答えるだろう。つまり，年少幼児には図がアヒルとして見えていることと，図そのものがアヒルであることの区別をつけることが困難なのである。図そのものがアヒルなら，目の前の同じ図を突然ウサギの図に変えることなどできるはずがない。

　しかしどうだろうか。もし，たとえばアヒルとして見えていた多義図形と同じ図版をもう1枚用意し，こちらの1枚はアヒルでなく別のウサギの図なのだとして提示すれば，その図（実は多義図形）をウサギとして見ることは年少幼児でも可能となるのではないだろうか。この点を確かめるために，私たちは次のような実験をした（工藤・加藤，2014）。多義図形課題に「同一図形提示」条件と「異なる2図形として提示する」条件の2つを設ける。「同一図形提示」条件ではこれまでの研究と同様，パソコン画面に多義図形の描かれた1枚の図版を提示し，2通り（アヒルとウサギ）の見え方が可能か否かを尋ねた。その際，前もってその1枚の図版上の多義図形が，典型的なアヒルの図にも典型的なウサギの図にもなめらかに変化し，また元の多義図形に戻る様子を，モーフィング・ソフト（2つの画像間の変化をなめらかに実現するソフト）を用いて作成し，子どもに見せておく。これに対して，「異なる2図形として提示する」条件では，2枚の図版を提示し，まず，一方の図版は典型的なアヒルから多義図形へと変化する様子を，他方の図版は同様に典型的なウサギから多義図形へと変化する様子を，それぞれ別々に子どもに見せる。この手続きによって，そのあと目の前に裏返して提示されている2枚の図版の図柄は実際には同じ多義図形であるのに，別々の見え方が割り当てられた違う図形であると，子どもに思い込ませるわけである。そうして，最後にこの提示条件の子どもには2枚の図版（実際は同じ多義図形）を順に表側にして見せて，それぞれが何に見えるかを尋ねた。

　結果は興味深いものだった。図I-2-2に見られるように，年少児（平均年齢4歳0カ月）のほとんどは，いずれの条件でも多義図形に対して1通りの見え方しか答えられなかったが，年中児（平均年齢4歳9カ月）の場合は，「同一図形提示」条件では2通りに答えられないのに，「異なる2図形として提示する」

I-2 「心の理論」と表象理解

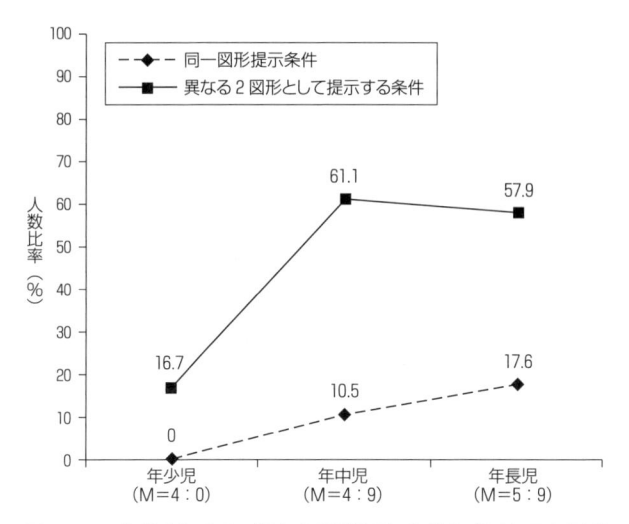

図 I-2-2 年齢別にみた「同一図形提示」条件と「異なる2図形として提示する」条件における多義図形を2つの異なる図形(アヒルとウサギ)として認知できた人数比率
出典：工藤・加藤，2014。

条件では，2通りの見え方をそれぞれ2枚の（同じ）多義図形に割り当てることのできる子どもの数が激増した。

　この実験では，年少児の場合，課題自体の認知的負荷が大きく，その結果，条件にかかわらず課題が難しくなった可能性がある。しかし，年中児では，パーナーが指摘するような，この時期の子どもの表象理解の特徴を典型的に示す結果となったといえるだろう。図がアヒルとして見えていることと図がアヒルであることの区別がつかない子どもは，すでにアヒルである1枚の同じ図形を別のウサギである図形とすることに抵抗感を示すが，1枚の図版に描かれた図形がアヒルであるなら，別のもう1枚の図版に描かれた図形（実際にはまったく同じ図形）をウサギであるとすることに躊躇しなかったのである。

　ウィマーとドハーティ（Wimmer & Doherty, 2011）が多義図形課題と誤信念課題との間に比較的高い相関を見出したことの意味にも，触れておこう。もうおわかりと思うが，どちらの課題も，心の表象的性質を理解しているかどうか

がその成否にかかわる課題なのである。誤信念課題の場合，二次表象のレベルにある3～4歳児は主人公（仮にマキシとする）の行動を状況から推論する。しかし，その状況とは観察者である子どもの表象する状況にすぎない。子どもは自分が表象する状況と状況そのものとの区別がつかないのだから。したがって，このレベルでは，他者の誤信念（誤表象）は問題にならない。その結果，子どもは，マキシの行動を子ども自身が表象している現在の状況から推論することになる。これは，子どもが自分をマキシと混同しているということではない。子どもが状況理論家である限り，他者が自分とは異なる誤表象をもつという可能性，行動がその誤表象に導かれて起こるという可能性が，はじめから排除されているということなのである。また，他者が欲求や意図を人やモノに向ける存在であることを理解していないということでもない。欲求や意図は志向的な性質をもち，何に志向しているかは表出や行動を通して相互交渉場面では互いに直接感知される。その限りで，4歳以下の子どもにも，情動を含めた豊かな対他的な関係が成り立っている。しかし，そのことと，欲求や意図を心的状態として了解できるようになることとは，別のことなのである。

5　おわりに

　表象機能が生まれてからも，表象を介して世界と触れていることを私たち人間はしばらく理解できない。冒頭に引用した，哲学者たちの考える「世界と触れ合っている自明性」とは，実はそのような状態を指すと考えられる。私は長く，それが表象の発生以前を指していると誤解していた。しかし，表象機能が発生してからも，その機能自体に目を向けられるようになっていくまでは，心の世界（表象世界）は本当の意味で外界と区別され，ときには外界と対立もする内的な世界とはならない。他者にも自分と同じように機能している内的世界があって，自分とは異なる光景が映し出されている可能性に思い至らないのである。

　自分を見つめ，見つめられる自分を意識する，4～5歳頃の「自己」の誕生

を，かつてワロン（Wallon, 1941）はホンブルガー（Homburger）の表現を借りて「優美の年齢」と呼んだ。保育の現場をよく知る神田（2004）も「ふりかえりはじめる4歳児」（年中児［4～5歳］）と呼んで，同じ「自己」の育ちについて語っている。こうした新しい「自己」の誕生も，心の表象的性質の理解と表裏一体のものなのである。誤信念課題や隠しっこゲームの中で筆者が見たのは，単なる1つの認知的課題の成否でなく，それを越えたところに深く横たわっているこうした子どもの発達する姿であったといえよう。

「心の理論」を，そのような子どもの発達の全体を射程に収めて研究していくことが重要であると，筆者は考えている。

注

（1）本来なら，このレベルは知覚レベルと呼んだほうが妥当だが，パーナーは知覚をも表象の一形態とみなしているため，一次表象という表現になっている。

文　献

Doherty, M. J. (2009). *Theory of mind: How children understand others' thoughts and feelings*. New York: Psychology Press.

神田英雄（2004）．3歳から6歳——保育・子育てと発達研究を結ぶ（幼児編）．ちいさいなかま社．

加藤義信（2007）．発達の連続性 vs. 非連続性の議論からみた表象発生問題——アンリ・ワロンとフランス心理学から学ぶ．心理科学, **27**(2), 43-58.

工藤英美・加藤義信（2014）．幼児における多義図形理解の発達2——モーフィング機能を用いた図形提示による心的状態の意識化の困難性の検証．日本発達心理学会第25回大会論文集, 211.

熊野純彦（2005）．メルロ＝ポンティ——哲学者は詩人でありうるか？　NHK出版．

Perner, J. (1991). *Understanding the representational mind*. Cambridge, MA: The MIT Press.（パーナー，J.（著）小島康次・佐藤淳・松田真幸（訳）（2006）．発達する〈心の理論〉——4歳：人の心を理解するターニングポイント．ブレーン出版）

Perner, J. (2004). Tracking the essential mind. *ISSBD 2004 News Letter*, **45**(1), 4-6.

Perner, J., & Roessler, J. (2012). From infants' to children's appreciation of belief. *Trends in Cognitive Sciences*, **16**(10), 519-525.

Perner, J., Stummer, S., Sprung, M., & Doherty, M. (2002). Theory of mind finds its Piagetian perspective: Why alternative naming comes with understanding belief. *Cognitive Development*, **17**, 1451-1472.

Rock, I., Gopnik, A., & Hall, S. (1994). Do young children reverse ambiguous figures? *Perception*, **23**, 635-644.

瀬野由衣・加藤義信（2007）．幼児は「知る」という心的状態をどのように理解するようになるか？——「見ること—知ること」課題で現れる行為反応に着目して．発達心理学研究, **18**(1), 1-12.

Wallon, H. (1941). *L'évolution psychologique de l'enfant.* Armand Colin.（ワロン, H.（著）竹内良知（訳）（1982）．子どもの精神的発達．人文書院）

Wimmer, M. C., & Doherty, M. J. (2011). The development of ambiguous figure perception. *Monographs of the Society for Research in Child Development*, **76**(1), 1-130.

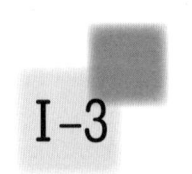

I-3 「心の理論」と実行機能
——どのような認知機能が誤信念課題に必要か？

郷式　徹

　心の理論研究において，他者もしくは自分の心の理解のしくみ，また，その理解がどのように発達するかを調べるための中心的な課題が，誤信念課題である。ところで，あらゆる課題はその課題が直接対象としている心理的能力以外のさまざまな認知機能を必要とする。たとえば，算数の文章題は数学的な能力だけではなく，問題の文章を理解する読解力や問題の内容を覚えておく記憶力を必要とする。誤信念課題もいくつかの認知機能が必要であり，そうした認知機能として実行機能（executive function）が注目されている。

　本章では，まず，実行機能について，3つの下位機能を中心に紹介する。そして，実行機能と誤信念課題のかかわりについて説明する。さらに，心の理論研究で実行機能が注目されるようになった経緯を見ていく。最後に，心の理論と実行機能の関係について，いくつかの仮説を紹介する。

1　誤信念課題に必要な認知機能——実行機能と3つの下位機能

　誤信念課題の基本的なストーリーは，次のとおりである（Wimmer & Perner, 1983）。
　①主人公が物をある場所に隠し，退場
　②主人公がいない間に，他の登場人物が物を他の場所に移し替えてしまう
　③主人公が戻ってくる
　④子どもに「主人公は物がどこにあると思っているか」をたずねる

I 心の発達のしくみを理解するために

　このような標準的な誤信念課題を用いた多くの研究の結果，3〜5歳にかけて，他者および自分の心の状態を意識的に理解しはじめることがわかった（たとえば，Wellman et al., 2001）。
　しかし，誤信念課題に正答するためには人の心の理解だけでは不十分である。他にも次のことが必要だろう（小川，2007；郷式，2005）。
- ストーリー中の登場人物の行動について理解し，おぼえておく
- 物の本当の場所についての自分の知識を抑制する（つい，本当のことを言ってしまわない）
- 自分の知識（物の本当の場所）から主人公の知識（「物が元の場所にある」と思っている心の状態）に注意を切り替える

　さらに，課題のストーリーを聞いた後にストーリーの中のことについて答えるという態度を維持する必要もある（小川，2007）。こうしたストーリーの理解や保持，自分の知識の抑制，（心の中の）イメージや考えからの注意の切り替えは「実行機能」と呼ばれる認知機能と重なる。
　実行機能は，行動，思考，注意などの調整に関連する過程である。最終的な目標に向けて，いくつかの行動や反応を柔軟かつ計画的に組み合わせる，不要な反応を抑える，適切なタイミングまで反応や行動を我慢するといった際に働く（小川，2007；郷式，2005参照）。
　実行機能はいくつかの下位機能から構成されている。そうした下位機能の中で，抑制制御・作動記憶（ワーキングメモリ）・認知的柔軟性（Miyake et al., 2000）と誤信念課題との関連が考えられる。
　抑制制御は遅延抑制と葛藤抑制に分けられる。遅延抑制は，すぐにしたいことでも順番を待つ，夕食前に間食を控えるといった衝動の抑制である。葛藤抑制は，不適切な対象への注意や不適切な反応の抑制である。つまり，目立つものに注意が向かうのを止める。その結果，目立たないが（課題の遂行に）重要なものへ注意を向けることが可能になる。また，課題の遂行には不適切だが，反射的もしくは習慣的な反応を抑制する。その結果，課題の遂行に合った，しかし，意志の力を必要とする反応が可能になる。

たとえば，葛藤抑制が必要なゲームとして，英語圏でポピュラーな「サイモンが言った（Simon says）」がある。なお，日本では同様のルールの「船長さんの命令です」というゲームがある。このゲームでは，親になったプレーヤーが他のプレーヤーに次々と指示をする。ただし，親以外のプレーヤーは親の「「○○しなさい」とサイモンが言った」という指示には従わねばならないが，単に「○○しなさい」という指示には従ってはならない。間違えると負けとなる。親は「「○○しなさい」とサイモンが言った」という指示の中に，たまに，「○○しなさい」という指示を混ぜる。各プレーヤーは指示に従うという慣れた，容易な反応を抑制し，その指示を無視しなければならない。これが葛藤抑制（抑制制御）である。また，「あっち向いてホイ」も相手の指さす方向を見るという習慣化された容易な反応を抑制し，指さされた方向以外の別の方向を見るために葛藤抑制が必要な遊びである。

　認知的柔軟性は，状況に合わせてルールを切り替えていくこと，また，ルールの切り替えにより反応を変更する機能である。たとえば，認知的柔軟性が必要な遊びとしては，カードゲームのUNO（ウノ）があげられる。UNOでは，自分の手札と場の札の「色が同じ」というルールと「数字が同じ」というルールのいずれかを自分の持ち札に合わせて切り替える必要がある。

　作動記憶（ワーキングメモリ）は，入力された情報を処理するとともに，情報を保持し，必要なときに適切な情報を活性化させる機能である。たとえば，38＋25を暗算する場合，38や25といった言語情報を保持しながら，8＋5という一の位の計算をする必要がある。

　他にも，トランプの神経衰弱は視覚的な情報の保持（カードの位置を記憶）と処理（自分の順番になったら2枚以上のカードをめくる）といった作動記憶を必要とする。また，ロールプレイングゲームはそれまでの物語（エピソード）を覚えておくとともに，さまざまなイベント（敵に出会う，商店に立ち寄るなど）で自分の状態や装備，敵の特徴を思い出して技を使うといった工夫が必要になる。特にパソコンや携帯ゲーム機を用いずに，人間同士が対戦もしくはチームプレイを行うボードゲーム型のロールプレイングゲームでは作動記憶への負荷が高

いと考えられる。

2 心の理論と実行機能の関連——発達時期と脳領域の重なり

　実行機能と心の理論（誤信念課題）の関連への注目には，大きく2つの理由がある。発達の時期が同じであることと，両者が脳の同じ領域で処理されている可能性があることである。

　実行機能は幼児期から青年期にかけてゆっくりと発達していくと考えられている。その発達には，幼児期後半，児童期後半（10歳前後），青年期の3つのピークがある（小川，2007）。

　この実行機能のピークと同様に心の理論も，幼児期後半には誤信念課題や欺きの理解が可能になる。児童期後半には，「太郎さんが「次郎さんは【○○だ】と思っている」と思っている」といった二次的信念を理解できるようになる。また，話者の意図を推し量る必要があるイヤミや皮肉の理解ができるようになる。青年期には，さらに，微妙な感情を読み取る，他の人の気持ちを汲み取る，といったことができるようになる。その一方で，「場の空気を読む」といった過剰な「心の理解」が青年期にさまざまな問題を生じる遠因にもなる。

　また，脳の前頭葉を損傷した患者で実行機能の障害が多く見られたことから，実行機能は，前頭葉で行われると考えられている。幼児の実行機能と心の理論については，右前頭葉および右側頭―頭頂接合部といった右半球機構の急速な成長が関係しているらしい（シーガル，2010）。大人の場合，この部位を損傷すると話し手の意図の理解が困難になり，誤信念課題にも正答できなくなる場合がある。一方，皮肉の理解については，子どもは前頭葉や右半球をより多く使うが，大人は右紡錘状回，高次視覚処理領域，扁桃体などの後部後頭側領域に活性化が見られた（シーガル，2010）。これは，大人と比べて子どもは，皮肉が表わす字義通りの表面的な意味を抑制し，意図された潜在的な意味に注意を向けるのに実行機能，すなわち，脳の前頭領域をより多く使う必要があることを示しているのだろう。それに対して，大人は皮肉が意図する心的状態に関する

推論を自動化，習慣化しているのだろう。心的状態の推論に対する自動化，習慣化は誤信念課題においても見られる（郷式，印刷中）。心的状態の推測の自動化によって，日常生活での対人社会行動に要する資源を節約し，他の活動に回す，もしくは減退する流動性知能を補償しているのであろう。

このように一次的誤信念課題に通過できるようになる幼児期後半，二次的誤信念課題に通過できるようになる児童期後半，そして青年期には過剰に他者の心的状態を読んでしまう，すなわち，空気を読みすぎるという形で実行機能が急伸する。こうした発達時期の重なりから，心の理論と実行機能の関連が注目されている。また，心の理論と実行機能が前頭葉の同じ領域で処理されているという指摘とともに，心の理論と実行機能のさまざまな側面が（重なって）発達する3つのピークはそれぞれ脳領域の成熟が加速する時期とも重なっている。このことも，心の理論と実行機能の関連が注目される理由となっている。

3 心の理論と実行機能の出会い

心の理論と実行機能の関連は，窓課題（windows task）を用いた研究から明確になってきた（Russell et al., 1991）。窓課題は子どもが他者を欺けるかどうか——そのためには相手の考えが読めなければならない——を調べるために開発された。

この課題では片側に中が見える窓が開いた2つの箱を用いた。そして，片方の箱にはお菓子を入れた。まず，子どもは窓から中を見てお菓子の入っている箱を指さす練習をする（練習では正解するとお菓子がもらえる）。次に，子どもの正面に対戦者が座り，ゲームが開始された。対戦者の側にはのぞき窓はなく，対戦者はどちらの箱にお菓子が入っているのかわからない。子どもは窓から中を見てお菓子の入っていない方の箱を指さして，対戦者を欺くことを求められる（課題の詳細は，郷式，1999参照）。

その結果，3歳児は課題に失敗し続けた。対戦相手がどちらにお菓子があると思っているか，という（他者の）心の中のことより，実際に目の前に見えて

いるお菓子の方が「目立つ（salient）」ためである。その「目立つ」自分自身の知覚（認識）を抑えて，他者が何を知っているか，に思い至ることは3歳児には困難であった。それに対して，4歳児は自らの知覚経験を抑制し，他者の心に注意を向けることができた。そして，ラッセルらは，欺きにおいては他者の誤信念に関する理解と抑制制御を中心とした実行機能の両方が必要だと提案した（Russell et al., 1994；郷式，1999）。

この研究から心の理論と実行機能の関連が盛んに検討されはじめた。その多くは，誤信念課題のように「心の理論」を必要とすると考えられている課題と実行機能（を測定する）課題の成績の相関を調べている。

心の理論と実行機能の関連については，研究間で一致しない点も残っている（小川，2007参照）。しかし，瀬野・加藤（2007）の研究が1つの答えになるかもしれない。3歳児の多くは誤信念課題に口頭で答えずに，誤った場所を指さしてしまう。そこで，瀬野・加藤（2007）は，子どもに「主人公は物がどこにあると思っているか」をたずねる際に，場面全体を大きな箱で覆ってしまい，指さしで答えられないようにした。すると，子どもたちは正しく答えることができた。

これは実行機能の未熟な3歳児にとって，自分の知っている「物の場所」を反射的に指さすという行為を抑制することは難しいが，（場面が箱で覆われ）物理的に制限されると，そこで初めて主人公（他者）の心に注意を向けることができることを示している。誤信念課題では「少し立ち止まって考える」ことが求められるが，3歳児は少し立ち止まるという実行機能における抑制制御が未熟なため，難しいのかもしれない。

2歳もしくは3歳時点の実行機能の能力が，その後の心の理論の能力を予測するという縦断研究（Hughes, 1998; Carlson et al., 2004）もあり，心の理論の獲得には実行機能の発達が必要であるという仮説が示されている。一方で，実行機能は心の理論にとって重要だが，唯一の構成要素ではないという主張を支持する研究も多い（シーガル，2010）。

心の理論と実行機能の関連のもう1つの流れは自閉症研究を源としている。

自閉症児が誤信念課題に通過できないという結果（たとえば, Baron-Cohen et al., 1985）が, 心の理論研究と自閉症研究に大きな衝撃を与えた。確かに, 自閉症の人はコミュニケーションの困難を示す。そして, その困難の1つの要素として, 他者の意図や感情の理解が難しいということがある。一方で, 自閉症には, こだわりやパターン化した行動の問題がある。この問題は, 直接に他者の意図や感情の理解が必要となるコミュニケーションの問題とは異なり, 実行機能に関する困難が根底にあるように思える。

　自閉症の人はある種の実行機能課題に困難を示すことが知られている。ウィスコンシンカード分類課題（Wisconsin Card Sorting Test: WCST）やハノイの塔などの認知的柔軟性を必要とする課題が特に難しい。

　ウィスコンシンカード分類課題（Ⅲ-4章参照）では, それぞれ, 白い○が1つ, 青い△が2つ, 赤い□が3つ, 黄色い☆が4つ描かれた4枚のカードが机に置かれる。回答者は○, △, □, ☆のうちいずれかが, 白, 青, 赤, 黄色のどれかの色で, 1〜4個描かれた反応カードを1枚渡される。回答者は机の上の4枚の刺激カードの下に色, 形, 数のいずれかの分類カテゴリーにしたがって, 1枚ずつ反応カードを置くことを求められる。たとえば, 赤い○が2つ描いてある反応カードを色で分類するならば, 赤い□が3つ描いてある刺激カードの下に置く。反応カードを1枚置くたびに, その分類の正誤のみがフィードバックされるので, フィードバックを手がかりに正しい分類カテゴリー（色, 形, 数のどれか）を推測していく。この課題のポイントは正解が一定枚数続いた後, 回答者には知らされずに分類カテゴリーが変更されることである。回答者は正誤のフィードバックからその変更に気づき, どの分類カテゴリーに変更されたのかを推測し直さなければならない。

　自閉症の人はこのルール変更への柔軟な対応が難しく, それまでのルールに固執してしまう。この固執は実行機能の下位機能である認知的柔軟性の問題に起因すると考えられている。

　このように自閉症の人は誤信念課題だけでなく, 実行機能を必要とする課題にも困難を示す。このことから, 自閉症児が誤信念課題に通過できないのは,

Ⅰ 心の発達のしくみを理解するために

他者の意図や感情の理解とともに，実行機能に問題があるのではないかと考えられ，心の理論（多くは誤信念課題）と実行機能の関連に注目が集まってきた（研究例として，小川・子安，2008参照）。

4 社会的知能と実行機能

イギリスの心理学者ウェイソン（Wason, P.C.）が考案した4枚カード問題という課題がある（Wason, 1966）。この課題では，表に文字，裏に数字が印刷された4枚のカードを用いる。今，机に置かれたカードは，それぞれG，T，4，5である。「もし表がTならば，裏は4である」というルールが守られているかを確かめるには，少なくともどのカードを裏返して確かめる必要があるだろうか？ 正解は「Tと5」だが，多くの人が「Tと4」を選んでしまう。

ところが，同じ4枚カード問題でも「Aさんはビール，Bさんはジュースを飲んでいます。Cさんは25歳，Dさんは15歳です。未成年なのに飲酒している人を見つけるには，誰に声をかけて確かめればいいでしょうか？」とすると，ほとんどの人が正解できる。

この両者は論理的には同じ構造である。にもかかわらず，難易度が異なる理由について，コスミデスとトゥービー（Cosmides & Tooby, 1992）は，後者の課題の場合，社会的ルールからの逸脱を検出する「裏切り者検出機能」が認知的な仕組みとして働くためだと主張している。一方，同じ4枚カード問題でも，前者のような数字と文字を用いた抽象的で，社会的なルールが適用されない課題の場合には，「裏切り者検出機能」は起動しない。そのため，直観的な推論が難しくなる。

4枚カード問題は「もし〜ならば，○○である」（条件文）というルールの真偽について推論する課題である。誤信念課題は「もし，主人公が状況の変化を知らなければ，主人公は「元の（ままの）状況」だと思っている」というルールに基づいた推論を行う課題ともいえる。ただし，誤信念課題は，他者の心の推測という極めて社会的な課題である。そのため，意識的で処理の遅い論理的

推論の機能ではなく，「未成年なのに飲酒しているのは誰か？」といった社会的場面における4枚カード問題のように，自動的で処理の速い「他者の心推測機能」が起動し，直観的推論を行うのだと思われる。

心の理論と実行機能の関係について，誤信念課題を含めた他者の心の推測は「心の理論」機能が行うが，「心の理論」機能に情報を出し入れするために抑制制御や認知的柔軟性などの実行機能が必要なのかもしれない。この仮説に従うと，「心の理論」機能が未成熟な状態だと他者の心の直観的な推測が難しい。また，実行機能が未成熟な状態だと「心の理論」機能に適切な情報を入力できない，もしくは，「心の理論」機能の出力を行動に変換できないために，結果的に正答できない。

私たち人間は，多くの人が寄り集まり，協力したり，出し抜いたりしながら暮らす複雑な社会環境の中で生きてきた。そうした人間同士の集団の中でうまくやっていくため，「裏切り者検出機能」や「心の理論」のような社会的な場面での課題を自動的に素早く処理する仕組みを進化させてきた。

このように人間の知能を司る脳機能が社会的な問題を解決するために進化してきたと考える観点を「社会脳仮説」と呼ぶ。この視座からは，直観的な心の推測のための「心の理論」機能には抑制制御や認知的柔軟性などが元々含まれており，そうした抑制制御や認知的柔軟性などが非社会的文脈でも利用されるようになったものが実行機能である，とも考えられる。

ところで，心的状態の推測において脳のどの領域が活性化しているかを調べるために，通常，心的状態の推測を含む誤信念課題と誤信念課題と同型であるが，心的状態の推測を含まない誤写真課題（Zaitchik, 1990）を実行している際の脳活動の状態を測定する。そして，誤信念課題における脳活動から誤写真課題における脳活動を引くと心的状態の推測に特有の脳活動が残るというわけである（たとえば，Aichhorn et al., 2009）。ちなみに，誤写真課題の一例は次のようなものである。

① 主人公がある場所に置いてある物を写真に撮り，退場
② 主人公がいない間に，他の登場人物が物を他の場所に移し替えてしまう

Ⅰ　心の発達のしくみを理解するために

③　最初に主人公が撮った写真を伏せたまま（子どもには見せずに）
④　子どもに「写真では物がどこに写っているか」をたずねる

　このパラダイムは，誤写真課題と誤信念課題の構造は同型であるが，誤写真課題が心的状態の推測を含まない課題であることを前提としている。

　誤信念課題と誤写真課題の比較に関して，どちらが発達的に先行して通過するのかについて，これまでの研究の結果は一貫しない（子安，1999の第5章参照）。ところで，成人を対象に誤信念課題と誤写真課題を実施したカジェハスら（Callejas et al., 2011）は誤信念課題のほうが誤写真課題よりも（ストーリーを）速く読めるし，速く回答できることを示した。また，誤写真課題における誤表象の推測能力はワーキングメモリの能力と相関していた。つまり，誤信念課題に含まれる心的表象の推測はそれほど認知機能に負担をかけることなく，自然に行うことができる。一方，誤写真課題のような物的表象の推測ではより大きな認知的負荷がかかっていることを意味する。

　従来の心の理解の――特に誤信念課題を用いた――研究では，目に見えない他者の心的状態の推測は難しいという前提にたってきた。しかし，ある種の心的状態の推測は自動的に行われ，それほど難しくはない，すなわち，認知的負荷を伴わないのかもしれない。そして，本来は心を推測するためにある直観的で自動的な推測機能を抑制したり，心以外の物に適用したりする際に認知的負荷が生じ，実行機能が必要とされるのかもしれない（森口，2006の議論も参照）。

　ここまでに示した仮説は，直観的な心の推測のために「心の理論」機能の存在を前提としている。しかし，誤信念課題は直観的な心の推測のための「心の理論」機能を想定しなくても，他者が今後取りうる行動の可能性の論理的推測と考えれば，主人公の行動を中心としたストーリーの保持（作動記憶），物の本当の場所の抑制（抑制制御），自分の知識から他者の行動に影響を与える情報への注意の切り替え（認知的柔軟性）といった実行機能のみでも対応可能かもしれない。実行機能は社会的な場面を含んだ課題以外にも使われる，情報の流れや注意を制御するためのシステムである。

　そこで，「心の理論」機能を想定しない仮説として，実行機能が心の推測を

含む社会的場面に適応された際には,機能が加速される(ので意識上での処理がされず,直観的に処理される)ように私たち人間は進化してきたという可能性はないだろうか。

心の理論と実行機能の関係については,まだ,十分にわかっていない。今後,発達心理学や認知心理学だけではなく,脳科学や進化心理学をも巻き込んで,「人間の本性」を探る研究に展開していく可能性を秘めている。

文 献

Aichhorn, M., Perner, J., Weiss, B., Kronbichler, M., Staffen, W., & Ladurner, G. (2009). Temporo-parietal junction activity in theory-of-mind tasks: Falseness, beliefs, or attention. *Journal of cognitive neuroscience*, **21**, 1179-1192

Baron-Cohen, S., Leslie, A. M., & Frith, U. (1985). Does the autistic child have a "theory of mind"? *Cognition*, **21**, 37-46.

Callejas, A., Shulman, G. L., & Corbetta, M. (2011). False belief vs. false photographs: a test of theory of mind or working memory? *Frontiers in psychology*, **2**, Article316.

Carlson, S. M., Moses, L. J., & Claxton, L. J. (2004). Indivisual differences in exective functioning and theory of mind: An investigation of inhibitory control and planning ability. *Journal of Experimental Child Pasychology*, **87**, 299-319.

Cosmides, L., & Tooby, J. (1992). Cognitive adaptations for social exchange. In J. Barkow, L. Cosmides, & J. Tooby (Eds.), *The adapted mind: Evolutionary psychology and the generation of culture*. New York: Oxford University Press.

郷式徹(1999).あざむき行動における心的状態の理解と実行機能.京都大学教育学部紀要,**44**,167-178.

郷式徹(2005).幼児期の自己理解の発達.ナカニシヤ出版.

郷式徹(印刷中).心の理論を支える構造と物語――未来への展望(仮題).子安増生・郷式徹(編),心の理論――第2世代への研究へ(仮題).新曜社.

Hughes, C. (1998). Finding your marble: Does preschooler's strategic behavior predict later understanding of mind? *Developmental Psychology*, **34**, 1326-1339.

子安増生(1999).幼児期の他者理解の発達――心のモジュール説による心理学的研究.京都大学術出版.

Miyake, A., Friedman, N.P., Emerson, M.J., Witzki, A.H., Howerter, A., & Wager, T.D. (2000). The unity and diversity of executive functions and their contributions to complex "frontal lobe" tasks: A latent variable analysis. *Cognitive Psychology*, **41**, 49-100.

森口佑介（2006）．乳幼児期の自己制御と実行機能．板倉昭二（編著）発達科学の最前線．ミネルヴァ書房，pp.127-150.

小川絢子（2007）．幼児期における心の理論と実行機能の発達．京都大学大学院教育学研究科紀要，**53**, 325-337.

小川絢子・子安増生（2008）．幼児における「心の理論」と実行機能の関連性──ワーキングメモリと葛藤抑制を中心に．発達心理学研究，**19**, 171-182.

Rusell, J., Jarrold, C., & Potel, D. (1994). What makes strategic deception difficult for child ren deception or the strategy? *British Journal of Developmental Psychology*, **12**, 301-314.

Russel, J., Mauthner, N., Sharpe, S., & Tidswell, T. (1991). The 'Windows task' as a measure of strategic deception in preschoolers and autistic subjects. *British Journal of Developmental Psychology*, **9**, 331-349.

瀬野由衣・加藤義信（2007）．幼児は「知る」という心的状態をどのように理解するよになるのか？──「見ること─知ること」課題で現れる行為反応に着目して．発達心理学研究，**18**, 1-12.

Siegal, M. (2008). *Marvelous minds: the discovery of what children know*. New York: Oxford University Press.（シーガル，M.（著）外山紀子（訳）（2010）．子どもの知性と大人の誤解──子どもが本当に知っていること．新曜社）

Wason, P. C. (1966). Reasoning. In B. M. Foss (Ed.), *New horizons in psychology*. Harmondworth, England: Penguin.

Wellman, H. M., Cross, D., & Watson, J. (2001). Meta-analysis of theory-of-mind development: The truth about false belief. *Child Development*, **72**, 655-684.

Wimmer, H., & Perner, J. (1983). Beliefs about beliefs: Representations and constraining function of wrong beliefs in young children's understanding of deception. *Cognition*, **13**, 103-128.

Zaitchik, D. (1990). When representations conflict with reality: The preschooler's problem with false beliefs and "false" photographs. *Cognition*, **35**, 41-68.

I-4 ミラーシステムと「心の理論」
—— 認知神経科学的アプローチ

嶋田総太郎

1 ミラーシステム

　ヒトは高度な社会性を持つ動物である。この能力がどのように実現されているのかを理解するために，脳の機能やメカニズムを理解することは本質的に重要である。本章では，社会性の能力を理解する上で重要な2つの脳のシステム，ミラー（ニューロン）システムと「心の理論」領野について概観したい。
　ミラーニューロンは，イタリアのリゾラッティ（Rizzolatti, G.）らの研究によりサルの運動前野（F5）において初めて見つかったニューロンであり，自己が運動するときだけでなく，他者が同じ運動をしているのを見たときにも活動する。運動前野は運動の制御にかかわる領域なので，自己が運動をするときに活動することは明らかである。しかし自己が運動をしていないにもかかわらず，他者の運動を観察するだけで運動前野のニューロンが活動するという事実は，それまでの知見からは説明がつかなかった。ほとんどのミラーニューロンは運動の種類に選択的に活動し，ある特定の運動に対して反応するニューロンは他の運動を観察しても活動が見られない（Rizzolatti et al., 2001）。ミラーニューロンの持つこの反応選択性は，他者の運動が視覚的に提示されたときの脳内情報処理において自己の「運動表現」が深く関与していることを示している。その後，サルのミラーニューロンに類似した脳活動がヒトの運動前野，一次運動野，頭頂葉下部でも見られることがわかり，これらの領域を総括してミラー（ニューロン）システムと呼ぶようになった。

Ⅰ　心の発達のしくみを理解するために

（１）目標指向性

　脳がミラーシステムを備えることによってどのような認知機能が実現可能となるのだろうか？　これまでに優勢な仮説は，ミラーシステムは他者の運動や意図を深いレベルで理解するために用いられているというものである（Rizzolatti et al., 2001）。他者の運動を見ることで自己の運動野が活動するということは，他者運動を自己の脳内運動回路を用いてシミュレートしていることを示唆しており，それによって他者がなぜそのような運動をするのかという意図を理解したり，そのときにどのような気持ちや感情をもっているかを，単なる視覚的な分析ではない深いレベルで理解することが可能になるという説である。これをシミュレーション仮説という。

　ミラーニューロンを発見したリゾラッティらのグループは，他者の運動の視覚入力がそれと同等の自己の運動表現を直接に賦活させるという「ダイレクトマッチング仮説」を提唱している。自己の運動表現が賦活することによって，意図や感情を表現する他の領野へも活動が伝搬し，意図や感情の理解ができるということになる。

　ロンドン大学（当時）のチブラ（Csibra, G.）はこの点について批判を行い，他者運動の不完全な提示でも他者の意図の理解はできるという「目的論的推論説（teleological reasoning）」を提唱している。つまり他者の運動が理解できた後に意図が理解できるのではなく，むしろ意図の理解が先にあり，そこから運動表現へと活動が伝搬していくというモデルである（Csibra, 2007）。

　ミラーシステムが運動入力の詳細よりも，他者の持つ意図に選択的に活動することを示す研究は多い。たとえばウミルタらは，テーブルに置いてある物体に右手を伸ばして摑むという運動（把持運動）をサルに見せた（Umiltà et al., 2001）。予想通り，このときサルのミラーニューロンは活動を見せた。一方，物体を置いていないテーブルの上で把持運動の真似（パントマイム）を見せてもミラーニューロンの活動は見られなかった。このことは手の運動そのものに対してではなく，「物体を手で摑む」という意味のある行為に対してミラーニューロンは活動することを示している。次にウミルタらは，テーブルの上の物体

を見せた後に，その前に衝立を置き，サルから直接物体が見えないようにした。この状態で，実験者が把持運動を行うと，物体を手で摑む場面はサルには見えなかったにもかかわらず，ミラーニューロンはまさに把持が行われるタイミングで活動することがわかった。つまりサルは実験者が物体を摑んでいる様子を「想像して」実験者の運動を理解していたと考えられる。最後に，衝立の裏に何もないことを見せた後に，同様の運動を見せてもミラーニューロンは活動しなかった。

その後の研究においても，ミラーシステムは実際の運動の軌跡よりも，運動の意図によって活動が変化することがヒトでもサルでも確かめられている（Fogassi et al., 2005; Iacoboni et al., 2005）。また運動の視覚的提示だけでなく聴覚的提示（ピーナッツの殻を手で破っている音）でもミラーニューロンが同じように活動することも示されている（Kohler et al., 2002）。これらの結果は，ミラーシステムは，運動の運動学的性質よりも，その運動の目的に対して選択的に活動することを示している。

（2）模　倣

ミラーシステムの持つ機能として次に考えられるのは他者の運動の模倣である。模倣を行うためには，他者の運動の視覚情報から自己の運動出力を生成しなければならない。ミラーシステムは両者に共通の運動表現を生成・提供するものであると考えれば，模倣において重要な役割を果たしていることが期待できる。

しかしながらミラーニューロンが最初に見つかったサルにはヒトのような模倣能力がないという理由で，この模倣説はシミュレーション説ほど広くは受け入れられてこなかったという経緯がある。この論拠となっているトマセロの主張する「真の模倣」の定義は，それまでに観察者が修得していない新規の複雑な行動を見たときに，その行動を取った他者の意図を理解した上で，その行動を逐一再現する，という厳しい基準によるものである（Tomasello, 1999）。たしかにそのような模倣はサルや人間以外の霊長類では見られない。しかしながら，

Ⅰ　心の発達のしくみを理解するために

最近の研究はより一般的な意味での「模倣＝観察した他者運動の再現または頻度増加」は，サルやチンパンジーでも見られることが示されており（de Waal & Ferrari, 2010），ミラーシステムが模倣において果たす役割はもっと注目されてよい。

　ヒトの模倣能力とミラーシステムとの関係について，いくつかの関連研究を見てみたい。まずカルボ＝メリノ（Calvo-Merino, B.）らは，動きが比較的似ているが異なる種類の身体の動き（バレエとカポエラ）をそれぞれ専門とするダンサーの脳活動を計測した。するとバレエを専門とするダンサーはバレエを見ているときのほうが，カポエラを専門とするダンサーはカポエラを見ているときのほうがそうでないダンスを見ているときよりもミラーシステムの活動が有意に大きくなることを見出した（Calvo-Merino et al., 2005）。同様にクロスら（Cross et al., 2006）は，バレエダンサーは，自分が踊れるバレエ動作を見ているときのほうが，踊れない新規のバレエ動作を見ているときよりもミラーシステムの活動が強くなることを報告している。これらの結果は，ミラーシステムが自己の運動レパートリーに含まれる運動を観察しているときのほうが，そうでない運動を観察しているときよりも強く活動することを示している。ミラーシステムは，前項で述べたように他者の運動意図の理解にかかわるだけでなく，運動の詳細，特に自分で実行できるか否かに強い選択性を持つのである。

　ミラーシステムのこの特性は他者の運動を積極的に模倣しようとするときに顕著になる。イアコボーニら（Iacoboni et al., 1999）は人におけるミラーシステムの存在を初めて報告した論文の中で，他者運動を模倣するときのほうが，他の視覚刺激を手がかりとして同じ運動をさせたときよりもミラーシステムが強く活動することを報告している。ヴォクトら（Vogt et al., 2007）は，ギターのコード（和音）を押さえる動作を模倣させる実験を行った。すると，練習したことのあるコードよりも練習したことのないコードを模倣するために他者の手を観察したときの方がミラーシステムの活動が強くなることを報告している。これらの結果は，他者運動を模倣する意図を持って観察するときにはミラーシステムの活動が強まることを示しており，ミラーシステムと模倣の関連性を示

唆するものであるといえる。

（3）乳児のミラーシステム

　ヒトでは他の種に比べて模倣能力が非常に発達しており，ヒト社会の高度な文明はこの能力なしには達成できなかったと考えられている。ヒトでは，他者の行為を意図的に模倣するだけでなく，本人にはその気がなくても無意識的に模倣をしてしまうという現象（無意識模倣）が顕著に見られる。たとえば近くにいる人が顔をこすると自分もつい顔をこすってしまうなどがその例である。あるいはあくびの伝染なども有名な例である。また前頭葉を損傷した患者の中で，目の前の人の行動を何でも模倣してしまうという症例が見られることがある。これは前頭葉の持つ抑制能力が損なわれた結果，自動的に模倣が起こってしまうためだと考えられている。これらはヒトには他者の運動を模倣する根源的な傾向が備わっていることを示唆しており，ミラーシステムと模倣の深いかかわりがこうした事例からも推測できる。

　子どもが身近にいる人なら気づくと思うが，子どもはすぐに周囲の人の模倣をする。このような子どもの模倣能力もヒトが模倣を行う傾向が強いことを示すものだと考えられる。この能力が特に顕著になるのは1～2歳以降であるが，それよりも早く生後数カ月の時期から顔や手の運動を模倣するという報告も数多くなされている。

　特に有名な報告は，生まれたばかりの赤ちゃんが大人の顔の表情を模倣するというもの（新生児模倣）である。生後数時間しか経っていない赤ちゃんに向かって大人が舌を出したり，口を開けたりすぼめたりすると，赤ちゃんはそれと同じ表情を示す。生まれたばかりの赤ちゃんはまだ鏡などで自分の顔を見たことがないということを考慮すると，赤ちゃんが鏡を見ながら自分の顔の筋肉の動かし方を学習したわけではないことがわかる。すなわち，赤ちゃんは生まれた時点からすでに他者運動の視覚入力を自己の運動プログラムに変換できる能力を持っていると考えられる。このように赤ちゃんは生後間もない段階から，そして1歳の頃にはかなりの模倣能力を持つことがわかる（Tomasello, 1999）。

I 心の発達のしくみを理解するために

　これらの事実はヒトの乳幼児もミラーシステムを持つことを示唆しているが，これについてはこれまでにごくわずかの報告があるのみである。筆者らは，生後6～7カ月の赤ちゃんが他者運動を観察しているときの脳活動を調べる実験を行った（Shimada & Hiraki, 2006）。実験ではお母さんの膝の上に座った赤ちゃんの頭部に近赤外分光法（NIRS）の光プローブを設置し，目の前のモデル（他者）がおもちゃで遊んでいる様子を見てもらった。対照条件としては動いている物体（ボール）を呈示した。その結果，モデルの動作を見ているときに運動野で有意な脳活動が見られた。別の条件として，おもちゃだけが動いている（モデルは登場しない）刺激を呈示したが，このときは運動野の活動は見られなかった。また別のセッションで赤ちゃん自身がおもちゃで遊んでいるときの脳活動を計測したところ，他者運動観察時に活動していたのと同じ領域（運動野）が活動していることが確かめられた。この結果は遅くとも生後6カ月の赤ちゃんの脳にはミラーシステムが存在している可能性を示している。その後の研究で，サウスゲートら（Southgate et al., 2009）も脳波を用いた実験で，9カ月の赤ちゃんを対象に同様の結果を得ており，乳児もミラーシステムを持つことが徐々に確かめられつつある。

（4）自閉スペクトラム症のミラーシステム

　自閉スペクトラム症（autistic spectrum disorder; ASD）では社会性認知能力の低下が指摘されており，その1つに模倣能力が低下していることがあげられる。ASDでは自然発生的な（spontaneous な）模倣が見られないこと，無意味な運動や顔の表情の模倣の精度が悪いことが指摘されている（Williams et al., 2004）。こうした知見からASDではミラーシステムが機能不全に陥っているという「壊れた鏡（broken mirror）」仮説が提唱されている。つまりASDにおける社会性能力低下の原因はミラーニューロンシステム（mirror neuron system：MNS）がきちんと機能していないことにあるというものである。

　しかしながらその一方で，ASDにも模倣能力が備わっていることを示す知見も数多く報告されるようになっている。視覚的に運動を提示することによっ

て健常者と同じように自動的な運動促進が起こることや，非整合的な運動を視覚呈示することによる運動成績の悪化などが報告されている。また模倣するように明示的に教示さえすれば，ASDでも模倣ができることは繰り返し指摘されている。これらのことからサウスゲートとハミルトンはASDのミラーシステムは「壊れていない」と主張している（Southgate & Hamilton, 2008）。

　ASDのミラーシステムについて調べた脳機能イメージング研究のメタ分析によると，ASDのミラーシステムが健常者よりも活動が弱いことを示すデータにはあまり一貫性がない（Hamilton, 2013）。ただし顔の表情模倣など，感情的な刺激を用いた研究では健常者とのミラーシステムの活動の違いが比較的一貫して見られるようである。これらのことからハミルトンは，ASDではミラーシステムは正常に機能しているが，社会的な手がかりを用いてトップダウンにミラーシステムを制御する能力が低下しているのだと主張している。

2　心の理論の神経基盤

　「心の理論」の能力は，発達心理学，社会心理学，認知神経科学などの分野でよく研究されてきた。心の理論とは，自己および他者の思考や信念などの心的状態について考える能力であり，他者の行為を理解し，社会的インタラクションを行うための基礎となるものである。このときよく用いられてきたのは誤信念課題（他者が現実とは異なる誤った信念を持っていることを理解できるかをテストする課題）であり，サリー・アン課題（Baron-Cohen et al., 1985）などが代表的である。ヒトの子どもでは4歳くらいからこの課題をパスするようになり，5歳で約90％の子どもが誤信念課題にパスするといわれている。一方，ASDでは誤信念を他者へ帰属する能力が発達的に大きく遅れていることが示されている。また，チンパンジーも含めた霊長類においても誤信念課題をパスするという信頼できる報告はない（Call & Tomasello, 2008）。ただし，他の章で論じられているように，誤信念課題は非常に高度な概念操作を必要とする課題であり，より初歩的な他者の意図や感情の理解というレベルであれば，乳児やチンパン

ジーも持っていることは広く確かめられつつあり,「心の理論」という用語でどのような能力を指すのかについてはまだ議論が必要である。たとえばフリスら（Frith & Frith, 2003）は,誤信念には「世界から分離された信念の表象」の形成が重要であると述べており,目の前にいる他者が今まさに行っている運動の意図の理解とは質的に異なると考えられる。

ブラザーズ（Brothers, 1990）は,社会性認知を「他者の気質や意図を正確に理解するのに必要となるあらゆる情報処理」と定義し,前頭眼窩野（OFC）,上側頭溝（STS）,扁桃体,帯状回などを特に重要な脳領野としてこれを「社会脳（social brain）」と呼んだ。ブラザーズの社会性認知の定義は幅広く,心の理論は「明示的に個人の心的状態を扱う処理」という意味でより限定されたものといえる。心の理論の処理が脳内に局在化されていることはすでにいくつかの研究から示唆されている。たとえば前頭葉や扁桃体の損傷は,心の理論課題の成績を悪化させる。

キャリントンら（Carrington & Bailey, 2009）による心の理論の脳機能イメージング研究のレビューでは,実験パラダイムや扱っている心的状態の違い,また言語的／非言語的課題による脳活動の違いについて詳細に検討している。この論文で取り上げている脳機能イメージング研究（全40件）のうち,実に93％で内側前頭前野（mPFC）ないしOFCの賦活が見られる。さらにSTSは50％の研究で,帯状回前部（ACC）およびその周辺領野は55％の研究で,側頭頭頂接合部（TPJ）は58％で活動が見られた。一方で扁桃体の活動は38％の研究にとどまった。

実験パラダイムとしては,心的状態を表す単語（欲する,考える,信じるなど）の理解,顔写真からの感情状態の理解,物語・1コマまたは複数コマの漫画・アニメーション・ビデオの提示による登場人物の心的状態の理解,インタラクティブゲームなどさまざまあるが,これらで首尾一貫して活動していたのはmPFCだけであった。刺激の種類としては,言語的なものと視覚的なものの2つに大別されるが,視覚的な刺激提示を行った研究の約70％ではSTSの活動が見られた。STSはバイオロジカルモーションなど他者の身体動作の知覚とか

かわっており，心の理論においても重要な役割を果たすことが示唆される。

　誤信念課題を扱った脳機能イメージング研究について見ると，やはりmPFCが一貫して活動していたが，これに加えてTPJの役割を強調している研究者もいる。mPFCとACCは誤信念だけでなく正しい信念に対しても活動したが，TPJは誤信念に対してのみ活動が見られた。このことからTPJは登場人物の心的状態の表現を現実から「分離」する役割を持っていると主張をしている（Sommer et al., 2007）。

　キャリントンらは，mPFCが活動しない数少ない例外的な研究として，イアコボーニら（Iacoboni et al., 2005）の意図推測課題をあげている。この研究では，飲み物を飲むためにコップに手を伸ばしているのか，あるいは後片付けをするためにコップに手を伸ばしているのかを推測させている。このときに活動するのは，運動前野や頭頂葉にあるミラーシステム領野であり，mPFCの活動は見られなかった。このように比較的単純な運動意図の理解には「心の理論」領野は不要であることが示唆されている。

　ASDを対象とした「心の理論」の脳機能イメージング研究では，mPFCの活動低下が繰り返し報告されている。カステッリら（Castelli et al., 2002）は幾何学図形のエージェントが動いているアニメーションを見せて，それぞれに心的状態を割り当てる課題を行ったときに，ASDではmPFCやSTSの活動が健常者よりも低下していることを報告している。ワンら（Wang et al., 2006）は皮肉を含んだ文章を理解させる課題において，ASDではmPFCの活動が弱いことを報告している。これらの研究は，ASDでは心の理論課題を行うときのmPFCの機能が低下しており，健常者とは顕著な違いが見られなかったミラーシステムの場合とは対照的である。

　これらをまとめると，「心の理論」においてはmPFC/OFCを中心として，STSやTPJ，ACCといった領野が重要であるということがわかる。すなわち前頭内側部の領野と側頭頭頂領野のネットワークが「心の理論」の機能を実現していると考えられる。ここで重要なことは，これらの部位はミラーシステム（運動前野―頭頂葉ネットワーク）とは重ならない異なる脳部位だということで

ある。これについて次節でさらに検討してみたい。

3 ミラーシステムと「心の理論」領野

　社会性認知の脳内基盤に関する研究は，シミュレーション仮説と「心の理論」仮説の2つの流れに大きく分かれている。シミュレーション仮説を採る立場は，行動・感覚・感情を処理する際の自己と他者の共有神経回路（shared circuit），いわゆるミラーシステムに焦点を当てている。心の理論仮説を採る立場は，他者の心的状態を表象（メンタライジング）する際に活動する脳の領野を重要視し，その主要部位は mPFC, STS, TPJ, ACC などである。重要なことは両者のどちらが正しいか，ではなく，これらの2つの脳領野はどのように相互作用をするのかである（Keysers & Gazzola, 2007）。
　社会性認知は直感的なもの（intuitive）から熟慮を伴うもの（reflective）までさまざまである。たとえば，ある人が転んで足をぶつけて痛そうな表情になったのを見た，というのは直感型の例である。このような場合，運動前野と頭頂葉が行動の，二次感覚野が感覚の，そして島皮質や帯状回が感情（痛み）の共有回路として働き，他者の身体状態を自己の状態へと重ね合わせていると考えられる。これらの共有回路は，前熟慮的（pre-reflective）であり，直感的であり，感覚的であり，意識的な熟慮を必要としない。一方，どんなプレゼントをしたら海外から来た仕事仲間が喜ぶかを考える，というのは熟慮型の例である。このような場合，相手の国や文化について思いを巡らし，相手の好みそうなものを推論しなければならない。このように他者の心的状態について熟慮をするときにしばしば活動するのは，mPFC および TPJ や STS である。たとえば誤信念の理解は熟慮的表現の典型的な例である。
　以上のように，直感型と熟慮型の社会性認知の違いを考えれば，それぞれ異なる脳領野が関与していることはそれほど不思議ではない。問題を複雑にしているのは，社会性認知はいつでも純粋に直感型や熟慮型であるわけではなく，しばしば両者が混合していることである。これらを統合したモデルを考案し，

シミュレーション説と「心の理論」説の橋渡しを行うことが，社会性認知研究の今後の一つの方向性となっていくだろう。

文　献

Barin-Cohen, S., Leslie, A. M., & Frith, U. (1985). Does the autistic child have a "theory of mind"? *Cognition*, **21**, 37-46.

Brothers, L. (1990). The social brain: A project for integrating primate behavior and neurophysiology in a new domain. *Concepts in Neuroscience*, **1**, 27-51.

Call, J., & Tomasello, M. (2008). Does the chimpanzee have a teory of mind? 30 years later. *Trends in Cognitive Science*, **12**, 187-192.

Calvo-Merino, B., Glaser, D. E., Grezes, J., Passingham, R. E., & Haggard, P., (2005). Action observation and acquired motor skills: An fMRI study with expert dancers. *Cerebral Cortex*, **15**, 1243-1249.

Carrington, S. J., & Bailey, A. J. (2009). Are there theory of mind regions in the brain? : A review of the neuroimaging literature. *Human Brain Mapping*, **30**, 2313-2335.

Castelli, F., Frith, C., Happer, F., & Frith, U. (2002). Autism, Asperger syndrome and brain mechanisms for the attribution of mental states to animated shapes. *Brain*, **125**, 1839-1849.

Cross, E. S., Hamilton, A. F., & Grafton, S. T. (2006). Building a motor simulation de novo: Observation of dance by dancers. *NeuroImage*, **31**, 1257-1267.

Csibra, G. (2007). Action mirroring and action understanding: An alternative account. In P. Haggard, Y. Rosetti, & M. Kawato, (Eds.), *Sensorimotor foundations of higher cognition: attention and performance XXII*. Oxford University Press, pp. 435-459.

de Waal, F. B. M., & Ferrari, P. F. (2010). Towards a bottom-up perspective on animal and human cognition. *Trends in Cognitive Science*, **14**, 201-207.

Fogassi, L., Ferrari, P. F., Gesierich, B., Rozzi, S., Chersi, F., & Rizzolatti, G. (2005). Parietal lobe: From action organization to intention understanding. *Science*, **308**, 662-667.

Frith, U., & Frith, C. D. (2003). Development and neurophysiology of mentalizing. *Philosophical Transactions of the Royal Society of London, B: Biological Sciences*, **358**, 459-473.

Hamilton, A. F. (2013). Reflecting on the mirror neuron system in autism: A systematic review of current theories. *Developmental Cognitive Neuroscience*,

3, 91-105.

Iacoboni, M., Molnar-Szakacs, I., Gallese, V., Buccino, G., Mazziotta, J. C., & Rizzolatti, G. (2005). Grasping the intentions of others with one's own mirror neuron system. *PLoS Biology*, 3, e79.

Iacoboni, M., Woods, R. P., Brass, M., Bekkering, H., Mazziotta, J. C., & Rizzolatti, G. (1999). Cortical mechanisms of human imitation. *Science*, 286, 2526-2528.

Keysers, C., & Gazzola, V. (2007). Integrating simulation and theory of mind: From self to social cognition. *Trends in Cognitive Science*, 11(5), 194-196.

Kohler, E., Keysers, C., Umiltà, M. A., Fogassi, L., Gallese, V., & Rizzolatti, G. (2002). Hearing sounds, understanding actions: Action representation in mirror neurons. *Science*, 297, 846-848.

Rizzolatti, G., Fogassi, L., & Gallese, V. (2001). Neurophysiological mechanisms underlying the understanding and imitation of action. *Nature Reviews Neuroscience*, 2, 661-670.

Shimada, S., & Hiraki, K. (2006). Infant's brain responses to live and televised action. *NeuroImage*, 32(2), 930-939.

Sommer, M., Dohnel, K., Sodian, B., Meinhardt, J., Thoermer, C., & Hajak, G. (2007). Neural correlates of true and false belief reasoning. *Neuroimage*, 35, 1378-1384.

Southgate, V., & Hamilton, A. F. (2008). Unbroken mirrors: Challenging a theory of Autism. *Trends in Cognitive Science*, 12, 225-229.

Southgate, V., Johnson, M. H., Osborne, T., & Csibra, G. (2009). Predictive motor activation during action observation in human infants. *Biology Letters*, 5, 769-772.

Tomasello, M. (1999). *The cultural origins of human cognition.* Cambridge, MA: Harvard University Press.

Umiltà, M. A., Kohler, E., Gallese, V., Fogassi, L., Fadiga, L., Keysers, C., & Rizzolatti, G. (2001). I know what you are doing: a neurophysiological study. *Neuron*, 31, 155-165.

Vogt, S., Buccino, G., Wohlschläger, A. M., Canessa, N., Shah, N. J., Zilles, K., Eickhoff, S. B., Freund, H. J., Rizzolatti, G., & Fink, G. R. (2007). Prefrontal involvement in imitation learning of hand actions: Effects of practice and expertise. *NeuroImage*, 36, 1371-1383.

Wang, A. T., Lee, S. S., Sigman, M., & Dapretto, M. (2006). Neural basis of irony comprehension in children with autism: The role of prosody and context. *Brain*, 129, 932-943.

Williams, J. H. G., Whiten, A., & Singh, T. (2004). A systematic review of action imitation in autistic spectrum disorder. *Journal of Autism and Developmental Disorders*, **34**, 285-299.

I-5 「心の理論」の発達の文化差
―― 日本・韓国・オーストラリアの比較から

東山　薫

1　誤信念課題の通過年齢における文化差

　「心の理論」という言葉は，プレマックとウッドラフ（Premack & Woodraff, 1978）の論文「チンパンジーは心の理論を持っているか」で初めて使用された。その論文の中で心の理論を持つということは「自己および他者の知識，信念，思考，疑念，推論，ふり，好み，目的，意図，の内容を理解すること」，もしくは「個人が自分自身，もしくは他者に心的状態を帰属させること」と定義されている。この心の理論をヒトの幼児がいつ頃から持つようになるのかを測定するために，1983年にヴィマーとパーナー（Wimmer & Perner, 1983）が他者の誤った信念（勘違い）を理解できるかを調べる誤信念課題を考案した。それ以来，さまざまな国でさまざまな年齢の子どもに誤信念課題が実施され，その通過の年齢が論じられた。

　ウェルマンら（Wellman et al., 2001）はこれらのデータを用いて「何歳で誤信念課題を通過できるのか」，また「その通過年齢は文化によって普遍的なのか」という問題をメタ分析によって明らかにした。すなわち，生後44カ月になれば50％以上が誤信念課題を通過できること，しかしその通過年齢については文化差があることが指摘された。最もデータ数の多いアメリカ，イギリスなどの欧米諸国を基準にすると，韓国が同程度の年齢で通過でき，オーストラリアやカナダの幼児がより早い年齢で通過し，オーストリアと日本の幼児が最も遅れるということが明らかになった。

Ⅰ 心の発達のしくみを理解するために

　同様の指摘が内藤ら（Naito & Koyama, 2006）によってもなされている。日本の子どもが誤信念課題を通過しはじめるのは47カ月～54カ月あたりで，欧米などに比べると少なくとも半年は遅れ，確実に通過できるようになるのはイギリスの子どもが54カ月であるのに対して，日本の子どもは72～80カ月あたりと非常に遅れることを見出した。

　これらのことから，ある一定の年齢に達すれば誤信念課題を通過することができるが，その通過年齢には文化差があることが明らかになった。

2　個人主義 vs. 集団主義理論による文化差の説明

　誤信念課題の通過年齢における文化差については，マーカスと北山（Markus & Kitayama, 1991）の個人主義 vs. 集団主義理論がよく引用される。彼らによれば，西洋は個人主義であり，東洋は集団主義である。西洋の子どもは小さいときから，自己と他者をはっきりと分ける文化で育つため，自己の視点と他者の視点を日頃から分けて考える習慣が身についている。したがって誤信念課題のように，自分は物の移動を見て知っているが，他者は見ていなかったのでそれを知らないというような自分とは異なる心を持つ他者の心の理解についても早い段階から正答できると考えられる。一方で，東洋は自己と他者の境界が曖昧な文化である。たとえば友だちをぶった子どもに対して「あなたがぶたれたらどんな気持ちになる？　お友だちも同じ気持ちだと思うよ」などと，自分の心を基準にして他者の心を推論するような働きかけを周りの大人から多く受ける。したがって，自己の視点と他者の視点の分離がされず，誤信念課題のような自他の心が異なるような課題において他者の心に関する理解が遅れるという指摘もある。

　しかし，同じ集団主義である日本と韓国では心の理論の発達に差があり，個人主義 vs. 集団主義理論では説明がつかない。

3　言語環境による文化差の説明

　言語は子どもの認知能力を大きく発達させる道具であり，課題そのものの理解にも大きくかかわってくる。実際に心の理論と子どもの言語能力との間に強い関連があることが指摘されてきた（Astington & Jenkins, 1999; Milligan et al., 2007）。そして，母親が母子相互交渉場面において，子ども，あるいは他者の心について言語でどのように表現するかが子どもの心の理論の発達を促進するのではないかという問題が検討されるようになってきたのである。たとえば，ダンら（Dunn et al., 1991）は母親の感情語の使用量と7カ月後の子どもの感情理解課題や誤信念課題の成績との間に有意な正の相関があったと報告している。日本でも園田（1999）が母親の思考に関する語の使用量が子どもの誤信念課題の成績と正の相関があることを見出している。これらの研究は，母親の心的状態語の使用頻度が子どもの感情理解および誤信念の理解の発達を促進することを示唆している。

　ピーターソンら（Peterson & Slaughter, 2003）は母子のコミュニケーションの質が心の理論の発達に及ぼす影響について指摘している。母親に特定の場面（たとえば，ケーキを焼く約束をした母親が卵を買い忘れた場面）を見せ，その場面で自分が子どもにするであろう説明を4つの選択肢の中から選ばせたところ，心的状態語を用い，因果関係について明確に説明している選択肢を選んだ母親の子どもほど誤信念課題の成績が高かった。また，ラフマンら（Ruffman et al., 1999）は子どもの誤信念課題の成績と母子相互交渉場面における母親の感情の視点取得を促すような対応とに弱い正の関連が，また子どもを叱責するような対応とは負の相関が認められたと報告している。

　さらに，ピーターソンら（Peterson & Siegal, 1999, 2000 ; Peterson et al., 2005）は聾の親を持つ聾児は誤信念課題の成績が定型発達児と同じ程度であったのに対して，健聴の親を持つ聾児は自閉症児と同様に遅れが見られることを見出している。これは聾の親は健聴の親と比べて子どもの心的状態や子どもの立場を

考えた表現を頻繁に手話で行っているからであると考えられる。

4 心の多面性の理解を測定する課題

　心の理論は長い間，誤信念課題のような1つの課題で測定されてきた。しかし，心の理論の発達とは心を多面的に理解することであると多くの研究者は信じてきた。

　そこでウェルマンら（Wellman & Liu, 2004）は誤信念の理解のみならず欲求，信念，感情などの理解を同じフォーマットで測定する尺度（以下，心の理論課題）を提案した。そして，欲求，信念，知識，誤信念，隠された感情の理解がこの順番で年齢と共に段階的に進むことを実証的に示した。さらに，ウェルマンらは中国（2006）やオーストラリア（2005）でも同じ課題を用いている。中国においては欧米の子どもとは異なり，知識の理解が信念の理解に先行することが見出されている。また，オーストラリアにおいては発達の順序は同様であるが通過率が異なることがわかっている。日本においても東山（2007）によって，発達の順序は欧米の子どもと同様であるが，誤信念課題と同様に遅れが見られることが明らかになった。

5 心の理論課題における文化差と言語環境

　これらの文化差を子どもが育つ言語環境の差によって説明しようという試みがなされている。たとえば，欧米と中国の文化差については，欧米の子どもは「～と知っている」という発言が2歳で見られるようになるのに対し，中国の子どもは1歳でもすでにその発言が見られる。また欧米の親は「考える」という語も「知っている」という語も同程度に使うのに対し，中国の親は「考える」という語を子どもとの間でほとんど使用しないために課題の通過順序が異なると考えたのである（Bartsch & Wellman, 1995; Tardif & Wellman, 2000）。このことから，幼い子どもに対してそれぞれの文化が何を期待するか，どのように対

応するのが好ましいとするのかが異なり，それが親の言語による対応の仕方に反映されているのであるという，文化の心の理論への影響が議論されているのである。

　しかし，先行研究ではそれぞれの文化内で母親の心的状態語の使用量や言語環境を見ているだけである。そこで東山（2011）は同じ課題を用いることで状況を統一し，日本人母子における母親の言語使用と子どもの心の理論の発達との関連について検討した。その結果，母親が子ども自身や他者の心について考えさせるような言語を用いるほど子どもの心の理論課題の成績が良いこと，また，母親が子どもの日常の経験，知識，考え方を考慮したような子どもにとってわかりやすい言語の使い方をするほど子どもの心の理論課題の成績が良いことがわかった。

　このように心の理論の発達における文化差を言語環境から説明しようとする試みが多くなされてきたが，同じ状況下で異なる文化の人々がどのような言語使用をするのかについて見ている実証研究はない。特に，日本語は心的状態語を明確には表現しないために心の理論の発達が遅れるという指摘（Naito & Koyama, 2006）や，行為者（主語）不在と指摘されることも多い（小林，2005）。すなわち，日本語は心的状態語や主語が明確に表現されないために，周囲の大人が誰についてのどのような心的状態を説明しているかが子どもにはわかりづらく，他者の心的状態に関する理解を必要とする心の理論の発達が遅れるという可能性が考えられる。しかし，これらを実証する研究もまだない。

6　心の理論における文化差の要因の検討

　これまで述べてきたように，言語環境が心の理論の発達に影響を及ぼすと考えられながらも状況を統一した実証研究がなく，文化比較を行うことが難しかった。文化とは，「ヒトの生活を媒介する人工物の集合で，多くは世代を超えて共有されるもの」（波多野・高橋，2003）とあるように，大人から子どもへと伝えられ共有されていくものである。子どもの言語使用や思考に影響を及ぼす

と考えられる大人がどのような言語の用い方をしているのかについての検討が必要であろう。そこで，これまで指摘されてきた日本語が心的状態語を明確に表現しないという点や行為者（主語）不在の問題について，状況を統一した上で文化比較を検討している研究（東山，2014；東山ほか，2015；Toyama et al., 2015）を紹介する。

（1）日本と韓国の比較

　東山（2014）は，同じ東アジアに属するにもかかわらず欧米よりも誤信念課題の通過が遅れる日本と，欧米と同程度に通過する韓国との比較を試みている。日本人大学生と韓国人留学生各27名を対象にそれぞれの言語の特徴について調べるために，ウェルマンら（Wellman & Liu, 2004）の心の理論課題7課題をそれぞれの言語に翻訳したものを質問紙にし，回答にいたった理由についても尋ねて，その回答理由の記述から行為者（主語）の有無や心的状態語の有無などの言語使用を見ている。7課題とは，欲求（diverse desires: DD），信念（diverse beliefs: DB），知識（knowledge access: KA），予期せぬ中身タイプの誤信念課題（contents false belief: CFB），位置移動タイプの誤信念課題（explicit false belief: EFB），信念と感情との関係（belief emotion: BE），隠された感情（hidden emotion: HE）の理解である。その際，心的状態語については質問紙にある登場人物に関するもののみを対象とし，行為者（主語）に関しても心的状態語についても1つでも記述があれば「1」と数え，2つ以上出てきた場合でも「1」としている。

　正答人数を見たところ日本と韓国ですべての課題において差は見られなかった。行為者（主語）の有無についても日本と韓国では7課題すべてにおいて差は認められなかった。行為者に関する心的状態語の有無に関しては知識の理解においてのみ有意傾向ではあるが日本人の方がやや多く心的状態語を用いる結果となった。行為者（主語）を用いずに回答理由を記述するのは「知識の理解」や「予期せぬ中身タイプの誤信念課題」，「信念と感情の理解」に関する課題であった。たとえば「知識の理解」は，箱の中を開けるとイヌのおもちゃが入っ

ていることを確認した我々がそれを見ていなかった登場人物の立場に立てるかという課題である。「登場人物は箱の中に何が入っているか知っていますか？」という問いに対して「知らない」と答えるのが正解である。その後に「どうしてそう思いましたか？」と質問し「登場人物は箱の中を見ていないから」と行為者（主語）と心的状態語を用いて説明するのが模範解答になる。しかし，「ふたを閉じた後に来たから」と行為者（主語）も心的状態語も用いずに説明する傾向は日本人も韓国人も同様であった。また「予期せぬ中身タイプの誤信念課題」は，バンドエイドの箱を開けるとブタのおもちゃが入っていることを確認した我々がそれを見ていなかった登場人物の立場に立てるかという課題である。「登場人物はこの箱を外から見ただけだったら中に何が入っていると答えるでしょうか？」と質問し，「バンドエイド」と回答すれば正解である。その理由は「登場人物は箱の中を見ていないから」となるが，多くの日本人大学生や韓国人留学生は「バンドエイドの箱だから」と説明していた。このように日本語と韓国語では主語や心的状態語の使用に関してほとんど差は見られず，回答理由そのものにもあまり差は見られなかった。すなわち，これらの側面から日本と韓国における子どもの心の理論の発達の差について論じることは難しいということがわかった。

（2）日本とオーストラリアの比較

東山ら（2015）は，欧米よりも誤信念課題の通過が早いオーストラリアと遅れる日本との比較も行っている。韓国と比較した前述の研究の大学生とは別の日本人大学生100名とオーストラリア人大学生100名を対象に心の理論課題を質問紙にしたものを実施した。

正答人数においては，「隠された感情」の理解においてオーストラリア人大学生の方が有意に正答人数が多いことがわかった。日本人大学生は実に5名に1名の割合で誤答している結果となった。また，「知識の理解」においても有意傾向ではあるがオーストラリア人大学生の方が正答人数がやや多かった。行為者（主語）の有無に関しては，表I-5-1にあるように7課題すべてにおいて

Ⅰ　心の発達のしくみを理解するために

表Ⅰ-5-1　行為者（主語）の有無における日豪比較

	DD		DB		KA		CFB		EFB		BE		HE	
	有	無	有	無	有	無	有	無	有	無	有	無	有	無
日本	44	56	38	62	50	50	10	90	26	74	3	97	1	99
豪州	98	2	98	2	96	4	47	53	95	5	74	26	90	10
χ^2	$p<.001$		$p<.001$		$p<.001$		$p<.001$		$p<.001$		$p<.001$		$p<.001$	

注：欲求（diverse desires: DD），信念（diverse beliefs: DB），知識（knowledge access: KA），予期せぬ中身タイプの誤信念課題（contents false belief: CFB），位置移動タイプの誤信念課題（explicit false belief: EFB），信念と感情との関係（belief emotion: BE），隠された感情（hidden emotion: HE）。

オーストラリア人大学生の方が行為者（主語）を入れて回答理由を記述している人数が有意に多かった。行為者に関する心的状態語の有無は，「知識の理解」においてオーストラリア人大学生の方が心的状態語を用いて回答理由を記述している割合が有意に高かった。また「予期せぬ中身タイプの誤信念課題」においても有意傾向ではあるがオーストラリア人大学生の方が心的状態語をやや多く用いているという結果となった。

　英語では主語はほとんど省略されず，仮に登場人物を主語においていないとしても「That's his favorite」や「That's her first option」というように登場人物を示す所有格を用いている。これも行為者（主語）についての記述があったとカウントしたならば日本語との差はより大きくなる。心的状態語を用いた記述が多い課題と少ない課題に関しては，その傾向に日本人大学生とオーストラリア人大学生で差は見られなかった。しかし，心的状態語の記述が少ない課題をみると，日本人はオーストラリア人に比べてより心的状態語を用いずに回答していた。「予期せぬ中身タイプの誤信念課題」は両者とも半分以上の者が心的状態語を用いずに理由を記述していた。そして日本人大学生や韓国人留学生と同様に，オーストラリア人大学生も "Because it's a Band-Aid box" や "That is what the packaging says" というような記述が多く見られた。さらに，課題を誤答したものの回答理由を見ると，日本人は自分の視点や一般論を理由としたこと，もしくは教示の読み間違いから誤答しているのに対し，オーストラリア人は教示には書いていない登場人物の心的状態を想定して誤答しているとい

う傾向が見られた。このように日本とオーストラリアにおいては行為者（主語）を用いる頻度や理由説明の際に登場人物の心的状態を想定する頻度が異なることがわかった。

（3）日本・韓国・オーストラリアの比較から

これまでの先行研究で指摘されながら実証研究がなかった行為者（主語）の有無や心的状態語の有無を見るため，手始めに幼児の心の理論を測定する心の理論課題を用いた。当然のことながら課題が簡単すぎるため大人の本来の能力が測定できていない可能性がある。しかし，記述式で回答させたにもかかわらず，日本人や韓国人は主語を省略することを考えると会話のときにはさらに主語が省略されることが考えられる。オーストラリア人は主語を省略することはほとんどなく，日本人が自分の視点や一般論で考える，もしくは教示の読み間違いから誤答しているのに対して，教示には記されていない登場人物の心的状態を想定して誤答していることがわかった。しかし，心的状態語の使用の有無を見ると日本とオーストラリアでは従来から指摘されていたような顕著な差は認められなかった。

今後は心の理論の文化差に関連するといわれてきた「個人主義 vs. 集団主義」(Markus & Kitayama, 1991) や共感性との関連などを見ることも重要であると考えられる。さらには，大人だけを対象にするのではなく，大人と子どものインタラクションを同じ状況下で観察し，そこから文化差を検討する必要があるだろう。

注

日本・韓国・オーストラリアの文化差に関する研究は，科研費若手研究（B）15K21577の助成を受けて行っている。またオーストラリアのデータはクイーンズランド大学のスローター先生に協力を得て収集してもらった。

文 献

Astington, J.W., & Jenkins, J.M. (1999). A longitudinal study of the relation between language and theory-of-mind development. *Developmental Psychology*, **35**, 1311-1320.

Bartsch, K., & Wellman, H. M. (1995). *Children talk about the mind*. Oxford, UK: Oxford University Press.

Dunn, J., Brown, J., Slomkowski, C., Tesla, C., & Youngblade, L. (1991). Young children's understanding of other people's feelings and beliefs: Individual differences and their antecedents. *Child Development*, **62**, 1352-1366.

波多野誼余夫・高橋惠子（2003）．感情と認知．放送大学教育振興会．

小林修一（2005）．日本語における話し手の位相と主体性——「主語なし」文の背景から．東洋大学社会学部紀要，**43**, 37-54.

Markus, H., & Kitayama, S. (1991). Culture and the self: Implications for cognition, emotion, and motivation. *Psychological Review*, **98**, 224-253.

Milligan, K., Astington, J. W., & Dack, L. A. (2007) Language and theory of mind: Meta-analysis of the erlation between language ability and false-belief understanding. *Child Development*, **78**, 622-646.

Naito, M., & Koyama, K. (2006). The development of false-belief understanding in Japanese children: Delay and difference? *International Journal of Behavioral Development*, **30**, 290-304.

Peterson, C. C., & Siegal, M. (1999). Representing inner worlds: Theory of mind in autistic, deaf, and normal hearing children. *Psychological Science*, **10**, 126-129.

Peterson, C. C., & Siegal, M. (2000). Insights into theory of mind from deafness and autism. *Mind and Language*, **15**, 123-145.

Peterson, C. C., & Slaughter, V. (2003). Opening windows into the mind: Mother's preferences for mental state explanations and children's theory of mind. *Cognitive Development*, **18**, 399-429.

Peterson, C. C., Wellman, H. M., & Liu, D. (2005). Steps in theory-of-mind development for children with deafness or autism. *Child Development*, **76**, 502-517.

Premack, D., & Woodruff, G. (1978). Does the chimpanzee have a theory of mind? *Behavioral and Brain Sciences*, **1**, 515-526.

Ruffman, T., Perner, J., & Parkin, L. (1999). How parenting style affects false belief understanding. *Social Development*, **8**, 395-411.

園田菜摘（1999）．3歳児の欲求，感情，信念理解——個人差の特徴と母子相互作用との関連．発達心理学研究，**10**, 177-188.

Tardif, T., & Wellman, H. M. (2000). Acquisition of mental state language in Mandarin- and Cantonese-speaking children. *Developmental Psychology*, **36**,

25-43.

東山薫 (2007). "心の理論"の多面性の発達——Wellman & Liu 尺度と誤答の分析. 教育心理学研究, **55**, 359-369.

東山薫 (2011). 5, 6歳児の心の理論と母親の心についての説明との関連. 教育心理学研究, **59**, 427-440.

東山薫 (2014). 大人の心の理論の日韓比較. 東山薫・前原由喜夫 (企画) 東山薫・前原由喜夫・大塚結喜・古見文一・板倉昭二・北崎充晃 "大人の, 大人による, 大人のための心の理論研究" 日本心理学会第78回大会公募シンポジウム SS-098, SS (49).

東山薫・Imuta, K.・Slaughter, V.・北崎充晃・板倉昭二 (2015). 心の理論における日豪の比較——主語, 心的状態語の使用の有無からの検討. 電子情報通信学会技術研究報告, **114**, 103-107.

Toyama, K., Imuta, K., Slaughter, V., Kitazaki, M., & Itakura, S. (2015). A cross-cultural comparison of mental state understanding: An examination of Japanese and Australian adults' reasoning for their responses to theory-of-mind questionnaire. *The Japanese Society for Language Sciences (JSLS) 2015 Conference Handbook*, 192-193.

Wellman, H. M., Cross, D., & Watson, J. (2001). Meta-analysis of theory-of-mind development: The truth about false belief. *Child Development*, **72**, 655-684.

Wellman, H. M., Fang, F., Liu, D., Zhu, L., & Liu, G. (2006). Scaling of theory of mind understandings in Chinese children. *Psychological Science*, **17**, 1075-1081.

Wellman, H. M., & Liu, D. (2004). Scaling of theory-of-mind tasks. *Child Development*, **75**, 523-541.

Wimmer, H., & Perner, J. (1983). Beliefs about beliefs: Representation and constraining function of wrong beliefs in young children's understanding of deception. *Cognition*, **13**, 103-128.

II

保育・教育の現場で子どもを理解するために

II-1 乳児期の「心の理論」
―― 赤ちゃんはどこまでわかっている？

千住 淳

1 赤ちゃんの他者理解

　乳児期の赤ちゃんは，他者を理解し，他者から学ぶのに役に立つ心の働きを数多く持っている。たとえば，生まれて数時間から数日の新生児でも，他者の顔や動きを見つけて振り向いたり，自分に向けられた視線や「赤ちゃんことば」のような乳児に向けられた発話に気付き，注意を向けたりすることが知られている。また，新生児も相手が見ている方向，相手が視線を向けている方向に注意を動かすことが知られており，視線追従や共同注意といった行動の前駆的な能力が見られる。

　そして，生後数カ月のうちに，赤ちゃんは相手の行動から「目的」を読み取ることができるようになる。たとえば，テーブルの上に２つのおもちゃ（ぬいぐるみとミニカー）がおいてある場面で，大人がそのうちの１つ，たとえばぬいぐるみに繰り返し手を伸ばす場面を赤ちゃんに見せる。その後，ぬいぐるみとミニカーの場所を入れ替えると，赤ちゃんは，大人がぬいぐるみのあった場所にあるミニカーではなく，新しい場所に動いたぬいぐるみに手を伸ばすことを期待する。これは，赤ちゃんが大人の動きを，物理的な軌跡ではなく，対象物（目的）に向けられた動きとして理解していることを示している。

　また，赤ちゃんは大人とのコミュニケーションをうまく行うような心の働きも持っている。たとえば，相手の視線の先を追いかけて見る行動である視線追従行動は，大人が伝えようとしている話題や，大人が興味を持っている対象が

何であるかを見つけるのに，とても役に立つ。筆者らの研究（Senju & Csibra, 2008; Deligianni et al., 2011）では，赤ちゃんがどのような場面で大人の視線を追いかけるのかを調べるため，大人が対象物に視線を向ける前に，赤ちゃんに目を向ける，「赤ちゃんことば」で呼びかける，赤ちゃんの動きに合わせて動くなど，赤ちゃんに対する働きかけを行う場面と，そういった働きかけを行わず，直接対象物に視線を向ける場面とをそれぞれビデオ録画し，赤ちゃんに見せた。その結果，赤ちゃんは大人からの働きかけがあった直後にのみ，大人の視線の先を追いかけることが示された。これは，この時期の赤ちゃんの視線追従行動が，大人とのコミュニケーションをうまく行うことに，機能的に特化している可能性を示している。

さらに，赤ちゃんは相手に何が見えていて，何が見えていないかということを理解することもできるようである。たとえば，先ほどの視線追従行動を例に取ると，生後9カ月の赤ちゃんは大人が目を開けていても閉じていても，大人が顔を向けた方向に視線を向けるのに対し，生後10カ月の赤ちゃんは大人が目を開けているとき（大人にその場面が見えているとき）にのみ，大人の視線の先を追いかけることが報告されている。

子どもがもう少し大きくなり，1歳の誕生日を超えると，相手にものを教えたり，相手を助けたりといった社会的な働きかけを行うことができるようになることも知られている。たとえば，赤ちゃんと大人が向かい合っている場面で，大人の後ろで何か面白いことが起こったとき，赤ちゃんはその方向を指さして，大人に教えることが知られている。また，1歳半の赤ちゃんは，大人が戸棚を開けようとして開けられなかったり，狭い場所を通り抜けようとしてものにひっかかったりしている場面を見たとき，自発的に戸棚を開けてあげたり，ひっかかったものをどけてあげたりして，大人の行動を助けることが報告されている。これらの行動は，赤ちゃんは相手が何をしようとしているか，何を知っているかなどの情報を読み取り，それに基づいて適切な社会行動を行うことができることを示している。

こういった研究の積み重ねから，赤ちゃんは相当程度に「心の理論」を使い

こなすことができるのではないか，と考えられるようになった。しかしながら，心の理論の有無を確認する，いわば「リトマス試験紙」として用いられている課題である誤信念課題から得られていた結果は，そういった赤ちゃん研究からの知見と矛盾するものだったといえる。

2 誤信念課題と3歳の壁

　本書の他の章でも「誤信念課題」は詳しく解説されているが，ここでも簡単に説明しておくと，誤信念課題とは，相手がその場にいない，あるいはその場面を見ていない間に状況が変わり（たとえばものの位置が動いたり，他のものと入れ替わったりして），その結果相手が間違った（場にそぐわない）行動をしてしまうことを理解する，という課題である。たとえば，相手がいない間におもちゃがカゴから箱の中に動かされたとき，相手はカゴの中におもちゃを探しに行くことが予測される。

　古典的な誤信念課題では，こういった場面を子どもに見せた後で，「この人はおもちゃをどこに探しに行くかな？」といった質問を行い，その質問に子どもが正しく「カゴ」と答えることができるかを検査する。通常，この課題に通過できるのは4歳児以降である。課題や質問文を工夫すると，3歳児でも課題に通過できることも知られているが，3歳未満の子どもは，課題に正しく答えることができない。この「3歳の壁」は，複数の研究の間で一貫しており，繰り返し報告されている。

　この3歳の壁をどのように解釈するかについては，研究者によって意見が分かれている。たとえば，1つの考え方として，赤ちゃんの心の理論は3～4歳の頃に質的な変化を遂げる，というものがある。この考え方に基づくと，3～4歳以前の子どもは相手の心の状態を「表象」できない，つまり相手の心の状態を現実とは異なるものとして自分の心の中に表現できないため，相手の心の状態と現実とが食い違う場面，誤信念場面において，現実と相手の心という，2つの異なる状態を同時に追いかけることができなくなる，と考えることがで

きる。

　もう1つの考え方として，この古典的な誤信念課題に付随する認知的・言語的な負荷が高すぎて，赤ちゃんが課題に通過しない，というものがある。たとえば，この課題に正しく答えるためには，子どもは「どこに」という質問が「おもちゃが実際にある場所」ではなく，「大人がおもちゃを探しに行く場所」であることを正しく理解する必要がある。こういった質問を正しく理解するためには，3～4歳程度の言葉の発達が必要である，と考えることもできる。

　また，誤信念課題が3歳以前の子どもにとって難しいもう1つの理由として，目の前にあるものへの反応を抑えることが難しい，という問題もある。たとえば，「おもちゃ」という言葉を聞いたとき，子どもは目の前にある箱の中にあるおもちゃに向かって反応してしまう衝動を抑えて，正しく「カゴ」と答えることが難しいのかもしれない。

　この考え方に基づくと，3歳以前の子どもは心の理論を持っていても，言葉の発達や反応抑制などの難しさのため，誤信念課題に通過できない可能性が考えられる。

　いずれにせよ，これらの課題を元にした「心の理論は4歳前後に発達する」という理解は，発達心理学において長い間当然のものとして理解されていた。この理解が大きく覆されたのは，2005年，オオニシとバイラジョンによる，15カ月児が自発的な誤信念課題に通過する，という研究報告（Onishi & Baillargeon, 2005）がきっかけだった。

3　自発的な誤信念課題

　自発的な誤信念課題の特徴は，「質問に答える」というステップを踏まないところである。典型的な課題では，登場人物が誤信念を持つ場面（本人がいない間にものが動かされる場面）を赤ちゃんに見せ，その場面に対する赤ちゃんの自発的な反応を記録する。この自発的な反応を解析することにより，赤ちゃんが相手の行動を，心の理論を用いて理解し，予測しているかどうかを調べるこ

とができる。

　たとえば，オオニシらの実験では，登場人物が見ていない間におもちゃがある箱から別の箱に移動する場面を見せた後で，登場人物が，おもちゃが最初に入っていた箱に手を伸ばす場面，おもちゃが実際に入っている場所に手を伸ばす場面の2通りの場面を赤ちゃんに見せている。その結果，赤ちゃんは登場人物が，おもちゃが実際に入っている箱に手を伸ばす場面を，もう1つの場面より，より長い時間見つめ続けることが示された。この結果は，赤ちゃんは「登場人物は最後におもちゃを見た場所に手を伸ばす」という期待を持っており，その期待が裏切られる（登場人物が実際におもちゃのある場所に手を伸ばす）場面に「驚いて」より長く見つめているのではないか，と解釈することができる。この手法は「期待違反法（expectancy violation technique）」と呼ばれており，赤ちゃん研究で広く使われている。

　オオニシらの研究は，科学界で最もメジャーな学術誌の1つである『サイエンス』誌に掲載され，大きな反響を呼んだ。「3歳以下の子どもは誤信念課題に通過することができない」という当時の常識を覆した研究結果は衝撃的であり，当然大きな反論も呼んでいる。ただ，オオニシらの研究結果は，複数の研究手法によって，繰り返し再現されている。たとえば，コバチらの研究（Kovács et al., 2010）では，生後7カ月の赤ちゃんが，登場人物の心の状態と現実の場面が食い違っているかどうかによって，画面を見る時間を変えることを報告している。

　また，筆者らの研究（Southgate et al., 2007）では，登場人物が見ていない間におもちゃが動く場面を見せた後，赤ちゃんが登場人物の動きをどのように予測するかについて，「予期的注視」と呼ばれる行動を指標にした実験を行った。予期的注視とは，たとえば相手の手がコップに向かう動きを見たとき，手がコップにたどり着く前にその行動の目的地を予期して，コップに向けて視線を動かす，という現象である。赤ちゃんがどのような「予期的注視」を見せるかを，眼球運動を測定するアイトラッカーを使って記録することにより，赤ちゃんが相手の動きをどのように予測しているかを知ることができる。

Ⅱ　保育・教育の現場で子どもを理解するために

　この研究では，2歳になったばかりの赤ちゃんが，誤信念に基づいて登場人物が箱に手を伸ばす（登場人物が，最後におもちゃが入っているのを見た場所に手を伸ばす）ことを予測するような予期的注視を見せることが示されている。この結果はオオニシらの結果と一貫するものであり，赤ちゃんが相手の動きを誤信念に基づいて予測していることを示すものである。

　さらに，筆者らは同じ実験方法を用いて，赤ちゃんが誤信念場面で相手の行動を予測するとき，目に見える行動を手がかりとして用いているのか，相手の心の状態を用いているのかを，18カ月児を対象に検討した（Senju et al., 2011）。この実験では，「真の目隠し」と「透けて見える目隠し」という2種類の目隠しを使った。「真の目隠し」とは，言葉の通り，目にかぶせると見えなくなる，普通の目隠しである。「透けて見える目隠し」とは，真の目隠しとまったく同じ見た目であるにもかかわらず，実際に目に当ててみると，向こうが透けて見えるような加工をしたものである。

　この実験では，赤ちゃんを2つのグループに分け，一方のグループは真の目隠しを使って，もう一方のグループは透けて見える目隠しを使って，実験者と5分間遊ぶ，というセッションを設けた。それぞれのセッションでは，実験者が赤ちゃんにおもちゃや絵を見せ，赤ちゃんがそれらに目を向けると同時に，赤ちゃんの顔の前に目隠しを持っていく，ということを繰り返した。この結果，「真の目隠し」を使ったグループの赤ちゃんは，「目隠しが目の前にくると見えなくなる」という経験を，「透けて見える目隠し」を使ったグループの赤ちゃんは「目隠しが目の前に来ても向こうが見える」という経験を，それぞれ積むことになる。

　こういった異なる経験をした赤ちゃんに，今度はまったく同じビデオを見せた。このビデオでは，登場人物が目隠しをしている間に，おもちゃが動かされる場面が示された。ここで，「真の目隠し」も「透けて見える目隠し」も見た目はまったく同じであり，見た目だけで見分けることはできない。このとき，赤ちゃんが登場人物の動きについてどのような「予期的注視」を見せるかを，アイトラッカーを使って記録した。

この結果,「真の目隠し」を経験した赤ちゃんは,登場人物が誤信念に基づいた行動を行う（目隠しをする前に,最後におもちゃが入っていた場所に手を伸ばす）ことを予測したのに対し,「透けて見える目隠し」を経験した赤ちゃんはそのような行動予測を行わないことが示された。
　この結果は,視覚的にはまったく同じ場面を見た赤ちゃんが,「目隠し」を目の前に当てたときにその先が「見える」か「見えない」かという,登場人物の心の状態に基づいた行動予測を行っていることを示している。つまり,赤ちゃんは目に見える手がかりだけでなく,その背後にある,直接は目に見えない登場人物の心の働きを使って相手の行動予測を行っている,と考えることができる。
　こういった,赤ちゃんがどこをどれだけ長く見るか,という視線行動に基づいた研究に加えて,赤ちゃんが大人からどのように学ぶか,赤ちゃんが大人とどのようにかかわるか,といった自発的な行動を用いることにより,赤ちゃんの心の理論に迫った次のような研究もある。
　サウスゲートらによって行われた研究（Southgate et al., 2010）では,大人が,赤ちゃんがこれまで見たことのない2つのおもちゃを2つある箱にそれぞれ入れ,部屋を出た後,もう1人の大人がおもちゃをそれぞれ別の箱に入れ替える,という場面を見せた。その後,最初におもちゃを入れた大人がそのうちの1つの箱を指さし,「これはトマだよ。トマを取ってくれる？」と赤ちゃんに話しかける。このとき,生後17カ月の赤ちゃんは大人が指さしている箱ではなく,もう1つの箱に入っているおもちゃを取りだして大人に差し出すことが報告されている。ここで,いったい何が起こっているのだろうか？
　この実験場面で,指さしをして発話している大人は,おもちゃが入れ替わったことを知らない。そこで,大人が指さしていると「思っている」おもちゃは,実際その箱に入っているおもちゃではなく,入れ替えられてもう1つの箱に入っているおもちゃ,ということになる。赤ちゃんは大人から聞いた「トマ」という新しいものの名前を,その大人が実際に指さしているものではなく,大人が（間違って）指さしていると思っているおもちゃの名前であることを学習し,

そのおもちゃを大人に差し出した，と考えることができる。この研究は，赤ちゃんが心の理論をうまく使って大人からものの名前を学習することができることを示している。

また，ブッテルマンらによって行われた研究（Buttelmann et al., 2009）では，大人がおもちゃを箱に入れて立ち去った後，もう1人の大人がおもちゃを別の箱に入れ替え，その後帰ってきた最初の大人が，最初におもちゃを入れた箱を開けようとするが，箱に鍵がかかっていて開かない，という場面を1歳半の赤ちゃんに見せている。

このとき，赤ちゃんは，大人が開けようとしている箱ではなく，おもちゃが実際に入っているもう1つの箱を開けてあげることが報告されている。つまり，赤ちゃんは大人が「空の箱を開けようとしている」という行動だけではなく，「おもちゃを取るために，おもちゃが入っていると（間違って）思っている箱を開けようとしている」という大人の意図や知識などの心の状態を読み取り，それを元に大人を助けてあげる行動を取った，と考えることができる。

これらの研究結果から，ことばによる教示や質問を使った古典的な誤信念課題に通過することが困難な3歳未満の子どもでも，質問への反応ではなく，場面への自発的な反応を検討すると，誤信念場面を適切に理解していることが見て取れる。

4　赤ちゃんはどのように誤信念課題を解いているのか

なぜ，自発的な誤信念課題を解ける赤ちゃんは，古典的な誤信念課題を解くことができないのだろうか。1つの考え方として，赤ちゃんは大人と同じ心の理論を持っているが，言葉の理解や注意などの能力の発達に時間がかかるため，それらの能力が必要な課題である古典的な誤信念課題を解くことが苦手である，というものがある（Baillargeon et al., 2010）。この考え方に基づけば，相手の心を理解し，それを元に相手の行動を説明したり予測したりする能力である心の理論は，生まれつきか，生後すぐに急速に発達する能力であると考えることが

できる。

　もう1つの考え方として，自発的な誤信念課題と古典的な誤信念課題とは，少し異なる心の働きによって解かれている，というものがある。人間は「速い」心の理論と「遅い」心の理論の2つを持っている，というアパリーらの考え方（Apperly & Butterfill, 2009）に基づくと，赤ちゃんが自発的な誤信念課題を解くときに使っているのは，この2つのうち「速い」方の心の理論である，と考えることができる。速い心の理論は，遅い心の理論よりも早い時期に発達するので，赤ちゃんは自発的な誤信念課題が解けても，（遅い心の理論が必要な）古典的な誤信念課題は解けない，というわけである。また，アパリーらは，赤ちゃんだけでなく，大人もまた，時間をかけずその場で瞬時に相手の行動を予測するとき，赤ちゃんと同じような速い心の理論を使っているのではないか，と議論している。

　速い心の理論は，遅い心の理論とは異なり，「目的」「遭遇」「登録」という要素からなる，より簡略化された処理を行っている，と説明されている（Butterfill & Apperly, 2013）。少しややこしいので，ここで順を追って解説する。

　まず，赤ちゃんは他者が特定のものに向かう動きから，「目的」という状態を認識する，と考えられている。たとえば，大人がおもちゃに手を伸ばすのを見たとき，おもちゃは大人にとっての「目的」である，と認識される。次に，他者がものを見たり聞いたりしたとき，赤ちゃんは他者とものが「遭遇」した，と認識する。もう1つ，他者が最後にものに遭遇した場所と，ものが現在ある場所が一致している場合に，赤ちゃんは他者がそのものを「登録」している，と認識する。たとえば，大人がおもちゃを最後に見た場所からおもちゃが動いていなければおもちゃは「登録」されているし，動いていればそのおもちゃは「登録」されていない。最後に，赤ちゃんは，他者が「目的」を達成するのは，そのものを「登録」できているときだけだという予測を持つ。この「登録」という心の働きは，遅い心の理論にある「知識（知っている）」や「信念（〜だと思っている）」という心の状態と似ているが，大きな違いとして，「登録」できるのはものの場所だけであり，ものが何かという「内容」は登録できない，と

考えられている。

　この速い心の理論は，本章で紹介した自発的な誤信念課題をすべて解くことができる。ただし，このメカニズムは目的のものが「どこにあるか」という状態に関する誤信念課題を解くことはできても，目的のものが「何であるか」という状態に関する誤信念課題を解くことはできない。たとえば，草むらに落ちていた紐を蛇と見間違えて飛び退く，という行動を見たとき，その行動がなぜ起こったのかを理解することはできない。

　ロウらによって行われた研究（Low & Watts, 2013）では，3〜4歳児及び大人が，おもちゃの場所に関する自発的な誤信念課題には通過できるものの，ものの内容に関する自発的な誤信念課題には通過できない可能性を示す研究を報告している。実験デザインはやや複雑なので詳細は省くが，この実験では，一方の面から見たら赤く，もう一方の面から見たら青く見えるおもちゃを使い，おもちゃが赤い面を見せて現れる場面と，青い面を見せて現れる場面をそれぞれ見たとき，場面の登場人物はそれらのおもちゃが同じものであると気付かず，それぞれ異なる2つのおもちゃが存在する，という間違った理解をしてしまう，という状況設定を行い，予期的注視を利用した実験手続きで行われた。この研究結果は，「2つの心の理論」説を支持するような論拠になっている。

　一方，最近報告された一連の研究から，ブッテルマンらは，生後18カ月の赤ちゃんが，おもちゃの場所ではなく，もう少し複雑な内容，たとえば他者が「箱の中に何が入っているか」（Buttelmann et al., 2014），あるいは「この道具はどのような使い方をするか」（Buttelmann et al., 2015）といった知識に基づいて行う行動を理解し，それに基づいて適切に相手を助ける行動をすることができることを報告している。これらの研究は，赤ちゃんが大人と同じ心の理論を使っている，という主張を支持するものであるが，やや実験デザインが複雑で他の解釈も可能なため，今後他の研究により追認されることが期待される。

　赤ちゃんが誤信念課題を通過するという知見は，発表された当初は大きな驚きだったといえるが，数多くの追認する研究報告を受け，徐々に発達心理学者が共有する知識となってきている。これからの研究は，赤ちゃんがどのような

心の働き，どのような認知メカニズムを使って心の理論を実現しているか，という話題に向かっているように思われる。本節では，現在行われている議論のうち2つの説を取り上げて議論したが，今後新たな理論が提案される可能性もあり，現在急速に研究が進んでいる領域である。

　赤ちゃんがどのように他者を理解しているのか，その理解はどのような心の働き，脳の働きに基づいているのか，それらの働きはどのように発達し，赤ちゃんの社会への適応や社会学習をどのように支えているのか。乳児期の心の理論に関する研究は，まだ始まったばかりだといえる。

文　献

Apperly, I. A., & Butterfill, S. A. (2009). Do humans have two systems to track beliefs and belief-like states? *Psychological Review*, **116**(4), 953-970.

Baillargeon, R., Scott, R. M., & He, Z. (2010). False-belief understanding in infants. *Trends in Cognitive Sciences*, **14**(3), 110-118.

Buttelmann, D., Carpenter, M., & Tomasello, M. (2009). Eighteen-month-old infants show false belief understanding in an active helping paradigm. *Cognition*, **112**(2), 337-342.

Buttelmann, D., Over, H., Carpenter, M., & Tomasello, M. (2014). Eighteen-month-olds understand false beliefs in an unexpected-contents task. *Journal of Experimental Child Psychology*, **119**(0), 120-126.

Buttelmann, F., Suhrke, J., & Buttelmann, D. (2015). What you get is what you believe: Eighteen-month-olds demonstrate belief understanding in an unexpected-identity task. *Journal of Experimental Child Psychology*, **131**, 94-103.

Butterfill, S., & Apperly I. A. (2013). How to construct a minimal theory of mind. *Mind and Language*, **28**(5), 606-637.

Deligianni, F., Senju, A., Gergely, G., & Csibra, G. (2011). Automated gaze-contingent objects elicit orientation following in 8-month-old infants. *Developmental Psychology*, **47**(6), 1499-1503.

Kovács, Á. M., Téglás, E., & Endress, A. D. (2010). The social sense: Susceptibility to others' beliefs in human infants and adults. *Science*, **330**(6012), 1830-1834.

Low, J., & Watts, J. (2013). Attributing false beliefs about object identity reveals a signature blind spot in humans' efficient mind-reading system. *Psychological*

Science, **24**(3), 305-311. Online Publication.

Onishi, K. H., & Baillargeon, R. (2005). Do 15-month-old infants understand false beliefs? *Science*, **308**(5919), 255-258.

Senju, A., & Csibra, G. (2008). Gaze following in human infants depends on communicative signals. *Current Biology*, **18**(9), 668-671.

Senju, A., Southgate, V., Snape, C., Leonard, M., & Csibra, G. (2011). Do 18-month-olds really attribute mental states to others? *Psychological Science*, **22**(7), 878-880.

Southgate, V., Chevallier, C., & Csibra, G. (2010). Seventeen-month-olds appeal to false beliefs to interpret others' referential communication. *Developmental Science*, **13**(6), 907-912.

Southgate, V., Senju, A., & Csibra, G. (2007). Action anticipation through attribution of false belief by 2-year-olds. *Psychological Science*, **18**(7), 587-592.

II-2 幼児期の"心の理解"
―― 心を理解するということが"問題"となるとき

木下孝司

1 通じ合うことの謎

　大学1年生のとき，ある重症心身障害児施設でアルバイトをさせていただいた。人生初のおむつ交換をはじめ，入所している方々とどこかぎこちなくかかわる筆者は，まったく役に立っていなかったのではないかと，当時を思い出しては赤面してしまう。その後，いろいろな巡り合わせもあって，自閉症の子どもと出会ったり，保育園でアルバイトをしたりするなかで，子どもの発達に関心を向けていくことになった。
　卒論で，1歳児の模倣を取り上げ，その後，伝達行動の発達やふり遊び，そして心の理解といったテーマの周辺をうろついてきた。まだおおらかさが残る大学の雰囲気のもと，気になることに飛びついていったというのが正確かもしれない。ただ，今から振り返ると，保育や発達相談の現場で，相互理解に困難をかかえるようにみえる子どもたちとのかかわりを通して，1つの問題意識が培われたように思う。
　「私たちは，一人ひとりがかけがえのない独自の存在でありながら，いかにして互いに通じ合うことが可能なのか」。
　筆者自身の問いは，こんなふうに言えるかもしれない。1980年代後半，この問いを明確に自覚しないまま，自他理解の発達について知りたいと思い，「心の理論」研究から学び，ささやかに研究を進めてきた。
　"theory of mind"を「心の理論」と訳したものの，発達心理学や認知心理学

Ⅱ　保育・教育の現場で子どもを理解するために

で情報処理モデルが最先端であった当時,「心」というタームを研究テーマとして標榜することに,何か落ち着きの悪さと同時に,魅惑的な雰囲気を感じた。

　その後,誤信念課題を中心に展開された「心の理論」研究は,ポストピアジェの大きな研究動向に沿う形で,幼児期の社会性の発達を明らかにしてきた。また,自閉症の心理学的解明にも貢献し,「心の理論」研究が発達心理学に果たした役割は絶大であるのは,揺るぎない事実である。

　そのことを認めた上で,筆者自身,「心の理論」研究にある違和感を覚えてきた。1つには「心の理論」研究が暗黙の前提にして,見落としているものがあるのではないかということである。つまり,「心」の理解を問題とする際,まずは「心」をもった主体として,自己や他者の形成を考えるべきではないかということ。2つに,現実の生活において相互理解が問題になる状況と,「心の理論」研究が取り扱っている場面に乖離があるということである。

　本章では,これらの点を念頭におき,幼児期において"心の理解"が本格的に問題となるプロセスを素描し,最後に"心の理解"研究に今後期待されることを述べたい。

　なお,「心の理論」は厳密には自己の心的状態も仮説的に構成されるという立場に立って使いうる概念であり,そうした理論的な立場には異論もある(Leudar & Costall, 2009)。また,方法論的には「心の理論」を標榜する研究の多くが,誤信念課題によって,心の表象的な性質に関する理解を問題にしているが,そのスタンスでは自他理解の発生を扱えないと筆者は考えている(木下,2008も参照)。以上のことから,本章では自他理解を広く"心の理解"と総称し,それとは別に,表象理解に焦点化した,これまでの研究内容を述べる際は「心の理論」と緩やかに区別して呼ぶことにする。

2　「心」をめぐるパラドクス

　まずは,心の理解を考えるに当たって,筆者自身の基本的なスタンスについて振り返っておきたい(木下,1996)。

私たちは，人は誰もが心をもっていると信じて，他者と意思疎通が可能であると思っている。人以外のもの（たとえば，ペットの犬，人形など）に「心」を付与する程度には個人差があるが，人であれば誰しもが心をもっていることは自明の事柄になっている。他方で，「"私"の心」は，他者からは丸わかりではなく，他の誰もが分かちもつことができない部分もある。つまり，「心」というのは，「誰にでもあるが，誰にでもない」という緊張関係のもとで存在するものなのである。

あわせて留意したいのは，私たちはいつも「心」に注意を向けて生活しているわけではなく，自他の心に意識のスポットライトが当てられやすい状況（発達的には，そうした認識が可能になる段階）があるということである。それは，具体的には，(1)自分の心が他者に通じていない場合と，(2)自分の心を他者に隠す場合があると思われる。

私たちは，他者と心を通わせようとして，それが果たせず，自己と他者の距離を感じる。他方で，自分の本心を他者に隠そうとして，逆に他者のことが気になり，距離を縮めてしまう。こうしたパラドキシカルな心の動きを感じつつ，私たちは「心」という厄介なものを自覚するのではないだろうか。

3 子どもが「心」に気づくとき

では，子どもはどのようなプロセスを経て「心」に気づき，心をもつ主体としての自己を形成するのだろうか。心の理解という営みが展開される舞台とその登場人物が誕生するプロセスについてみていこう。

(1) 意図をもつ行為主体の誕生

乳児は，単独で生きていくことができず，その意味において「無力な」存在である。最近の発達心理学では，乳児の「有能さ」を示す研究が数多くなされているが，それは，子どもの姿勢を大人が支えて，周到に知覚刺激を用意して，ようやく確認できるものといえる。つまり，ヒトの乳児が環境に対して，積極

表Ⅱ-2-1　乳幼児期の自己と心の理解の発達モデル

時期区分		Ⅰ	Ⅱ	Ⅲ	Ⅳ	Ⅴ	Ⅵ
年齢		9カ月～	1歳半～	2歳～	2歳半～	4歳～	5歳半～
研究結果の概要	自己発達	意図をもつ行為主体としての自己	他者と異なる意図をもつ行為主体としての自己	思考や言語の主体として表象される自己	思考や言語の自律した主体として表象される自己	時間的に拡張された主体としての自己	独自の歴史をもつ時間的拡張自己
	心の理解	他者の意図を感知するが，自他の相違を理解しにくい	自他の意図・欲求の相違を理解　行為における意図理解	表象レベルでの自他視点の混乱	内なる他者を媒介した自他理解　事前意図の理解	誤った信念理解　時間的経過の中での自他理解	自他それぞれの歴史の相違を理解　再帰的な自己理解の開始
整理の観点	自他関係展開レベル	行動レベル		表象レベル			
	時間的枠組み	無時間的世界	行動レベルでの時間的見通し	無視点的な時間的枠組み		視点性を有する時間的枠組み	
	自他関係の基本構造	意図をもつ行為主体として　自他同型性→自他個別性		思考や言語の主体として　自他同型性→自他個別性		時間的に拡張された主体として　自他同型性→自他個別性	

出典：木下，2008。

的に情報を入手するチャンネルを有しているものの，生活者としてみると，乳児には全面的な養護と養育が必要である。

　一人では生きていけない「弱い個人」である乳児にとって，他者とつながり，他者から養育行動を引き出す情動の働きは欠くことができない（ワロン，1983）。

　乳児期前半，情動的な一体感のもとで生活している限りにおいては，通じるとか通じないということ自体が意識レベルで問題になることはない。生後8～9カ月頃，特定の大人との愛着関係を基盤にして，子どもはその大人からの働きかけを期待し，イナイイナイバアのようなやりとり遊びで相手の行為を予期するようになる。

　さらに，生後9カ月から1歳頃にかけて大きな変化が起こる（表Ⅱ-2-1の第

Ⅰ期)。大人の存在だけではなく，大人の行為や注意の対象にも子どもは目を向けるようになり，その行為を自らも行い，大人からほめられると，それを繰り返してみせるといったことが観察されるようになる。たとえば，大人から積木を箱に片づけるのを促されて，子どもも同じように積木を箱に入れてみる。当初は「入れる」という意図は希薄だが，そのときの大人の声かけや表情から，次第に子どもはその行為の意味を了解していく。

こうしたやりとりのプロセスを経て，子どもはおぼろげながらも自分なりの「意図」を感受し，あわせて他者の模倣を通じて，他者の意図を認識しはじめるのではないかと思われる。そして，「意図をもつ行為主体」(Tomasello, 1999/2006)として，自己と他者が子どもの認識世界に登場してくるのである。

(2) 異なった意図をもつ自己と他者

他者のふるまいに惹かれて，それを取り込み，自分なりの意図が芽生え始めたとき，子どもは大きな矛盾に直面する。自分の意図はいつも以心伝心で他者に通じるわけではなく，ある種のディスコミュニケーション状況に陥りやすくなる。他者との距離を縮めて心を通わせようとした結果，自己と他者は一心同体ではないことに気づかされる瞬間が訪れるのである。

「食べやすいようにとパンをちぎって渡すと，怒って押し返す」などということが，1歳前半の時期によく起こる。本人にはパンは丸ごとほしいというつもりがあったのだろう。その際，子どもからすると，自分の意図は相手も当然わかっているはずだという前提があるようである。

こうしたディスコミュニケーションの経験を経て，自己と他者はそれぞれが異なった意図をもつ主体であるという認識が可能になるのは，1歳半以降となる（表Ⅱ-2-1の第Ⅱ期）。その頃より，日常場面で，他者の意図を確かめるような様子が観察され，他者は自分とは異なる意図をもっている可能性に気づきはじめる。実験的な研究においても，1歳半になった子どもは，自分と他者の欲しているものが異なることに気づいていることが示されている（Repacholi & Gopnik, 1997）。

（3）表象レベルでの自他形成

　自他理解は，「いま，ここ」の場において現在進行形で展開されるだけではない。心的に自己と他者が表象され，目の前に他者がいなくても，いわば表象レベルで相互の理解を進めることは可能である。また，そのことで，実際に他者とやりとりしなくとも，他者の意図や視点をいろいろな可能性のもとで想定でき，自他理解の幅はふくらんでいく。

　２歳頃より（表Ⅱ-2-1の第Ⅲ期），心的に自己と他者が表象されはじめ，その一端は，次のような一人二役会話からも知ることができる（木下，2008）。

R児　２歳１カ月20日

　段ボール箱の上にバルタン星人の人形を置いての一人二役会話。「ハイハイ，モシモシ」「ダレ？」「カイジュウダヨ」「○○（聞き取り不能）ネ？」「ウン」

　ただし，２歳前半まで，表象される自他は個別的な存在としては十分に認識されておらず，独特な自他の混乱現象が起こるようである。たとえば，父親に怒られたという内容を「トーサンガ，オコラレタ」と表現する能動―受動関係表現の混乱や，イエス・ノー質問で相手の質問に同調してしまう現象などが観察される。

　２歳という年齢は，こうした不可思議な現象が認められるが，実験状況にのりにくいこともあって研究の蓄積が十分ではない。木下（2011）では，ここで紹介した現象をさらに丁寧に紹介して，表象レベルでの自他の未分化性に由来する，２歳児の心理的ゆらぎについて検討しているので，参照していただきたい。

　生後３年を経て，子どもにとって自己と他者は，それぞれが独自な心的状態をもった主体として意識されるようになる（表Ⅱ-2-1の第Ⅳ期）。ここにきて，心の理解が"問題"となるべき舞台装置と役者がそろってきたのである。

4　時間的に拡張された自己と心の理解

　私は私なりに，他者は他者なりに，外からは立ち入れない心の世界をもっていることに気づくのに伴い，相互理解を深めるには，それぞれが自らの内面を語ることが必要となっていく。自己と他者はまったく異なった心をもった存在なのだから，もはや以心伝心というわけにはいかないのである。

　相互理解を図る際，語るべき事項は単に「いま，ここ」で自分が感じ思っていることにとどまらない。ある心の状態をいだくにいたった経緯（過去），あるいはこれからしようと考えている意図や願望（未来）を語ってはじめて，相互理解は深まる。つまり，自他理解は互いの歴史の理解ということもでき，その意味において過去，現在，未来を通じて連続した主体として認識される「時間的拡張自己」(Neisser, 1988) が形成されるプロセスと心の理解の発達は表裏一体といえる。

　そのことは，「心の理論」研究で頻繁に使われている誤信念課題をみればわかる。この課題に正答するには，ある人物Xが外出して不在の際，別の人物Yによっておもちゃの隠し場所が変更されたという経緯について，その客観的な事実経過とXが体験している事実を区別して理解する必要がある。Xが誤信念をもつにいたった過去の経緯を了解し，その信念に基づいた未来の行為を予測するという，まさに時間的な視点をもって出来事を見ることが誤信念課題の基礎にはある。

　さて，時間的拡張自己を形成する上で，養育者と過去や未来の出来事を語ることは重要な役割を果たす (Nelson, 2001)。2, 3歳頃は，言語能力に制約があったり，時間軸上で視点を移動させていくことに困難があったりするため，その場にない過去や未来の出来事を語るには大人の支えが不可欠となるのである。

　坂上 (2012) は，自身の第1子A児が母親との会話で，自分や他者について述べた発話の縦断データ（1歳8カ月〜5歳3カ月）を丹念に分析している。それによると，4歳前後から，過去から現在にいたる自己の時間的連続性を認識

した発話（例：アニメの歌を小さいときから知っていることを伝える発話）や，未来の自己に関する関心の芽生えが観察され，時間的拡張自己の形成が始まっていると考えられる（表Ⅱ-2-1の第Ⅴ期）。

　こうした知見は，撮影された自身のビデオ映像への反応を調べる遅延自己映像認知課題（Povinelli et al., 1996）など実験的研究の結果とも対応する。この課題は，知らぬ間に頭部にシールを貼られた子どもが，その様子を撮影された映像を数分後に見せられて，シールに気づくかどうかをみたものであり，過去の映像と現在の状態のつながりを理解していることを示すものとされている。

　さらに4歳中頃から5歳にかけて，A児は過去から現在，未来にいたる自己の時間的連続性を認識し，自他ともに時間経過に伴い変化することも自覚していく。そこで興味深いのは，自他の多面性の認識（例：「いい子のときもあれば悪い子のときもある」）が始まることである。自己や他者を時間的に連続する主体として認識できるようになったことで，自己や他者が状況によって異なる行動をしたとしても，統合的に1人の独立した主体としてとらえられるようになっているのである。

　これまでの「心の理論」研究では，他者の心的状態が問題にされても，その「他者」はいつでも同様にふるまうことを前提にした「一般化された他者」だったといえる。しかしながら，現実の場面では，その人との関係史に応じて，多面的で多様な理解が可能となる。

　過去の経験から，たとえば「サリーとアン」の課題でアンはいたずら好きだと思い返すならば，「もしかするとおもちゃの隠し場所を変えてしまっているかも……？」などと，いろいろな可能性を考えて，自他理解はさらに複雑なものにと深まっていく。時間的拡張自己の形成は，そうした自他理解の進展において重要な契機となっていると考えられる。

5 今後の"心の理解"研究に期待されること

(1) コミュニケーションを通した心の理解

　最近の「心の理論」研究の重要トピックをまとめるとしたら、①乳児の「有能性」を示す研究（1, 2歳児も誤信念を理解している）、②「社会脳（social brain）」のイメージング（脳画像）研究、③「心の理論」の個人差に関する相関研究（社会的要因、実行機能や言語機能などと誤信念課題の関連）、の3つをあげることができる（木下、印刷中）。いずれも、解き明かすべき課題が山積しており、今後の研究がおおいに期待されている。

　他方で、1つ注意しておきたいのは、これらの研究では誤信念課題などの検査課題の通過でもって、心の理解が扱われていることである。いわば、心の理解が「試験問題」を解くようなものとなっている。しかし、現実の心の理解は、毎日の生活において"ホットな"問題として直面されている事象である。あるいは、他者と通じ合えた喜びや、通じ合えないつらさを感じつつ進行している営みでもある。そうした毎日のさまざまな経験の「結果」として、誤信念課題で測定される能力を子どもは獲得しているのではないかと推察される。たとえば、1歳児が誤信念をもつ他者の行為を予期する（Onishi & Baillargeon, 2005；Ⅱ-1章参照）という事実も、子どもが実際に目の前にいる他者とのやりとりを通して、自他の意図の異質性に気づいた結果とみることができる。

　誤信念課題で測定される能力が導かれるプロセスにもっと目を向けて、実際の社会的諸関係で起こっている"なま"の出来事を拾い上げることは、よりいっそう重要な課題となるだろう。

(2)「何のため」に心を理解するのか

　実際の自他理解を念頭に置いたとき、特に保育や支援との関係で考える必要があるのは、「何のため」に自他の心を理解するのかという問題である。これは、保育学・教育学の文脈でいうなら目標論にかかわる問題となろう。他方、心理

学研究では何らかの機能の獲得に焦点が当てられても，その機能を獲得する意味や目的が問われることは少ない。この「何のため」問題を心の理解において考えていく際，とりわけ幼児期では次の2つのことが重要になろう。

　1つは，幼児は大好きな大人や仲間と心を通わせるために，相手の心を理解しようとしていることである。子どもたちがわかりたいと思うのは，会ったこともない「サリー」ではなく，仲良しになりたい友だちの気持ちであるだろう。4歳児クラスで，結婚話が盛り上がることがある。「ともくんは，だれと結婚するん？」「ぼくな，お母さんと結婚するんや」「お母さんはな，お父さんと結婚してるから，できひんねんで（できないよ）」などといったもの。それは，おませな子どもの会話というよりも，「自分には仲良しがいるかな？」といった，人との気持ちのつながりを子どもなりに意識しはじめた現れではないかと思われる。「心」という目では見えないものに気づいた子どもたちは，同じく可視化困難な気持ちのつながりに心を寄せるようになったのである。

　そこで心の理解が，子どもにとって"ホットな"テーマとなる。だからこそ，社会性に課題をかかえる子どもの支援において，人とかかわるためのスキルを教える以前に，まずは安心してつながりをもてる仲間づくりに配慮する必要があるのではないだろうか。

　2つ目に，他者の役に立ちたいということも，心の理解能力を発揮する目標となりえる。幼児は，1歳台から，他者を手助けしたり，必要な情報を伝えたりするなど向社会的モチベーションをもちあわせている（Tomasello, 2009/2013）。そうした行為の発展形として，知識や技能などが不足している他者に教えて，誤った行為を修正する教示行為を位置づけることができる。

　木下・久保（2010）は，2つの保育園の4，5歳児クラスを対象に，縦断的な観察をしたところ，教示行為のエピソードの多くが，教え手となる子どもが開始したものであることを見出している。子どもが積極的に教えようとしている事実は，他の霊長類と比較してもヒト固有のものであり，たいへん興味深い点である。もちろん，子どもからの教示行為は「大きなお世話」になることもあるが，その善意のすれ違いがまた，子どもの自他理解を深め，他者が真に上達

することを意図した教示行為へと発展させる契機となるだろう（こうした教示行為の発達に関しては，木下，2015も参照）。

（3）それぞれの発達段階には固有の価値がある

最後に，心の理解に限ったことではないが，子どもの発達理解において大切にしたいことを述べておきたい。

知的障害児施設の近江学園や重症心身障害児施設のびわこ学園の創設者であり，「発達保障」を提唱した糸賀一雄（1914-1968）はかつて次のように述べている。

「1歳は1歳として，2歳は2歳として，その発達段階はそれぞれの意味をもっているのであって，その時でなければ味わうことのできない独特の力がそのなかにこもっているのである。1歳は2歳でないからといって低い価値なのではない。それぞれの段階がもつ無限の可能性を信じ，それを豊かに充実させること以外におよそ人間の生き方というものがあるべきであろうか」（糸賀，1965，296頁）。

それぞれの年齢ごとに，子どもは独自の世界を生きており，各段階には固有の価値があることを述べた至言である。

他方，（自省を込めて述べると）これまでの発達心理学では，ある課題を実施して，その達成度から，何らかの能力が未発達の段階から能力のある段階へ，という図式が描かれることが一般的であった。「心の理論」研究も同様のロジックで研究がなされ，3歳は誤信念課題が不通過で，自他の心的状態の理解能力が未熟な時期とされてきた。つまり，4，5歳以降で獲得される能力が「ない」時期として，規定されるのにとどまり，この時期を生きる子どもの固有の価値が正当に評価されていなかった。

心的状態に関する理解が未熟にみえる時期は，言い換えるなら，他者の思いや評価に心を向けないでいられる段階といえる。また，自分自身の内面に一つ

ひとつたち返らないで過ごせる時期でもある。そのことは，他者との衝突を招きやすいかもしれないが，他者からの評価に絡め取られることがなく，子どもの活動の自由度を増すことにもつながろう。その結果，子どもたちはそれなりに高い自己肯定感を保持することができるだろう。また，それが子どものさまざまな活動を豊かに展開させることにもなる。

もしも幼児が早期から他者の心中を察することを強いられるなら，子どもは自信を喪失し，新たな活動を広げる動機は限りなく抑制されるのではなかろうか。

それぞれの年齢段階には固有の価値があるという視座から，発達心理学の研究成果をとらえ直すことは，保育や支援の問題を考える上で重要な課題である。特に「何のため」の"心の理解"なのかを問うことは，研究と実践の双方の発展に不可欠なものとなるだろう。

文 献

糸賀一雄（1965）．この子らを世の光に．柏樹社．
木下孝司（1996）．幼児が〈心〉の存在に気づくとき．発達，**66**，28-35．
木下孝司（2008）．乳幼児期における自己と「心の理解」の発達．ナカニシヤ出版．
木下孝司（2011）．ゆれ動く二歳児の心――自分なりの思いが宿る頃．木下孝司・加用文男・加藤義信（編），子どもの心的世界のゆらぎと発達．ミネルヴァ書房，pp. 37-63．
木下孝司（2015）．幼児期における教示行為の発達――学習者の熟達を意図した教え方に注目して．発達心理学研究，**26**，248-257．
木下孝司（印刷中）．心の理論．田島信元・岩立志津夫・長崎勤（編），新・発達心理学ハンドブック．福村出版．
木下孝司・久保加奈（2010）．幼児期における教示行為の発達――日常保育場面の観察による検討．心理科学，**31**，1-22．
Leudar, I., & Costall, A. (Eds.) (2009). *Against theory of mind*. Basingstoke: Palgrave McMillan.
Neisser, U. (1988). Five kinds of self-knowledge. *Philosophical Psychology*, **1**, 35-59.
Nelson, K. (2001). Language and the self: From the "experiencing I" to the "continuing me". In C. Moore, & K. Lemmon (Eds.), *The self in time: Developmental*

perspectives. Mahwah, NJ: Lawrence Erlbaum Associates. pp. 15-33.
Onishi, K. H., & Baillargeon, R. (2005). Do 15-month-old infants understand false beliefs? *Science*, **308**, 255-258.
Povinelli, D. J., Landau, K. R., & Perilloux, H. K. (1996). Self-recognition in young children using delayed versus live feedback: Evidence of a developmental asynchrony. *Child Development*, **67**, 1540-1554.
Repacholi, B. M., & Gopnik, A. (1997). Early reasoning about desires: Evidence from 14- and 18-month olds. *Developmental Psychology*, **33**, 12-21.
坂上裕子 (2012). 幼児は自己や他者に関する理解をどのように構築するか――一児の1歳8ヵ月から5歳3ヵ月までの発話記録の分析から. 乳幼児教育学研究, **21**, 29-45.
Tomasello, M. (1999). *The cultural origins of human cogntion*. Cambridge, MA: Harvard University Press. (トマセロ, M. (著) 大堀壽夫・中澤恒子・西村義樹・本多啓 (訳) (2006). 心とことばの起源を探る――文化と認知. 勁草書房)
Tomasello, M. (2009). *Why we cooperate*. Cambridge: The MIT Press. (トマセロ, M. (著) 橋彌和秀 (訳) (2013). ヒトはなぜ協力するのか. 勁草書房)
ワロン, H. (著) 浜田寿美男 (訳編) (1983). 身体・自我・社会. ミネルヴァ書房.

II-3 児童期の「心の理論」
——大人へとつながる時期の教育的視点をふまえて

林　創

　「心の理論」の発達というと，標準的な誤信念課題を正答できるようになる4～5歳頃を中心とした幼児期を思い浮かべる人が大半であろう。近年は，乳児期の研究も盛んである（II-1章参照）。しかし，4～5歳頃に標準的な誤信念課題を正答できることで，心の理解の発達が終わるわけではない。児童期以降も発達は続いていく。そこで本章では，紹介される機会が少ない「児童期の心の理論」の発達を，教育的視点をふまえながら見ていくことにしたい。

1　二次の心の理論

　私たちはふだん他者の心の状態を考えるが，単に「Aさんは……と思っているんだな」と推測するだけではない。むしろ，「Aさんは「Bさんが……を知っている」と思っているんだな」といったように入れ子になった複雑な心の状態を頻繁に読み取っている。これらを区別する場合，心の理論研究では，前者が一次（first-order），後者が二次（second-order）と呼ばれている。
　二次の心の理論の発達は，標準的な一次の誤信念課題を発展させた「二次の誤信念課題」で調べられるのが一般的である（Perner & Wimmer, 1985）。一次の誤信念課題が，有名な「サリーとアンの課題」や「スマーティ課題」などいくつかのタイプがあるのと同様に，二次の誤信念課題にもいくつかのタイプが考案されている（詳しくは，林，2006などを参照）。いずれも「Aさんは「Bさんが……と思っている」と誤って思っている」というように，「ある人が誤って

Ⅱ 保育・教育の現場で子どもを理解するために

```
9歳 ─
児童期         6〜9歳頃：
              二次の心の理論の発達
              二次の誤信念課題に正答
6歳 ─
              4〜5歳頃：
              一次の心の理論の発達
              （標準的）一次の誤信念課題に正答
幼児期

                                       視線や指さしの理解
              9カ月〜1歳半頃：              （共同注意）
乳児期         心の理論の萌芽              誤信念理解の萌芽
新生児期
0歳 ─
```

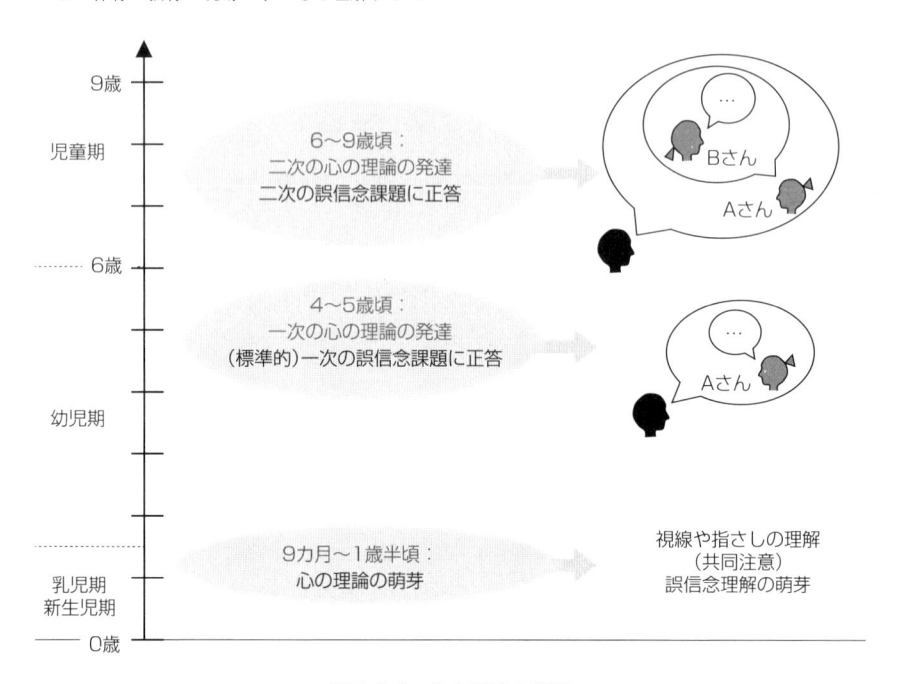

図Ⅱ-3-1　心の理論の発達

考えていることを理解できるかどうか」（これは一次の誤信念課題）ではなく，「ある人（Aさん）が「別の人（Bさん）の考え」を誤って考えていることを理解できるかどうか」を検出する課題となっている。用いる課題によって多少の差はあるが，いずれにしても幼児期ではまだ難しく，概ね6〜9歳頃の児童期に正答率が上昇し，安定して正答できるようになることが知られている。

　そこで，心の理解の発達は連続しつつも，大きく3つの段階に分けることができるだろう（図Ⅱ-3-1）。まず乳児期では，9カ月頃から視線や指さしの理解といった形で他者の意図に対して敏感になる。また，視線に着目した研究からは，1歳半頃から誤信念に相当する状況を理解できていることを示す報告（e.g. Onishi & Baillargeon, 2005; Senju et al., 2011）もあり，乳児期には潜在的（implicit）なレベルで心の理論の萌芽と呼べるようなものがあると考えられる。続いて幼児期の4〜5歳頃には他者の心の状態を明確に表象できるようになり，

標準的な誤信念課題に正答できるようになる。乳児期の理解が潜在的とすれば，こちらは顕在的（explicit）といえ，現在では，この段階が一般に「心の理論」の獲得とみなされる。さらに，児童期の6〜9歳頃にかけて，入れ子になった複雑な心の状態を柔軟に読み取ることができるようになる。

このようにまとめると，児童期は二次の心の理論の発達が1つの鍵を握る。そして，このような複雑な心の状態を瞬時に読み取ることこそが，人間らしい高度な社会的やりとりを生み出すうえで重要なことだと考えられる。こうした能力の発達により，大人の心に近づいていくが，児童期はまさにその重要な過渡期といえるのである。

2 二次の心の理論に関連する社会性の発達

それでは，二次の心の理論が発達することで，児童期には具体的にどのようなことが可能になるのであろうか。

1つには，道徳的判断や責任性の判断が高度化し，大人の判断に近づいていくことがあげられる。近年の研究からも，二次の心の理論の発達が，適切な道徳的判断において鍵を握ることが報告されている（Fu et al., 2014; Shiverick & Moore, 2007）。人の行為には，意図や動機，あるいはそのときの知識状態など，さまざまな心の状態が関連する。それゆえ，結果として同じ悪いことであったとしても，行為者が「「相手が知っている」と思って行った」のか，それとも「「相手が知らない」と思って行った」のかでは，行為の悪さの感じ方も違ってきて当然であろう。このように児童期には，単なる心の状態ではなく入れ子になった複雑な心の状態を読みとることで，社会的な状況を柔軟に把握して，より適切な道徳的判断ができるようになる（Hayashi, 2007）。

うそやあざむきについても，二次の心の理論の発達との関連がこれまでの研究で，しばしば検討されている（e. g., Cheung et al., 2015; Talwar & Lee, 2008）。うそをつくには，相手に真実とは違うことを思い込ませなければならない。これは，相手の心に誤信念を生み出すことに相当する。

Ⅱ　保育・教育の現場で子どもを理解するために

　これまでの心理学の実験的研究によれば，標準的な（一次の）誤信念課題を正答できるようになる幼児期の4〜5歳頃から，相手に誤った情報を意図的に伝えるうそをつけるようになることが報告されている（Sodian, 1991；瀬野, 2008）。しかし，うそがその場限りで終わるということは稀で，一度ついたうそがばれないためには，その後もつじつまを合わせる必要がある。ここで，二次の心の理論が重要になる。「「自分が知っていること」を相手が知っている」かどうかを理解し，相手の予想のさらに上をいくことができるからである。

　タルワーら（Talwar et al., 2007）は，6〜11歳の子どもを対象に，最初についたうそとその後の発話を一貫させ，つじつまを合わせられるかどうかを検討している。この研究によると，このようなつじつまを合わせる能力は，年齢が増すとともに高まった。さらに，この能力が高まるほど，二次の誤信念課題の成績も良いという関係があることも判明した。このように，二次の心の理論の発達は，うそを一貫させ，見破られないようにするためにも重要なのである。

　また，うそには向社会的と呼べるものもある。たとえば好みでない物をもらったときでも，悲しみやガッカリした感情を偽って喜びで応対すべき場合がある。このように相手の感情を傷つけないように社会的慣習に従って表情を示すことを「表示規則（display rule）」と呼び，二次の心の理論と関連することがさまざまな研究で報告されている（e.g. Naito & Seki, 2009；溝川, 2013）。表情ではなく言葉で表すものとして「悪意のないうそ（white lie）」があるが，これも児童期にかけて発達し，二次の心の理論と関係することが知られている（Broomfield et al., 2002）。

　以上をまとめると，子どもは本当の感情を偽ることができるようになり，社会性をさらに発達させていくのである。しかし，私たちの日常を振り返ってみると，本当の感情を偽ることばかりが発達の要というわけではない。たとえば，他者が余計なことばかりをして，いつも迷惑をかけられていたり，みんながうんざりしていたりするような場合は，相手にその行動が煩わしいものであることに気づいてもらう必要がある。そのようなとき，多くの大人は「あえて本当の感情を表出する」ことであろう。このように，「人は状況に応じて選択的に

感情を隠したり表出したりする」が，このことを子どもが何歳頃から理解しているのであろうか。

　この問題を検討するために，私がゼミの学生とともに行った研究（Hayashi & Shiomi, 2015）を紹介しよう。小学1年生，3年生，5年生，そして大人を対象に，いくつかのお話を提示した。たとえば，男の子がクラスのみんなで育てているトマトに水やりをした後，遊びに行っている間に，女の子がもっと丁寧に水やりをしてしまうというお話である。この後，男の子が戻って，女の子から「みんなのトマトに水やりをしておいたよ」と言われたときに，「男の子は女の子に嫌な思いをさせたくない」という向社会的条件と，「女の子は自分でしないと気が済まない人なので，クラスのみんながうんざりしている」という本心を伝達したくなる条件を設定した。

　すると，男の子のこのときの発話として，大人は向社会的条件ではポジティブな発話（「ありがとう」など）を，本心を伝達したくなる条件ではネガティブな発話（「え〜，さっき僕が水をやったのに…」など）を選んだが，1年生はどちらの条件でもネガティブな発話を選んだのである。向社会的条件では，ネガティブな発話を選ぶ割合は1年生から大人に向けて減少したが，本心を伝達したくなる条件では，1年生から3年生にかけて減少し，5年生から大人にかけて増大した。また，同時に尋ねた二次の心の理論の質問や二次の誤信念課題の成績とも関連があった。これは，向社会的な状況は，「男の子は女の子に自分の本心を「知って」ほしくない」状況であるのに対して，本心を伝達したい状況は，「男の子は女の子に自分の本心を「知って」ほしい」状況であり，二次の心の理論の発達によって，両者の区別を明確にできるためと考えられる。

　これらの結果をまとめると，6〜7歳頃までは，人は状況に関係なく本心を示すと考えている傾向がまだある時期といえよう。その後，二次の心の理論の発達とともに，8〜9歳頃には，人は状況に応じて選択的に感情を隠したり表出したりすることを理解し，児童期後期の10〜11歳頃までにこうした理解が明確になることがわかったのである。

　また，二次の心の理論の発達によって，うそと冗談（あるいは皮肉）のような

Ⅱ　保育・教育の現場で子どもを理解するために

お話①	お話②
男の子は，母親に「この絵は僕が描いたんだ」と言いました。	男の子は，母親に「この絵は僕が描いたんだ」と言いました。
翌日，母親がその絵をよく見ると，隅に女の子の名前を見つけ，その子が絵の作者だとわかりました。	そう言ってから，男の子は絵の隅にあるこの絵を実際に描いた女の子の名前を指さしました。

図Ⅱ-3-2　うそと冗談の区別を調べる課題

　微妙なニュアンスの区別もできるようになることが知られている（Leekam, 1991）。うそも冗談（皮肉）も，事実と違うことを言っているという点では同じである。しかし，どちらも勘違いではなく，わざと事実と違うことを言っているので，一次のレベルでは両者を区別できない。二次のレベルで心の状態を読み取ることで，うそと冗談（皮肉）の区別ができるようになる。

　たとえば，絵を描くのが下手くそな男の子がお母さんに（お母さんも息子は絵が下手なことを知っているという前提で），実際は別の人が描いたとてもきれいな絵を指さして「この絵は僕が描いたんだ！」と言ったという状況を考えてみよう（Leekam, 1991）。このときに，男の子が「僕が描いたのだとお母さんは「信じる」と思って」発言したのであれば「うそ」であるが（図Ⅱ-3-2左側），「お母さんは「信じない」と思って」発言したとすれば「（自虐的な）冗談」といえるだろう（図Ⅱ-3-2右側）。

　私自身の研究でも，小学1～6年生を対象に，うそと冗談の区別をしてもらったところ，3年生頃（8～9歳頃）から，両者の区別をはっきりとできるようになり，二次の心の理論の発達とも関連することが追認された（林，2002）。

　このように，児童期は心の理論のさらなる発達に伴って，表示規則や悪意のないうそなど，他者を気遣ったうそが発達する。それによって，コミュニケーションも洗練され，社会性が深まり，大人に近づいていくのである。

3 一次の心の理論に関連する社会性の発達

ここまでまとめたように,児童期にとって二次のレベルの心の理論は1つの鍵を握り,それに関連する社会性も発達する。しかし,本章でもう1つ強調したいことがある。それは,「一次のレベルの心の理論に関連する社会性の発達も,児童期に柔軟になっていく」ということである。ここでは,社会性のなかでも道徳的判断に焦点を絞って,話を進めてみよう。

子どもは3〜5歳頃から,意図や動機といった心の状態に注目して,道徳的判断をするようになることが古くから報告されている(Yuill, 1984)。しかし,心の状態は他にもある。私たちは日常的に,「知っていたのに放置するなんてひどい」とか「知らなかったからどうしようもなかった」といったように,「知っている／知らない」の知識状態によっても善悪の判断をしている。

そこで私は,4〜11歳の幼児と児童,そして大人(大学生)を対象に2つの似たお話を聞いてもらうことにした(Hayashi, 2007, 2010)。2つのお話は,男の子の行動によって,女の子を悲しませる結果を生み出す(例:男の子が女の子の画用紙に落書きをする)という点で同じであるが,男の子が結果を予見できる重要な事実(例:画用紙が女の子のものであること)を「知っている」か「知らない」かによって違いを作り出した。この実験では,「画用紙が女の子のものであるのを知っている(知らない)男の子はどちらかな?」という心の状態質問では,4〜5歳前半ですでに多くの子どもが正しく理解できていた。これは,心の理論を4〜5歳頃から獲得しはじめるという一般的な知見にも合致する。他方,「どちらの男の子がより悪いことをしたかな?」という道徳的判断質問では,大人は「知っている男の子の方が悪い」を選ぶのが一般的であるが,大人と同程度の選択率になったのは児童期の9歳頃からであった。

このことから,他者の心の状態がわかるようになる年齢になったからといって,あらゆる道徳的判断が大人に近づくわけではないということが示唆される。幼児期から児童期の初め頃までは,悪いことをした人の知識状態(悪いことの

判断につながる情報を知っている／知らない）を理解できていても，それを道徳的判断の手がかりとして使うわけではない。心の理論を働かせた道徳的判断は，少しずつ発達するといえるのである（林，2012）。

4　児童期の心の理論を育む教育をめざして

　本章で述べてきたことをまとめてみよう。児童期は，乳児期から幼児期に形作られた心の理論が，青年期以降の大人に向けて，成熟していく時期であり，次のようなことがいえるだろう。
　まず，二次の心の理論の発達と，それに関連する社会性の発達である。たとえば，悪意のないうそを理解したり，うそと冗談を区別できたりするようになる。
　次に，一次のレベルの心の理論に関連する社会性の発達も柔軟になっていく面があるという点である。この点は，一次の心の理論自体が4～5歳頃の幼児期に発達することが知られているため，注目されにくいが，教育の問題を考えると大切である。この点を，私のゼミの学生が小学校の教育実習での日誌に書いた次の文章から考えてみよう。

　　ボールを拾うことに夢中になってボールを追いかけていたA児の足が，そのボールを拾おうとしたB児の左耳に当たってしまうというトラブルがあった。B児が泣いてしまったため，私は遊びから離れて対応した。A児にはわざとではなかったことを確認し，それをB児に理解させることと，わざとでなくても相手が痛い思いをしているのだから，謝らなければならないことをA児がB児に伝えることができるように対応したつもりである。幸いB児のケガはたいしたことがなかったようで，大きなトラブルにはならなかったが，このようなとき，教師はどちらかに肩入れをせず，公平で中立な立場で対応する必要があることと，その難しさを感じた。

A児もB児も児童期のため，一次レベルの心の理論を働かせるのに十分な年齢であるし，ふだんは他者の気持ちをある程度くみ取りながら，活動しているはずである。しかしこの場面では，実習生が駆けつけるまで，A児もB児もどうすべきか判断できていない様子がわかるだろう。これは，「一次のレベルの心の理論に関連する社会性の発達も，児童期に柔軟になっていく」ことを示唆する事例と考えられるだろう。つまり，幼児期に心の理論のベースができあがっても，社会性が十分に身につくということを意味するわけではない。さらに，社会性がうまく働くためには，大人による教育（指導）が重要な役割を担うことが，このような事例を通して明確になる。

　教育の大切さは二次のレベルでもいえると思われる。先ほど「悪意のないうそ」の研究を紹介したが，かつてこのテーマで卒業研究を行ったゼミの学生がいる。この学生は，教員採用試験に合格し，小学校の教員になることが内定していたので，卒論の提出直前に「卒論で実施し，まとめた研究から，教育的にどういった意義が導かれ，どのような示唆や提言ができるかを考えてください」と問うたところ，次のことを振り返ってくれた。

　　２年生でも，偽りの感情表出や表示規則は理解できているかもしれません。しかし，「言われない」とわからないと思います。「こういう場面では，相手はどう思う？」「こう言ったら，相手はどう思う？」と聞いて，「嫌だと思う」などと答えさせるような指導を行っていくことが，表示規則や発話表出で大事だと思います。

　第1節でも記したように，注視を指標とした研究からは，乳児期の子どもでも誤信念に類似する課題を通過することが報告されている。このようなことを考えると，潜在的なレベルでは，二次の心の理論も児童期以前から発達しているのかもしれない。しかし，顕在的なレベルで，二次の心の理論をうまく働かせることができるようになるのは児童期であることに変わりはないだろう。そして，親や教師といった大人が指導して，子どもの心の理論を豊かにさせてい

く，ここに「教育の大切さ」があると考えられる。

　特に児童期は，幼児期までの家庭や幼稚園，保育園を中心とした比較的限られた人間関係から発展し，同じクラスや同学年の友だち，異年齢の友だち，多くの教師など，より広い人間関係を作っていく時期でもある。相手の気持ちを読み取り，柔軟に感情を表出したりする社会性を身につけていくことが大切になる。

　しかし，児童期の心の理論を直接の対象とした研究は，乳幼児期に比べて少ないのが実情である。近年でこそ，『心の理論――就学前の年齢を超えて（*Theory of mind: Beyond the preschool years*)』(Miller, 2012) といった学術書も出版され，日本でも溝川 (2013) や田村 (2013) といった学術書が公刊されたが，内藤 (2011) は，「従来の膨大な心の理論研究のほとんどは，4，5歳児の誤信念理解だけを対象としており，それよりも後の心の理解の発達には全く興味がないように見える」と述べている。児童期の研究を自分自身でも，そしてゼミの学生の多くとも一緒に行ってきた私には，このことを残念に感じざるをえない。

　児童期の心の理解というテーマには，たくさんの研究すべき点があるように思われる。たとえば，お世辞や嫌味，風刺といったことの理解は児童期にどのように進むのであろうか。こうした問題は，心の理論のみならず「関連性理論」(Sperber & Wilson, 1995；松井，2011) といった他の重要な理論ともかかわることであろう。大人へとつながる児童期は，面白い研究，そして重要な研究が生み出される宝庫といえよう。また，児童期の心の理論を育む上で，教育的にどのようにかかわっていけばよいのかも奥が深い問題であり，研究の発展が期待される。

文　献

Broomfield, K. A., Robinson, E. J., & Robinson, W. P. (2002). Children's understanding about white lies. *British Journal of Developmental Psychology*, **20**, 47-65.

Cheung, H., Siu, T. C., & Chen, L. (2015). The roles of liar intention, lie content, and theory of mind in children's evaluation of lies. *Journal of Experimental Child Psychology*, **132**, 1-13.

Fu, G., Xiao, W. S., Killen, M., & Lee, K. (2014). Moral judgment and its relation to second-order theory of mind. *Developmental Psychology*, **50**, 2085-2092.

林 創 (2002). 児童期における再帰的な心的状態の理解. 教育心理学研究, **50**, 43-53.

林 創 (2006). 二次の心的状態の理解に関する問題とその展望. 心理学評論, **49**, 233-250.

Hayashi, H. (2007). Children's moral judgments of commission and omission based on their understanding of second-order mental states. *Japanese Psychological Research*, **49**, 261-274.

Hayashi, H. (2010). Young children's moral judgments of commission and omission related to the understanding of knowledge or ignorance. *Infant and Child Development*, **19**, 187-203.

林 創 (2012). 人の行為の良い悪いのとらえ方. 清水由紀・林 創 (編), 他者とかかわる心の発達心理学――子どもの社会性はどのように育つか. 金子書房.

Hayashi, H., & Shiomi, Y. (2015). Do children understand that people selectively conceal or express emotion? *International Journal of Behavioral Development*, **39**, 1-8.

Leekam, S. (1991). Jokes and lies: Children's understanding of intentional falsehood. In A. Whiten (Ed.), *Natural theories of mind: Evolution, development and simulation of everyday mindreading*. Oxford, UK: Basil Blackwell, pp. 159-174.

松井智子 (2011). 子どもの「ミス・コミュニケーション」と心の理論の発達. 岡本真一郎 (編), ミスコミュニケーション――なぜ生ずるかどう防ぐか. ナカニシヤ出版, pp. 41-64.

Miller, S. (2012). *Theory of mind: Beyond the preschool years*. New York: Psychology Press.

溝川藍 (2013). 幼児期・児童期の感情表出の調整と他者の心の理解――対人コミュニケーションの基礎の発達. ナカニシヤ出版.

内藤美加 (2011). "心の理論"の概念変化――普遍性から社会文化的構成へ. 心理学評論, **54**, 249-263.

Naito, M., & Seki, Y. (2009). The relationship between second-order false belief and display rules reasoning: The integration of cognitive and affective social understanding. *Developmental Science*, **12**, 150-164.

Onishi, K. H., & Baillargeon. R. (2005). Do 15-month-old infants understand false beliefs?. *Science*, **308**, 255-258.

Perner, J., & Wimmer, H. (1985). "John thinks that Mary thinks that...": Attribution of second-order beliefs by 5- to 10-year-old children. *Journal of Experimental Child Psychology*, **39**, 437-471.

Senju, A., Southgate, V., Snape, C., Leonard, M., & Csibra, G. (2011). Do 18-months-olds really attribute mental states to others? A critical test. *Psychological Science*, **22**, 878-880.

Shiverick, S. M., & Moore, C. F. (2007). Second-order beliefs about intention and children's attributions of sociomoral judgment. *Journal of Experimental Child Psychology*, **97**, 44-60.

瀬野由衣 (2008). 幼児における知識の提供と非提供の使い分けが可能になる発達的プロセスの検討――行為抑制との関連. 発達心理学研究, **19**, 36-46.

Sodian, B. (1991). The development of deception in young children. *British Journal of Developmental Psychology*, **9**, 173-188.

Sperber, D., & Wilson, D. (1995). *Relevance: Communication and cognition* (2nd ed.). Oxford, UK: Blackwell.

Talwar, V., Gordon, H. M., & Lee, K. (2007). Lying in elementary school years: Verbal deception and its relation to second-order belief understanding. *Developmental Psychology*, **43**, 804-810.

Talwar, V., & Lee, K. (2008). Social and cognitive correlates of children's lying behavior. *Child Development*, **79**, 866-881.

田村綾菜 (2013). 謝罪と罪悪感の認知発達心理学. ナカニシヤ出版.

Yuill, N. (1984). Young children's coordination of motive and outcome in judgments of satisfaction and morality. *British Journal of Developmental Psychology*, **2**, 73-81.

II-4 「心の理論」と感情理解
―― 子どものコミュニケーションを支える心の発達

溝川 藍

1 初期の感情理解――「心の理論」以前の発達

　子どもは，まだ言葉を持たない時期から，周囲の人々の感情についての会話を聞いたり，会話に参加したりしている。たとえば，赤ちゃんが笑ったり泣いたりしているときに，養育者がニッコリ笑って「お天気でうれしいね」，悲しそうな顔をして「ワンワンこわかったね」，しかめっ面をして「お注射痛かったね」というように，表情や言葉で意味づけをしながら反応を返すことがある。
　何らかの感情を抱いたときに，その感情を大人に意味づけてもらったり，代弁してもらう経験を通じて，子どもは，混沌とした感情の世界から，徐々に意味を持った感情の世界へと移行する。感情を通したやりとりの経験を積み重ねた子どもたちは，1歳台以降には，不快や苦痛など自分の感情を引き起こす原因を認識しはじめ，2～3歳頃になると，「ひとりでできた。うれしい」「ママにあいたくて，なみだがでちゃった」「ママ，おこってる？」などのように，自己や他者の感情について，自分の言葉で話すようになる。
　次のエピソードは，当時3歳のEちゃんが，泣きながら，自分の泣いている理由を説明しようとしている場面である（本章で紹介するエピソードは，京都市内の幼稚園における筆者の観察記録によるものである）。

エピソード1 「くやし泣き」
　あるお天気の日に，年少クラスの子どもたちはかけっこをしました。かけ

っこが終わり，子どもたちが教室に向かう中，Eちゃん（年少・女児）が1人，涙を流し，園庭に立ちつくしています。何人かの友だちが「だいじょうぶ？」「どうしたん？」と声をかけていますが，Eちゃんは黙って動こうとしません。観察者（筆者）が「涙出ちゃったね。お部屋に戻って，涙とお鼻ふこう」と声をかけると，Eちゃんは観察者と一緒に無言で歩き出しました。しかし，教室に到着する前に，Eちゃんはまた立ち止まりました。そして，泣きじゃくりながら，声にならない声で「もっと，はやくはしりたかったのに，はしれなかったの」と何度も繰り返しました。

このように，3歳頃になると，感情の原因に目を向け，他者に語ることができるようになる。また，この時期の子どもたちは，自己や他者の願望が満たされなかったときの気持ち（例，速く走れなくて悲しい）だけでなく，自己や他者の願望が満たされたときの気持ち（例，思い通りに走れてうれしい）についてもよく理解していることが示されている（Stain & Levine, 1989; Wellman & Banerjee, 1991; Yuill, 1984）。

2　心の理論の発達

エピソード1のような願望に基づく感情の理解は，3歳頃から見られるが，その後の2～3年間に，心の理論の発達に伴って，より豊かで複雑な感情理解が生まれる。心の理論（theory of mind）とは，「目的・意図・知識・信念・思考・ふりなどの内容から，他者の行動を理解したり推測したりすることができる能力」と広く捉えられるものであるが（Premack & Woodruff, 1978），本章では，主に「自分は知っているが他者は知らない状況において，自分の考えとは異なる他者の誤信念や行動を推測する能力」という狭義の心の理論を扱う。

（1）誤信念の理解

従来の発達研究の中では，心の理論の能力を検討するために，「マキシ課題」

「サリーとアン課題」「スマーティ課題」のような「誤信念課題」の通過・不通過が1つの指標として用いられてきた。たとえば，マキシ課題（Wimmer & Perner, 1983）では，人形劇や絵カードを用いて，子どもに，「主人公のマキシが，緑色の戸棚にチョコレートを隠して部屋を出る。マキシのいない間に，母親がチョコレートを青色の戸棚に移動させる」というような物語を提示する。マキシは，チョコレートが移動した事実を知らないため，「チョコレートは緑色の戸棚にある」という誤信念（false belief）を持っている。ここで，「部屋に戻ってきたマキシは，チョコレートがどこにあると思っているか」あるいは「マキシは，どこを探すか」について質問する。正解は「緑色の戸棚」である。なお，誤信念課題においては，「本当は，チョコレートは今どこにあるか」「最初，チョコレートはどこにあったか」を理解していることも確認する。このような誤信念の理解の発達の節目は3〜5歳にある。文化差はみられるものの，おおむね5歳頃には，「誤信念課題」に正答することが知られている（Wellman et al., 2001）。

（2）『赤ずきんちゃん』の誤信念

ところで，日本でも広く認知されている童話『赤ずきんちゃん』は誤信念の物語である。この物語では，赤ずきんちゃんという女の子が，お使いを頼まれて，森のおばあさんの家に向かう。森で赤ずきんちゃんと出会った悪いオオカミは，先回りをしておばあさんの家に到着する。オオカミは，おばあさんを食べた後，おばあさんに変装し，ベッドの中で赤ずきんちゃんを待っている。赤ずきんちゃんは，おばあさんの家に到着すると，ベッドで寝ているおばあさん（本当はオオカミ）に話しかける。このとき，赤ずきんちゃんは，オオカミがおばあさんに変装している事実に気づいていない。そのため，「家にいるのはおばあさん」という誤信念を持っていることになる。

物語の構造は，マキシ課題をはじめとする誤信念課題と非常によく似ている。誤信念課題の通過時期からすると，『赤ずきんちゃん』の物語を聞いているとき，3歳児の多くは，「赤ずきんちゃんも「家にいるのはオオカミ」だと思ってい

る」と考えているようである。そして，5歳頃になると，赤ずきんちゃんの誤信念（家にいるのはおばあさん）を理解し，オオカミが正体を現す瞬間の赤ずきんちゃんの驚きにも共感できるようになるのだと考えられる。

（3）誤信念に基づく感情の理解

　それでは，『赤ずきんちゃん』の物語の中で，おばあさんの家に到着した際の赤ずきんちゃんの感情については，子どもたちはどのように認識しているのだろうか。赤ずきんちゃんの誤信念（家にいるのはおばあさん）を理解している子どもであれば，その誤信念理解に基づいて，「赤ずきんちゃんは，おばあさんに会えてうれしい」と判断するのではないかと考えられる。他方で，赤ずきんちゃんの誤信念を理解していない子どもは，物語の中で赤ずきんちゃんがオオカミの行為や正体に気づくよりも前に，「赤ずきんちゃんは，悲しい。怖がっている」などのように，赤ずきんちゃんにネガティブな感情を帰属することだろう。

　人がさまざまな状況で感じる感情には，正解や誤りがあるわけではない。しかし私たちは，日常生活において，赤ずきんちゃんのように，一時的にその場の状況に合わない感情を抱くことがある。たとえば，家に帰ってから食べようと思って大事にとっておいたケーキが，誰かに先に食べられていた場合，そのことに気づいていない間は，私たちはワクワクし，嬉しい気持ちでいるだろう。しかし，いったんケーキが食べられてしまったという事実を知ってしまうと，まったく別のネガティブな感情を感じることになる。

　このような誤信念に基づく感情の理解については，誤信念課題とよく似た手続きを用いて，実験的に調べられている（Harris et al., 1989）。代表的な課題では，「ナシが嫌いで，リンゴが好きなサル」の物語が用いられる。この課題では，「リンゴが好きでナシが嫌いなサルの弁当箱の中に，ナシが入っている。カエルは，サルを驚かせて喜ばせるために，サルがいない間に，中身をリンゴへと入れ替える。ランチの時間になり，サルがかばんから弁当箱を取り出し，開けようとしている。サルには弁当箱の中身が見えない」という物語を人形劇で演

じて見せた後,「弁当箱を開ける前のサルはどんな気持ちか」を子どもに尋ねる。正解は「うれしくない気持ち」である。その後,他の誤信念課題と同様に,「サルは,弁当箱の中に何が入っていると思っているか」「本当は,弁当箱の中に何が入っているか」を尋ねて誤信念の理解を確認した後,最後に物語の理解の確認のために「弁当箱を開けた後,サルはどんな気持ちか」を質問する。

　一連の研究から,誤信念に基づく感情は,誤信念そのものよりもやや遅れて理解されるようになることが示されている (de Rosnay et al., 2004; Harris et al, 1989)。誤信念に基づく感情に関する理解が遅れる理由としては,このような感情の理解には,誤信念についての意識的な理解が必要であるからではないかと考えられている。ここで,自分の信念が誤っていたことに気がついて感情が変化した6歳児のエピソードを見てみたい。

エピソード2 「なきそう」
　朝8時半,Kちゃん(年長・女児)が,「あっちがなくより,こっちがなきそうや」と言いながら登園しました。Kちゃんは,観察者の前で立ち止まり,「だって,おかあさん,がいこく,いかはるし。きのうのよるか,きょうのあさ」と言いました。目が赤く,泣き疲れた顔でしたが,はっきりした声で,「あんまりさみしくない。だって,Kおっきいから,おじいちゃんとおばあちゃんち,いったりするねん」と続けました。
　その後,友だちとは一見普段通りに過ごしていたKちゃんでしたが,30分ほど経って,大きな声で「さいてー,さいてー,さいてー!」とつぶやきました。観察者が「どうしたの?」と聞くと,「Kも,おくっていこうとおもったのに,おかあさん,いあらへんし(いなかったし),そのとき」と怒ったような調子で訴えます。

　この日,朝の挨拶よりも先にKちゃんの口から出た言葉が「泣きそう」であった。Kちゃんは,母親が外国に出かけることは知っていたものの,自分が見送りをできないとは思っていなかったようである。母親はまだ家にいるものと

信じていたのに（誤信念），目が覚めたときにはすでに出かけていた事実を知ったＫちゃんの感情の変化と動揺が感じられる。それでも，自分なりに心を奮い立たせてがんばろうとしている6歳のＫちゃんの気持ちが，言葉や声の調子からも伝わってきた。

3　偽りの感情の理解

　エピソード2のＫちゃんは，大人の前では怒りとも悲しみともつかない感情を見せていたが，幼稚園の友人の前では，普段通りに振る舞っていた。私たち大人もさまざまな社会的場面において感情表出の調整を行っており，他者の前で，感情を隠したり，意図的に強調して表出することがある。「偽りの感情」というと，少し大げさに聞こえるかもしれないが，人前で見せる感情をコントロールした経験は，誰にでもあるのではないだろうか。

　他者に見せる感情（表情など）と内的状態の間に不一致があり得ることの理解は，幼児期の4歳から6歳の間に飛躍的に発達する（Harris et al., 1986）。たとえば，「主人公は，おばさんから誕生日プレゼントをもらった。プレゼントは大嫌いな色の洋服だったが，主人公は，おばさんを困らせたくないと思っている」という物語を4歳児と6歳児に示し，主人公の「内的に抱く感情」と「表出する感情」について尋ねると，6歳児の多くが「本当は悲しいけれど，ニッコリして見せる」と答えるが，4歳児では，「悲しいから悲しい顔をする」との判断が多く，内的感情と表出する感情は区別されていないことが示された。

　ただし，1980〜1990年代に行われた関連研究の多くが，偽りの喜び表出の理解に特化したものであった。そこで，溝川（2007）は，「偽りの悲しみ表出（本当はネガティブな感情を抱いていないときに偽って悲しみを表出すること）」の理解について検討した。すると，偽りの悲しみ表出の理解は，4歳から6歳の間に発達するものの，偽りの喜び表出の理解よりも遅れることが明らかになった（図Ⅱ-4-1）。

　先ほどの「期待外れのプレゼント」の場面に見られるような偽りの喜び表出

II-4 「心の理論」と感情理解

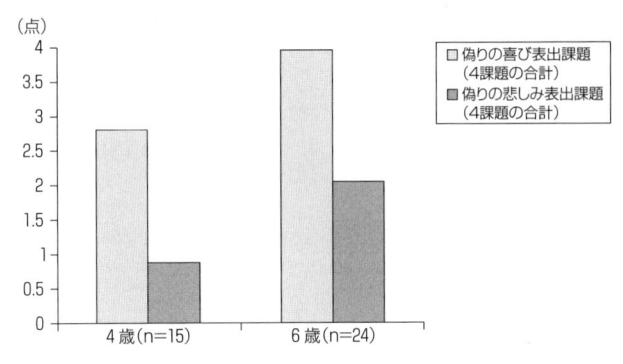

図II-4-1 偽りの感情表出課題の平均得点
注：偽りの感情と本当の感情を適切に区別できているときに1点を与えた。1人の参加者につき、偽りの喜び表出課題と偽りの悲しみ表出課題は各4問あった（範囲：0～4点）。
出典：溝川, 2007をもとに作成。

は，社会の中で適切とされるものであり，大人が子どもに表出を促すこともある。他方で，偽りの悲しみ表出は，特別な状況（葬儀等）を除いて，大人が表出を奨励する場面はほとんどない。また，悲しみ表出は，子どもにとって，ポジティブな効果（例，なぐさめを引き出す）だけでなく，ネガティブな効果（例，弱虫だと思われる）を併せ持つ感情表出である。そのために，偽りの悲しみ表出の理解に遅れが生じたのであろう。

さて，偽りの感情の理解の年齢による違いは，「ある人の行動が他者に誤信念を抱かせること」といったような，「だまし」の理解の困難さに原因があるのではないかと考えられる。溝川らは，4歳児，5歳児，6歳児を対象に，偽りの悲しみ表出（嘘泣き）に関する理解と誤信念の理解の関連について調べた（Mizokawa & Koyasu, 2007）。この研究では，誤信念課題とオリジナルの「泣き課題」を使用した。「泣き課題」の物語の提示の際に用いたイラストの例は，図II-4-2に示した。

「泣き課題」では，イラストを1枚ずつ見せながら，「いじわるなゴンタ（図II-4-2・右）が主人公（同左）のおもちゃを隠す。主人公はそのことに気づいている。しかし，主人公は，ゴンタに謝ってもらうために，ゴンタが戻ってきた

Ⅱ　保育・教育の現場で子どもを理解するために

図Ⅱ-4-2　「泣き課題」で用いたイラストの例

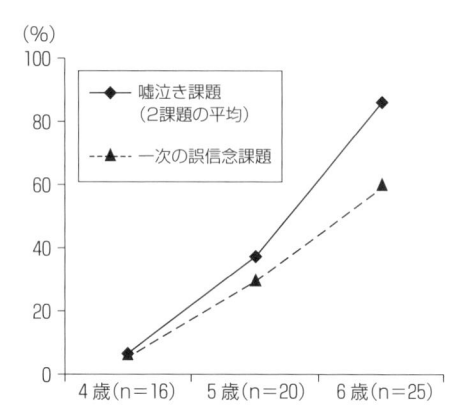

図Ⅱ-4-3　嘘泣き課題と一次の誤信念課題の正答率

出典：Mizokawa & Koyasu, 2007をもとに作成。

ときに，嘘泣きをして見せる」といった物語を示した後，子どもに「主人公は本当に泣いているか」について尋ねた。

結果から，主人公が本当は泣いていないことの理解と，誤信念（一次）の理解は4歳から6歳の間に並行して発達し（図Ⅱ-4-3），誤信念課題に正答した子どもほど，主人公が「本当は泣いていない」と判断することが示された。つまり，他者の誤信念についてよく理解している子どもは，他者をだます可能性を持つ偽りの感情表出についても理解していたのである。

次のエピソードは，3歳のHくんが，ネガティブな感情を隠そうとしている場面である。

エピソード3　「だいじょうぶ」

　Hくん（年少・男児）が，廊下でふざけてTくん（年少・男児）を追いかけ

ていました。追いかけられたTくんが「もー，やめて」と怒っています。Hくんは「ごめんね」と謝りましたが，Tくんはなかなか許そうとしません。Hくんは困ってしまい，とうとう泣きだしました。

　そこに通りかかったGくん（年中・男児）が，Hくんの顔を覗き込んで「Hちゃん，ないてる？」と聞きました。すると，Hくんは，顔をあげて，急に元気な声を出し，笑顔を作って「だいじょうぶでーす！」と答えました。HくんとTくんの様子を傍で見ていたEちゃん（年中・女児）が，のんびりとTくんに向かって，「ゆるさないとだめだよー」と言い，Gくんと教室に戻っていきました。廊下にはHくんとTくんの2人が残されました。少し間があって，Tくんが，小さな声でポツリと「いいよ」と言いました。

　実は，このような偽りの感情の表出は，すでに3歳頃から見られる。偽りの感情の「表出」と「理解」の間には2〜3年のタイムラグが存在するのである（Josephs, 1994）。おそらく，エピソード3のHくんのように偽りの感情を表出した経験や，Gくんのように偽りの感情表出を目撃した経験が，偽りの感情の理解につながるのであろうと考えられる。

　続いてのエピソードは，幼児期中期の子どもの「ウソ」に関するものである。

エピソード4 「ウソ」

　避難訓練の日に，子どもたちは，幼稚園のホールでビデオを見ています。AちゃんとNちゃん（ともに年中・女児）が，ビデオの途中で「こわいー」と言いながら，ホールの後方にいた観察者の横にやってきました。Aちゃんは，観察者に向かってニーッと笑い，「こわかったらな，いっつもNちゃんとAちゃん，ウソついて，しんどくなるねん」と言いました。横でNちゃんが，「うん，ウソついて」とうなずきます。

　これらは，ウソをついて「しんどい（だるい・つらい）」と言えば，嫌なこと（この場合はこわいビデオ）から逃れられると認識しているからこそ可能になる

行動である。幼児期には，このように自分の願望を実現させるための，自覚的な「ウソ」の行動も見られるようになる。

エピソード4のAちゃんたちに，あざむきの認識があるかは定かではないが，子どもは「ウソ」の表出が対人関係の中でどのように働くと捉えているのかは，子どもとかかわる私たち大人にとって，大変気になる問題である。「ウソ」の泣きについては，筆者の実施した嘘泣きの機能の理解に関する一連の研究から，幼児は，はじめに嘘泣きが他者の「対応」や「行動」を変えることを理解し，その後，徐々に，嘘泣きが他者の「心」（共感・同情，誤信念）に働きかけることについても理解するようになることが示されている（溝川, 2013）。

4 感情理解と社会的関係

最後に，年長児と年少児のかかわりのエピソードを紹介したい。

エピソード5 「なぐさめ」

　お弁当の支度の時間に，Yちゃん（年少・女児）が泣いていました。通りかかったSちゃん（年長・女児）は，Yちゃんを見て，「ママのとこ行きたいの，また。まず，おちついて，おちゃ，のんどいて」と声をかけました。すると，Yちゃんは泣きやんで，Sちゃんに言われたとおりに水筒をかばんから出して，お茶を飲みはじめました。その間に，Sちゃんは，さっと自分のお弁当の支度をして，またYちゃんのもとに戻ってきました。

心の理論が発達すると，目に見えない他者の意図・知識・願望・思考・感情などを予測して，他者とかかわるようになる。その意味で，心の理論の発達は，子どもの感情的な対人行動や，対人関係にとって非常に重要なものである。

子どもが自分の心とは違う他者の心に気づきはじめると，なぐさめ行動の質も大きく変化する。他者を気づかう行動は2歳前後から見られるが，幼児期後期になると，より他者の気持ちに沿ったなぐさめ行動が見られるようになる。

エピソード5のSちゃんは，泣いている年下のYちゃんに対して，ただ「だいじょうぶ」と声をかけてなぐさめるのではなく，Yちゃんの泣いている理由を読み取って言語化し，具体的な感情制御の方略（お茶を飲むこと）を教えていた。Sちゃんのこのかかわりによって，Yちゃんもすぐに落ち着きを取り戻していた。

　他者の感情理解が，社会的関係においてポジティブな効果を持つことは，さまざまな研究によって数多く示されてきた。たとえば，期待外れのプレゼントをもらっても，もらい手の感情を考慮してポジティブな感情表出をして見せる子どもは，仲間や大人からの人気が高い傾向にあることなどが明らかになっている（McDowell et al., 2000）。しかし，他者の感情を理解する能力は，社会的関係において，必ずしもポジティブに働くとは限らない。他者の感情を気づかいすぎて自分を出せない，他者の評価を気にしすぎて自信が持てないといった対人的な問題や不安につながることもある。また，社会的関係における対人行動に一つの正解はなく，どのような対人行動が適切かは子ども個人の特性によっても異なるものと考えられる。現代の社会の変化に伴い，子どもの対人的な問題は，保育・教育の現場においてもますます大きくなっている。一方で，感情理解や，感情理解に基づく適切な対人行動がどのように獲得されていくのかについての明確な知見はまだ少ないため，実験研究や観察研究を積み重ねていくことが一層必要とされている。

文　献

de Rosnay, M., Pons, F., Harris, P. L., & Morrell, J. (2004). A lag between understanding false belief and emotion attribution in young children: Relationships with linguistic ability and mothers' mental-state language. *British Journal of Developmental Psychology*, **22**, 197-218.

Harris, P. L., Donnelly, K., Guz, G. R., & Pitt-Watson, R. (1986). Children's understanding of the distinction between real and apparent emotion. *Child Development*, **57**, 895-909.

Harris, P. L., Johnson, C., Hutton, D., Andrews, G., & Cooke, T. (1989). Young children's theory of mind and emotion. *Cognition and Emotion*, **3**, 379-400.

Josephs, I. E. (1994). Display rule behavior and understanding in preschool children. *Journal of Nonverbal Behavior*, **18**, 301-326.

McDowell, D. J., O'Neil, R., & Parke, R. D. (2000). Display rule application in a disappointing situation and children's emotional reactivity: Relations with social competence. *Merrill Palmer Quarterly*, **46**, 306-324.

溝川藍 (2007). 幼児期における他者の偽りの悲しみ表出の理解. 発達心理学研究, **18**, 174-184.

溝川藍 (2013). 幼児期・児童期の感情表出の調整と他者の心の理解——対人コミュニケーションの基礎の発達. ナカニシヤ出版.

Mizokawa, A., & Koyasu, M. (2007). Young children's understanding of another's apparent crying and its relationship to theory of mind. *Psychologia*, **50**, 291-307.

Premack, D., & Woodruff, G. (1978). Does the chimpanzee have a theory of mind? *Behavioral and Brain Sciences*, **1**, 515-526.

Stein, N. L., & Levine, L. J. (1989). The causal organization of emotional knowledge: A developmental study. *Cognition and Emotion*, **3**, 343-378.

Wellman, H. M., & Banerjee, M. (1991). Mind and emotion: Children's understanding of the emotional consequences of beliefs and desires. *British Journal of Developmental Psychology*, **9**, 191-124.

Wellman, H. M., Cross, D., & Watson, J. (2001). Meta-analysis of theory of mind development: The truth about false belief. *Child Development*, **72**, 655-684.

Wimmer, H., & Perner, J. (1983). Beliefs about beliefs: Representation and constraining function of wrong beliefs in young children's understanding of deception. *Cognition*, **13**, 103-128.

Yuill, N. (1984). Young children's coordination of motive and outcome in judgments of satisfaction and morality. *British Journal of Developmental Psychology*, **2**, 73-81.

II-5 「心の理論」と教示行為
―― 子どもに教えるのではなく子どもが教える

赤木和重

1 「心の理論」との出会い

「心の理論」に初めて出会ったのは，学部生のころ，雑誌『発達』で「心の理論」の特集が組まれたときであった（1996年『発達』66号）。当時は，「心の理論」なるものが，どれだけのインパクトを持って迎えられたのか，よくわからなかった。

しかし，それでも，強く印象に残った一文がある。「「心の理論」研究は，〝からかい〟，〝あざむき〟，〝ふり〟，〝うそ〟など，これまで陽の十分に当てられなかった事象に，私たちの目を向けさせてくれました」（木下，1996，p.35）という文である。

当時の私は，「うそ」や「あざむき」といった現象が，発達研究では十分に注目されていなかったことそのものに驚きを覚えた。しかし，これからは，日常の生活のなかで子どもたちが見せる面白い事象を，その事象だけの狭い説明に終わることなく，「心の理解」という大きな枠組みのなかで扱うことができる時代に来たのだと思い，ワクワクしたことを今でもよく覚えている。

2 「教える」行為に注目する理由

1996年の特集から数年が経ち，私は「教える」行為（以後「教示行為」とする）に注目して研究を進めることにした。「教える」という言葉はさまざまな意味

を持つが，ここでは，木下・久保（2010）にならい，「他者の知識・技能・規範性の向上を意図した教示行為」と定義する。

「からかい」や「うそ」「あざむき」「秘密」「約束」など，「心の理論」に関係する魅力的なテーマは，いくつもあった。しかし，私は，次の3つの理由により，教示行為に注目した（赤木, 2012a）。

1つは，この本のテーマでもある「心の理論」との関係が考えられたからだ。教えるためには，相手がどこまでわかっているのかを理解する必要がある。場合によっては，相手の理解の程度にあわせて柔軟に教え方を変える必要もあるだろう。相手の心を理解することなしに，上手に教えることは難しい。実際，「心の理論」の獲得と教示行為の発達とは関連があることが指摘されている（Bensalah, 2011; Davis-Unger & Carlson, 2008a）。

2つは，ヒトだけが明確に教示行為を示すことによる。ヒトに進化的に最も近いチンパンジーにおいても，教示行為は今のところ確認されていない。チンパンジーの子どもが，ヤシの実をうまく割れないとき，親はそれを見ていても，教えることはない。近年になって，ミーアキャットなど霊長類以外の動物でも教示行為の存在が報告されるようになってきてはいる（Thornton & Raihani, 2008）。しかし，これらの行動を教示行為としてみなせるのかについては議論が続いている。それに対し，ヒトの場合は，明確に教示行為がみられる。その意味で，教示行為は，ヒトのヒトたるゆえんを明らかにする特徴的な行動といえる。ヒトを「教育的動物（Homo educans）」だと提唱する者（安藤, 2012）や，ある能力の「副産物」ではなくヒト固有の生得的な能力だと主張する者（Strauss et al., 2014）もいる。

3つは，教示行為に注目することで，子どもの主体性を考えることにつながるからである（赤木, 2008）。誰かに教えているときに，その人は主体的に，能動的に活動に参加している。教えているにもかかわらず，「私，受け身なんです」と話す人はいないだろう。子どもも同じことである。教示行為の発達を知ることは，子どもが人間関係の主人公になっていくプロセスを知ることでもある。

3　1歳, 3歳, 5歳の教示行為

　教示行為は,「心の理論」と密接な関係があるが,「心の理論」が獲得される4歳以前, もしくは獲得した4歳以降にも, さまざまな質の教示行為が確認されている。ここからは, ストラウスとジブ (Strauss & Ziv, 2012) などを参考にしながら, 教示行為の発達的な特徴を年齢別に概観していく。

(1) 1歳半――原―教示行為

　人はいつから教えることができるのだろうか。これまでの研究から, 1歳半をすぎるころから教示行為が見られることがわかっている。たとえば, 赤木 (2004) は, 実験者 (大人) が, はめ板という道具を用いて, 丸い板を, 四角の孔に入れようとして入らずに困った場面を見せた。すると, 1歳後半の半分以上の子どもたちが, 実験者を見つつ, 円孔を指さすなどして, 教える行為を示した。

　保育場面でも, このような教え方はよく見られる。たとえば, 1歳児は, 自分のかばんを間違えて他児のロッカーにしまうことがしばしばある。その時, すかさず, 他の子どもが「ちがう。こっち」などと言ってその子どものロッカーを指し示すことがある。

　チンパンジーの場合, 成人になっても教示行為を示さないことを踏まえれば, すでに1歳後半から自発的に教えることができるというのは驚くべき事実といえる。

　しかし, ストラウスとジブ (Strauss & Ziv, 2012) は, この時期の教示行為は, 原―教示行為 (proto-teaching), つまり明確な教示行為とは言い切れないと主張している。1歳児が見せる教示行為は,「いま, ここ」の情報に限定されているからである。そのため, 他者が学習した事柄が, 他にも応用されるとは限らない。たとえば, 自分のロッカーの場所を教えてもらった子どもは, あくまで, その教室のロッカーの場所がわかっただけで, 他の教室に行ってもすぐに自分

のロッカーの場所がわかるとは限らない。言い換えれば，教示内容が，一過性の情報にとどまり，般化した形で知識や技術が学習者の中に獲得されていないといえる。

（2） 3歳――やって見せて教える

　3歳ころから「やって見せて教える（demonstration）」行為が生起する。教える基本形ともいえる。言語がなくても教えることが可能であるし，応用範囲が広いからだ。[1]

　ディビス・アンガーとカールソン（Davis-Unger & Carlson, 2008a）らは，ある子どもに新規のボードゲームのやり方を教え，その後，やり方を知らない子どもに教えるように指示した。すると，4歳以降の子どもだけでなく，3歳半の子どもにおいても，サイコロを振るなど実演してやり方を見せる行為を示すことができた。

　この事実は，「心の理論」を獲得する前から教示行為は可能であることを示している点で興味深い。「心の理論」が意味しているのは，あくまで，自他の心的状態の相違の自覚化である。そう考えれば，そのような自覚化を必要としない教示行為が，4歳以前に生起するのもうなずける。

　ただ，やはり「心の理論」が獲得されていない段階での教示行為には限界がある。たとえば，ストラウスら（Strauss, Ziv, & Stein, 2002）では，子どもがルールを教えるときに言葉をあまり使用しない点や，学習者が誤った行為を示してもそれを修正せずに自分の思う通りに教える行為があったことを報告している。自己と他者の心的状態をモニタリングするような能力が3歳児では困難だからであろう。

　なお，今のところ，3歳半以前でやって見せて教える行為の報告は見当たらない。しかし，やって見せて教える行為は少なくとも2歳台から見られると考えられる。その根拠として，筆者の娘（2歳2カ月）とのままごと遊びを記録した動画の一部を紹介する。

娘は木製の包丁で，野菜のおもちゃを切っている。そのおもちゃは，3，4つほどの切片に分かれてマジックテープで止められており，2歳児でも切れるようになっている。
　私が「たん（「お父さん」のこと）も切ろうかなぁ，スイカ」と言ってスイカを切ろうとする。すると，娘が自分が持っていたピーマンを手にとって「こうやって，こうやって，こうやってね」と言いつつ，私を見ながら，包丁でピーマンを切る様子を見せる。
　その行為を受けて，私が，「えい！」と言いながらスイカを切るものの，そのスイカが切れない様子を見せる。すると，娘は，包丁をブンブン横に振りながら「できない。できない」と言う。そして，包丁を空中で振りおろし，その後，スイカの切れ目に包丁を当てて私を見ながら「こうやって」と言う。

　父と娘のどちらがしっかりしているのか，よくわからないエピソードではあるが，ここからわかることがいくつかある。1つは，2歳2カ月の時点ですでに，やって見せて教える行為が生起していることである。2つは，私（父）が「教えて」と言っていないにもかかわらず，自発的に教えたことである。そして，3つは，不十分な説明ながらも「こうやって」と言葉を加えつつ教えていることである。
　このような「やって見せて教える」的な教示行為がいつからどの程度普遍的に見られるのかについては，今後の研究をまたねばならない。ただ，3歳半という現在の「定説」よりも早期に見られる可能性は十分にあると考えられる。

（3）5歳——言って教える／言わずに教える
　多くの子どもが「心の理論」を獲得する5歳以降になると，「言って教える」方略がはっきりと見られるようになる。やって見せるという教え方に加えて，言葉による説明（explanation）が増加する（Bensalah, 2011）。その言語的な教示方法には，いくつかのバリエーションがある。たとえば，ゲームが始まる前には「サイコロを振って，もし赤の色が出たら，赤色の花をとるのよ」と一般的

なルールを説明したり，また学習者が間違った場合には，「よく見て，サイコロが赤だったら，青ではなくて，赤色の花を取るのよ，わかった？」などとルールを思い出させたりするような発言が見られる (Strauss et al., 2002)。これは，3歳児とは大きな違いといえる。自分の思いを話すだけではなく，自分はルールを知っているけど相手はルールを知らない，このような自他の知識状態の相違をとらえることが可能になっている。このような教え方が，「心の理論」を獲得する5歳以降に見られるというのもうなずける。

　一方，あえて言わないで教える (teaching without explanation) 姿もこの時期から徐々に見られるようになる。木下 (2010) は，次のような興味深いエピソードを報告している。木下が，子どもたちと一緒に縄跳びの縄を作っていた場面である。木下は，縄を作るのに四苦八苦していた。そこで，4歳児クラスのゆうちゃんは教えようとするが，うまく教えることができず，木下の縄を取って自分でやってしまおうとする。ところが，そのとき，5歳児のしゅうくんが「だめだよ，おじさんにさせないと。自分でやらないとうまくならないよ」と一言。そして，しゅうくんは，適宜タイミングをみて教えながら，最後は「じゃあ，あとはおっちゃん一人でやりな」と言った。

　最後には子どもは木下に説明すらしていない。ただ，学び手を信じて任せるだけである。直接的には教えていない。しかし，相手の技術を高めるという意味では，むしろ効率的な教え方と考えられる。

　このように，5歳児は，言って教えるようにもなり，また逆に，言わずに教えるようになることができるという特徴的な時期といえる。ただ，言わずに教える行動は，5歳児では困難なことも実験的な研究では指摘されており (赤木, 2008)，慎重な議論が必要である。

4　これからの教示行為研究に向けて

　幼児期における教示行為の発達的な特徴を素描してきた。この10年の間で，研究は大きく進んだが，わかっていない点もまだまだ多い。いくつかのエピソ

ードを交えながら、今後の課題を2点示す。

1点目は、教示行為の発達プロセスが明らかにされていない点である。たとえば、1歳半の原—教示行為と3歳頃のやって見せて教える行為は、質的には大きく異なる。1歳半の原—教示行為は、他者の誤った行為を直接、修正するものであるのに対し、3歳頃のやって見せて教える行為は、相手の行為を直接修正するものではない。このような劇的ともいえる変化が、3歳という時期（もしくは2歳台）になぜ、どのようにして起きるのかは、興味深い検討課題である。

もう1つは、扱っている教示行為の内容が狭い点である。これまでの多くの研究は、ゲームのルールを子どもがどのように教えるかというパラダイムで研究が進められている（Bensalah, 2011; Davis-Unger & Carlson, 2008a; Davis-Unger & Carlson, 2008b; Strauss et al., 2002）。枠組みが明確であるため、数量化しやすく実証的な研究が進めやすい利点がある。また、「知識や技術を伝達する」といった教示行為の定義からも納得できる。しかし、その一方で、このパラダイムから離れたところで、まだ明らかにされていない側面もある。

5　「奇跡」としての教示行為

現代思想を専門としている内田（2012）が教えることの意味について興味深い指摘をしている。

　教育の奇跡とは、「教わるもの」が「教えるもの」を知識において、技芸において凌駕することが日常的に起きるという事実のうちにある。「出力が入力を超える」という事実のうちにある（内田, 2012, p.25）。

内田は、教育の本質は知識や技術の伝達にあるのではなく、「弟子が師匠を超える」ことにあると主張する。これはよく考えれば不思議なことだ。知識や技術を有する者が教えているうちに、教えられていた者は、師を超えてしまう

のだから，確かに「奇跡」といってもよい状況である。

　この内田（2012）の指摘を，現在の教示行為研究は引き取ることができていない。というのも，教示行為研究は，「教示者が有している知識や技術，規範を学び手にどのように伝えるか」という枠内で行われているからである。

　では，「奇跡」としての教示行為を実証的な研究として引き取るには，どうすればいいのだろうか。その手がかりは，教示行為に「思考を促す」という領域を拡張・付与させることにある。学習者に考えさせるような教え方は，直接的に知識や技術を教えるわけではない。しかし，子ども自身に思考させることで，深い理解を促すことにつながる。なにより，最終的な知識や技術は，思考の結果として獲得されることを踏まえれば，教示者には思いつかないような知識や技術が，獲得されることもあるだろう。その結果，教示者の知識や技術を超えるようなものになることもありえる。学習者の知識や技術が教示者よりも高度なものになるという「奇跡」は，学習者にどこまで思考を深くさせる教え方ができるかにかかっている。

　しかし，このような教え方は大人でも難しい。子どもであれば，よりその困難さは際立つ。実際，13歳から15歳の生徒を対象に，ソクラテス的教示（Socratic teaching）の理解について調べた研究が，この困難さを支持している（Tikva, 2010）。ソクラテス的教示とは，教示者自身は答えを言わずに，学習者に対して「それはなぜそう思ったの？」と考えさせる質問をしたり，「あなたの意見では○○という事象は説明がつかない」など反証例を提示して，学習者自身が当該の問題について深めていくような対話的な教育方法のことをさす。ティクヴァ（Tikva, 2010）は，13歳から15歳の生徒たちに，ソクラテス的教示が行われている授業場面のビデオを見せ，この場面で教示が起こっているかを尋ねた。すると全員の生徒が「このようなやりかたを"教える"とは言わない」と判断した。

　このような事実を踏まえると，思考を深める教示行為は子ども，とりわけ幼児にとっては困難だと考えるのも無理からぬことである。しかし，案外，子どもの些細ともいえる行動にその芽が隠されている。次にある親子のやりとりを，

紹介する（赤木，2012b）。

　2歳6カ月の女児が，持っていた棒で壁に線を書いて，「これはなんでしょう？」と突然尋ねました。もちろん，ただの棒ですから，目に見える線描は残りません。しかし，女児は「なんでしょう？」と質問します。お父さんは突然のことで「なんだろう？」と思いながらも「お靴」と答えます。すると，女の子は嬉しそうに「ブブー」と言って，「ふうせんでした」と答えを言います。根拠は全くありませんが……。このようなやりとりをしながら，最後は，お母さんに問題を出し，お母さんが答えると「しぇいかい！（正解）」と言って，一件落着というオチで終わりました。

　このエピソードは，以下のことを示唆する。それは，発問をするといった教え方が存在し，その発問のために，学習者の思考が誘発される可能性があることである。今回の学習者（親）は，教えられることによって何かの知識を獲得したわけではない。しかし，思考が誘発されている。子どもの動作を見て，「あの長さだから〜〜だろう」とか「ちらっと向こうをみたから○○をイメージしているだろう」とさまざまな考えをめぐらしていることが想像できる。
　この種の「考えさせる」教え方は，現在の教示行為研究では扱われていない。しかし，「考えさせる」教示行為は，今後，教示行為の発達研究のパラダイムを変える起爆力をもった領域だと考えられる。

6　教示行為研究が提起する子ども理解

　教示行為を扱った発達研究が，子ども理解にどのようなインパクトを与えるのかについて述べて本章を終える。そのインパクトを一言でいえば子ども観の変革にある。
　現在，子どもにかかわる専門職の問いの多くは「子どもをどう教えるか」で占められている。特に幼い子どもや障害のある子どもの場合，「○○というス

キルが足りないので教える」「○○を教えておけば子どもは困らない」という発想が強いためか，特にこのような傾向が強くある。このような教育の前提には，幼い子どもや障害のある子どもに対して，「能力が欠如している」「能力が足りない」ととらえる子ども観が隠れている。「教えられる」存在として子どもをとらえているともいえる。

しかし，教示行為研究は，この問いそのものに対し，疑問をさしはさむ。子ども自身が，1歳後半から，教えられるだけでなく，他者に教え，働きかける力を有していることがわかるからである。教示行為研究の知見は，子どもに教え込む保育ではなく，子どもの教える力を引き出す保育へと，これまでとは異なる形の保育を準備する土台を提供してくれる。

このような視点からの実践は，現時点では十分ではない。しかし，その萌芽的な動きはみられる。たとえば，小学校の特別支援学級において，障害のある子どもどうしの教えあいが展開する実践なども報告されつつある（赤木，2013）。子どもを教えられる存在としてではなく，教えるという能動的な存在として理解した場合，どのような実践が展開可能になるのかは，興味深く，また意義ある今後の研究・実践課題であるといえる。

注
（1）「やって見せて教える（demonstration）」教示行為は，現在，話題となっている「ナチュラルペダゴジー（natural pedagogy）」との関連で検討することも有意義である。

　ナチュラルペダゴジーとは，単なる観察学習では獲得が困難な知識や技能を，効果的に，かつ迅速に個人間で伝達するコミュニケーションシステムの1つである（Csibra & Gergely, 2009）。具体的には，養育者は，乳児に何かを教える際に，口調や声色を変えたり，アイコンタクトを自然にとる。これらの行動が，「教育をこれから始める」サイン（顕示的なシグナル〔ostensive signal〕）として学習者に受け取られて，知識や技能を獲得することにつながる。ナチュラルペダゴジーは，ヒト固有の学習形態であるとされ，また，乳児からすでにこのナチュラルペダゴジーを受け取る傾向があるとされている。

　この定義からもわかるように，「やって見せて教える」教示行為の際に，幼児が学び手に視線を投げたり，身振りを使うなどして，顕示的なシグナルを用い

ることができるかを検討することは，教示行為の発達プロセスを明らかにするうえでも意味がある．最近の研究では，年中児ではこのようなナチュラルペダゴジーを用いるのはまだ十分ではなく，年長以降にかけてより精緻になることが明らかになっている（Caleroa et al., 2015；木下，2015）．

文献

赤木和重（2004）．1歳児は教えることができるか──他者の問題解決困難場面における積極的教示行為の生起．発達心理学研究，**15**，366-375.

赤木和重（2008）．幼児における抑制的教示行為の発達──「教えないという教え方」は可能か．発達研究，**22**，107-115.

赤木和重（2012a）．教える行動の発達と障害．清水由紀・林創（編），他者とかかわる心の発達心理学──子どもの社会性はどのように育つか．金子書房．

赤木和重（2012b）．ボクはボクである　でもけっこうテキトウ．松本博雄・常田美穂・川田学・赤木和重（著），0123 発達と保育──年齢から読み解く子どもの世界．ミネルヴァ書房．

赤木和重（2013）．自閉症児の社会性を育む──子どもと子どもの関係を支援する．子どもの発育と発達，**10**，235-239.

安藤寿康（2012）．遺伝子の不都合な真実──すべての能力は遺伝である．ちくま新書．

Bensalah, L. (2011). The emergence of the teaching/learning process in preschoolers: Theory of mind and age effect. *Early Child Development and Care*, **181**, 505-516.

Calero, C. I., Zylberberg, A., Ais, J., Semelman, M., & Sigman, M. (2015). Young children are natural pedagogues. *Cognitive Development*, **35**, 65-78.

Csibra, G., & Gergely, G. (2009). Natural pedagogy. *Trends in Cognitive Sciences*, **13**, 148-153.

Davis-Unger, A. C., & Carlson, S. M. (2008a). Development of teaching skills and relations to theory of mind in preschoolers. *Journal of Cognition and Development*, **9**, 26-45.

Davis-Unger, A. C., & Carlson, S. M. (2008b). Children's teaching skills: The role of theory of mind and executive function. *Mind, Brain, and Education*, **2**, 128-135.

木下孝司（1996）．子どもが〈心〉の存在に気づくとき．発達，**66**，28-35.

木下孝司（2010）．子どもの発達に共感するとき──保育・障害児教育に学ぶ．全障研出版部．

木下孝司（2015）幼児期における教示行為の発達――学習者の熟達を意図した教え方に注目して．発達心理学研究, **26**, 248-257.

木下孝司・久保加奈（2010）．幼児期における教示行為の発達――日常保育場面の観察による検討．心理科学, **31**(2), 1-22.

Strauss, S., Calero, C. I., & Sigman, M. (2014). Teaching, naturally. *Trends in Neuroscience and Education*, **3**, 38-43.

Strauss, S., & Ziv, M (2012). Teaching is a natural cognitive ability for humans. *Mind, Brain and Education*, **6**, 186-196.

Strauss, S., Ziv, M., & Stein, A. (2002). Teaching as a natural cognition and its relations to preschoolers' developing theory of mind. *Cognitive Development*, **17**, 1473-1787.

Tikva, J. B. (2010). Socratic teaching is not teaching, but direct transmission is: Notes from 13 to 15-year olds' conceptions of teaching. *Teaching and Teacher Education*, **26**, 656-664.

Thornton, A., & Raihani, N. (2008). The evolution of teaching. *Animal Behaviour*, **75**, 1823-1836.

内田樹（2012）．教育の奇跡――教えるということについて．みんなのねがい, **545**, 22-25.

II-6 「心の理論」と保育
―― 保育のなかの子どもたちにみる心の理解

小川絢子

1 保育実践と「心の理論」研究をいかに結びつけるか

　発達心理学の研究で得られた知見を，保育実践と結びつけ，保育のなかの子ども理解に役立てようという試みがこれまで行われてきた。科学的な子どもの発達理解を軸として保育実践が行われ，また日常的な子どもの姿に基づいて発達研究が行われることは，非常に重要なことであるが，発達研究と保育実践は，いつでも共通の目的を持っているわけではないと考えられる。なぜならば，子どもの発達を年齢にそった普遍的な能力の獲得として捉えることが多い発達研究と，日々揺れながら変化する子どもの姿を，日常生活のさまざまな場面で捉えようとする実践との間では，子どもを発達的な視点で見る意味が異なっているからである。

　自他の心的状態の理解を検討する「心の理論」研究においても，それは同様であると考えられる。「心の理論」の発達研究においては，ヴィマーとパーナー（Wimmer & Perner, 1983）によって考案された誤った信念課題に通過するようになることが，「心の理論」の獲得の1つの指標であると考えられてきた。そして，この30年の間に，「心の理論」の発達研究は，対象年齢を広げ，扱う心の内容も多様化するなかで，たくさんの新たな知見を見出してきた。

　しかしながら，これらの研究の知見を保育実践と結びつけて考えるとき，「心の理論」の発達が，子どもの作り上げていく人間関係の中身とどのように結びつくのか，また保育のなかの子ども理解に，「心の理論」研究をどのよう

Ⅱ　保育・教育の現場で子どもを理解するために

に生かすことができるのかということについては，さらなる検討の必要がある。

　本章では，保育のなかの子どもたちの姿から，子どもの自己や他者の心的状態の理解の発達を探り，「心の理論」研究とのつながりを検討していく。加えて，子どもが自己や他者の心的状態を理解していく上で，親や保育者のような大人がどのような役割を果たしているのかについても考察していくこととする。ここでは「心の理論」を「乳幼児期における心的状態（意図，欲求，知識，感情，信念など）を理解する認知的枠組み」と広く定義し，他者の存在と「心の理論」を前提とするような幅広い行動の発達研究を扱うこととする。

2　1, 2歳児にみられる人とのかかわり──意図や欲求の理解から

（1）保育のなかの1, 2歳児の姿

　1歳後半から2歳の頃，子どもは，人とのかかわりにおいてそれまでとは違う姿を見せるようになる。1歳後半頃から友だちの行動を見て模倣し合うことで遊びを広げ，楽しさを共有する子どもの姿が見られるようになる。追いかけ隠れ遊びなど，みんなが一緒に逃げる，隠れるといった同じ動作をする遊びのなかでの1歳児クラスの盛り上がりは，大人と1対1で遊ぶときとは明らかに異なる興奮と喜びで満ちている。さらに，2歳台には言葉の発達が進み，自分の欲求を「いっしょに」や「かして」といった言葉で相手に伝えられるようになる。加えて，2歳児クラスにおいては，なぐさめる，援助する，配分するといった向社会的行動を示すことが増えてくる。

　自己理解についてはどうだろうか。1歳半ばから2歳頃には「第一反抗期」と呼ばれる時期に入る。「服を着替えよう」「トイレに行こう」といった大人からの働きかけに対して，「いや」「じぶんで」「○○したい」と強く自己主張するようになる。また，2歳頃には，子ども同士のかかわりにおいても，自分のものを奪われたくない，自分の場に入ってきてほしくないなど，「自己領域を守る姿」（神田，2004a）が見られるようになる。そして，自分のつもりや要求が通らないときには，大泣きし，床に寝転んで大人を拒絶することや，他児へのか

みつき，ひっかきなどが起こることも少なくない。このように，保育の場において，他者とのかかわりは行為や言葉での共感的なやりとりが見られるようになるのに対し，自分と他者の欲求がぶつかるときには，激しく自分を主張し強情になる姿を1，2歳児は見せるようになる。

（2）「心の理論」研究における1，2歳児の姿

次に，1，2歳児を対象にした自他理解の発達研究について見ていく。1，2歳児の意図や欲求の理解を扱う研究は，多くが他者の心的状態の理解を検討する研究として行われている。

代表的な研究として，レパチョリとゴプニク（Repacholi & Gopnik, 1997）の論文を紹介する。彼女らは，14カ月児と18カ月児を対象に，他者の感情表出から欲求の内容を理解できるのかを検討する課題を実施した。課題は，子どもの目の前に置かれたクラッカーとブロッコリーを大人が食べて見せ，さらに「もっとちょうだい」と子どもの前に手を差し出したとき，子どもがブロッコリーとクラッカーのどちらを大人に差し出すのかを調べるものであった。実験では，子どもと大人の好みが一致する条件と不一致な条件が設けられた。不一致条件とは，大人がクラッカーを不味そうに食べ，ブロッコリーを美味しそうに食べるというものであった。その結果，14カ月児は，両条件において，クラッカーを大人に差し出したのに対し，18カ月児は，一致条件ではクラッカーを，不一致条件ではブロッコリーを差し出すことがわかった。このことから，レパチョリたちは，18カ月児が，他者の特定の欲求の内容が特定の物事と結びついており，その欲求の内容は他者の感情表出と結びついていることを理解していると述べている。

また，スヴェトロヴァら（Svetlova et al., 2010）は，1歳半児と，2歳半児の援助行動について調べるなかで，他者の意図や欲求と，その感情表出の理解に対する発達的違いを明らかにしている。この研究では，子どもに対して，大人が3つのタイプの援助行動（行為のみの援助，共感的な援助，愛他的な援助）を求める条件を設定した。その結果，1歳半児では行為の援助は多くみられたも

のの，共感的な援助や愛他的な援助はそれと比較して頻度が少ないことがわかった。2歳半児では，愛他的な援助が他と比べると少ないものの，ほぼすべての条件で，援助を行うことが示された。

さらに，この研究の興味深い点は，各条件において，大人の欲求の内容を示す手がかりを少しずつ増やし，子どもがどの程度の手がかりで他者への援助行動を行うかを調べたことである。1歳半児では，大人が困っていることを示す表情や身振り，発声で欲求を表現するだけでは不十分で，ほしい物に直接手を伸ばしたり，その物と対象児とを交互に見つめたりするような明確な動作の手がかりや，ほしい物の名前を言うような言語的な要請が必要であることがわかった。一方，2歳半児では，他者の表情や身振り，発声のような少ない手がかりで，援助を行うことが明らかになった。

（3）1，2歳児の心的状態の理解と保育

ここまで述べてきたように，研究のなかで見られた，他者の意図や欲求を理解し，行動する子どもの姿は，保育において，行為や言葉で友だちとの共感を経験していく1，2歳児の姿と重なると考えられる。一方，自他の欲求がぶつかったときの1，2歳児の自己主張の激しさは，ここで紹介した研究の知見と直接関連づけることは難しいと考えられる。保育のなかの1，2歳児と研究とをどのように結びつけて考えていくことができるのだろうか。

郷式（2000）は，第一反抗期の時期の自分の心は，他の人の言葉や意図の存在を前提とし，それに反抗するという形でないと表現できないのだと説明している。このように考えると1歳半ばから2歳台の子どもたちの自己主張の強さは，単に自分自身の意図や欲求を意識するようになったためだけではなく，他者の意図や欲求を意識して，そこから自分自身や自分を取り巻く物事を捉えはじめた姿であると解釈できるだろう。相手が自分に何をしてほしいと思っているのか，何を欲しているのかに意識が向くようになるからこそ，自分の思いがそれとは対置的に意識されたとき，強情な1，2歳児の姿として現れてくるのだと考えられる。

また，赤木（2012）は，2歳頃には，相手ができるように指示したり，相手ができると拍手をして励まそうとしたりする「他者を導く自我」が現れてくるとしている。赤木（2012）では，指差しや教示行為のように，他者が目的を達成できるように間接的にかかわることを「他者を導く自我」と呼んでいる。先に紹介した研究での手渡す行為や援助は，指差しなどよりも直接的で，自分主体のものではあるが，「他者を導く自我」の1つになりうるのではないかと考えられる。ここで，小野田・鈴木（2013）による1歳児クラスにおける援助行動のエピソードを紹介したい。

エピソード1 「子ども同士の関係の中でも変化が！」

　大人ではなく友だちを求める姿。子ども同士のつながりを強く感じる出来事です。午睡後の着替えの時間。いつものように保育者と一緒に着替えを済ませたなつほちゃんは，近くで着替えていたのあちゃんの後ろにしゃがみ込みました。のあちゃんのズボンからおむつカバーが丸見えだったことが気になったようです。なつほちゃんは両手で力をこめてズボンをひっぱり上げてあげていました。のあちゃんも素直に上げてもらうのを待っています。いつも「じぶんで！」といって保育者が着替えを手伝うことを嫌がるのあちゃんだけあって，とても印象的でした。保育者がのあちゃんに「なつほちゃんに上げてもらって嬉しいね」と声をかけるとのあちゃんはにっこりと笑い，上げ終えたなつほちゃんとも目を合わせて嬉しそうでした。その日からのあちゃんは着替えでズボンの仕上げを「なっちゃんやって」と頼みに行くようになり，なつほちゃんも頼まれてうれしそうでした。

　1歳後半から2歳台は，他者の意図や欲求に意識が向くといっても，いつでも正確に推測できるわけではないだろう。なぜならば，この時期の他者の意図や欲求の正確な理解には，他者から多くの明示的な要請が必要であるからである。しかし，エピソードのように，ふとした自分の行動が他者にとっての援助となり，そしてそれを言葉で意味づけてくれる大人がいたとき，この時期の子

どもたちは，強情をはることから抜け出て，相手の欲求と，それが満たされたときの感情を理解し，「うれしかった」といった気持ちを共有できる関係を作り上げていくことができるといえる。

　木下（2006）は，2歳児の保育で大切にしたいことを2点あげている。1つは，想起したくなるような楽しい活動，あるいは心が大きく動く経験をたっぷり保障するということである。たとえば，1歳児クラスでは，追いかけ隠れ遊びのような，動きがわかりやすく，同じ動きをする友だちの存在に気づきやすい遊びは，友だちとの楽しさを共有する経験を保障することになるだろう。

　そしてもう1つは，子どもの経験の共同想起者としての役割を，大人が担うということである。意図や欲求を言葉で伝え合うことがまだ不十分な1，2歳児のころは，保育者に，自分や他者の心的状態を共感的に言語化してもらい，かかわりを意味づけてもらうなかで，友だちと気持ちを共有する経験が繰り返される時期だと考えられる。そして，その経験の繰り返しが，自ら他者の意図や欲求，感情に気づき，他者を導いていく力を，子どものなかに育てていくのではないだろうか。

3　幼児期後半の人とのかかわり──心の表象的理解から

（1）保育のなかの幼児の姿

　幼児期の3歳から5歳にかけて，人とのかかわりはどのように変化していくのだろうか。ここではまず，筆者が観察した子どもたちの謝罪の受け入れにまつわるエピソードを紹介する。

エピソード2「とりあえず，あやまってほしい」

　保育園の3歳児クラスでの出来事。男児が，遊んでいたブロックを他児に取られ，泣きはじめてしまいました。その子どもは，ブロックを取った子どものそばへ行き，「とりあえず，あやまってほしい」と言ったのです。取った側の子どもは，ブロックを持ったままその子の顔を見ずに「ごめんね」とつ

ぶやきました。相手から「ごめんね」と言われた途端，それまで泣いていた子どもは，泣くのを止め，すっきりとした顔をして，また遊びに戻ったのでした。

エピソード3 「ほんとうにわるいとおもってない」

保育園の5歳児クラスでの出来事。ある女児が友だちの制作を手伝ってあげようとするあまり，「自分でやる」という相手の言葉を聞かずに手を出しすぎてしまいました。これをきっかけに，2人はつかみあいのけんかになりました。保育者におさめられ，手を出しすぎた子どもが，もう一方の子どもに「ごめんね」と謝りました。ところが，謝られた子どもは，「ほんとうにわるいとおもってない！」と言い，泣き崩れたのでした。

この2つのエピソードの3歳児と5歳児は，どのように相手の謝罪を受け取ったのだろうか。3歳児は，友だちの「とりあえず」の謝罪に気分をよくしている。「ごめんね」と言った他児の気持ちよりも，謝ってもらうことのほうに重きが置かれていたようにも感じられる。一方，5歳児は，謝罪を相手の本心からの謝罪として受け入れることができなかったようである。「ごめんね」と言った他児の考えを探り，そこに謝罪の気持ちを読み取れないと判断したのだろう。この5歳児のように，相手の本心を探ることを，子どもはいつ頃から行うようになるだろうか。

神田（2004b）は，4歳児を「ふりかえりはじめる4歳児」と呼び，友だち関係をはじめ，人間関係をふりかえる時期であると説明している。4歳児は，「ぼくには仲よしがいるかな」とふりかえり，仲間のなかでの自分の位置を確認しようという努力が始まる時期とされている。相手が「本当は自分のことをどう思っているのか」を探ろうとする力は，他者への共感や思いやりを促す一方で，先の5歳児のエピソードに見られたような，他者の気持ちが自分の望んだものとは異なるのではないかという疑いや悲しみへとつながることも少なくないと考えられる。4歳頃には，相手に自分のことを悪く思われたくない，よ

く思ってほしいという理由から，自分の行動を意識的に偽ることも増えてくることや，秘密や内緒話のように，特定の友だちには自分の本心を打ち明け，それ以外の人には本心をみせないような姿が現れてくる。そして時には，大人に対しても泣いて反省するような演技をし，その後「なっ，泣けば許してもらえるだろ」と友だちに話す（神田，2004b）といった，人の心的状態を誤らせるよう仕向ける力も持つようになるのである。

（2）「心の理論」研究における幼児の姿

「心の理論」研究においても，自他の心的状態の理解の発達には，4歳頃に大きな概念的変化が起こると考えられている（Wellman et al., 2001）。それは，子どもがこの時期，誤った信念課題を通過することに代表されるように，他者の心的状態を表象して推論，操作できるようになるということである。自分や他者の心的状態が表象であるということを理解することで，他者の心的状態が，自分のそれや現実の状況とは異なる場合があるということを理解するようになる。

タルワーとリー（Talwar & Lee, 2008）は，子どもの嘘と「心の理論」との関連を調べた。平均年齢4歳2カ月と7歳1カ月の子どもを対象に，子どもが実験者の不在中に，のぞいてはいけないと言われている音の出るおもちゃをのぞき，戻って来た実験者にのぞいたかどうかを尋ねられたときに嘘をつくかどうかが調べられた。その結果，参加児のうち8割がのぞき，そのうちの6割以上の子どもがのぞいていないと嘘をついた。また，誤った信念課題をはじめとする「心の理論」課題の成績が高いほど，のぞいていないと嘘をつくことがわかった。そして，興味深いことに，子どもがのぞくか否か，嘘をつくか否かということと，嘘や約束，いたずらなどに対する道徳判断との間に関連が示された。つまり，のぞかなかった子どもは，のぞいたと告白した子どもや嘘をついた子よりも，約束を守ることが良いことであると判断していた。そして，のぞいたと告白した子どもは，嘘をついた子とくらべて，本当のことを話すということが良いことであると判断していることがわかった。

（3）幼児の「心の理論」と保育

　保育のなかの幼児期後半の子どもたちの姿と，これらの研究はどのように結びつけることができるだろうか。「心の理論」の発達により，子どもは他者の心的状態を表象としてみることが可能になる。その結果，「心の理論」を，相手を欺き，自分に利益をもたらすように利用することも，困っている相手の気持ちを理解し，援助するために利用することもできるようになっていく。しかしながら，どのような基準に基づき，この力を利用するのかという判断基準はまだ整備されはじめたばかりである。研究では，子どもの違反や嘘と，道徳判断との間に，関連が見られている。子どもがどのような基準を作り上げていくかということが，相手の心的状態にどのように働きかけるかを決めていくといえる。

　ここで注意しておきたいのは，嘘をつくことは悪いこと，約束を守ることは良いこと，といった価値基準を大人が直接子どもに教えることが，子どもの基準を作り上げるわけではないということである。大切なことは，子どものなかに，嘘や約束のような行動が，自他の感情とともに自覚的に経験されることだといえる。

　神田（2004b）は，子どもは4歳頃から自分のさまざまな経験を自覚し，今の友だちの姿と照らし合わせて，友だちの気持ちを意識し，やさしくしたり，受け入れたりすることができるようになると説明している。子どもの謝罪や嘘，秘密，約束といった心的状態に働きかける行動が，単に行動だけのものとして理解されるのではなく，受け入れられてうれしかった，嘘をついて心苦しい気持ちを抱えた，といった感情的な経験との結びつきのなかで意味を持つよう，子どもの内面に丁寧にかかわっていくことが大人には求められているといえる。

　最近の研究においては，大人から嘘をつかれた経験が5歳以降の子どもの嘘をつく行動に影響することが明らかになってきている。ヘイズとカーヴァー（Heys & Carver, 2014）は，前述のタルワーらと類似の研究方法を用いて，大人の嘘が子どもに与える影響を検討した。研究では，実験者から嘘を言われる嘘条件と嘘を言われない非嘘条件が設定された。嘘条件に割り合てられた参加

児は，実験者から「この部屋にお菓子があるから来て」と言われ，部屋につれて来られた後，「本当は部屋にお菓子はないの。一緒にゲームをするために，ここに来てほしかったから言ったの」と嘘であることの告白を受けた。その後の実験の結果，5歳から7歳までの嘘条件に割り当てられた参加児たちは，非嘘条件の参加児たちよりも多く，おもちゃをのぞき，のぞいていないと嘘をつくことが明らかになった。そして，このような実験者の嘘の影響は，「心の理論」を獲得していない5歳未満の子どもたちにはみられなかった。この研究で特に重要なのは，「部屋につれてくる」という目的で嘘をついた大人に対して，「のぞいていないように見せる」という別の目的で嘘をつく子どもが増えたという結果である。つまり，単に大人の言動をそのまま模倣して嘘をつくのではなく，大人の嘘から「不正直さ（dishonesty）」を学習しているのではないかと筆者たちは考察している。

　ヘイズとカーヴァーは，この研究から得られる示唆として，「大人は，子どもの行動や感情をコントロールするために，時に嘘をつく。しかし，その方略をとることは，子どもの正直さ（honesty）に対して有害な影響を与えてしまう可能性がある」と述べている。限定された実験場面ではあるが，この研究で用いられた嘘のように，感情的な側面を考慮に入れずに子どもの行動を操作しようとする大人の言動は，「心の理論」の力を使いはじめる幼児期後半の子どもたちの言動に強く影響する可能性がある。このような大人からのかかわりを子どもが経験することで，同じように感情的な意味合いを持たないまま，他者の行動を操作したり，嘘をついたりする危険性があることを知っておく必要があるだろう。

4　保育のなかの子ども理解からみた「心の理論」研究の課題

　本章の目的は，幼児期の保育のなかにみられる子どもたちの姿と，「心の理論」の発達研究とのつながりをさぐることであった。特に人とのかかわりのなかで，子どもが示す変化を捉えるために，1歳後半から2歳の時期と，4歳を

さかいにした幼児期後半の時期に焦点をあてた。最後に，保育のなかの子どもの姿から見た「心の理論」研究の課題について述べる。

　1, 2歳児を対象とした他者の意図や欲求理解の研究は，子どもたちが幼い頃から，共感し，援助し合えるという「有能な子ども」の側面を明らかにしたものであるといえる。しかし一方で，保育の場において，自分の意図や欲求を強く主張し，他者を受け入れられないような，1, 2歳児の姿を見えにくくしていると考えることもできる。今後，自己と他者の意図や欲求が葛藤するような場面において，1, 2歳児がいかにそれを調整していくのかといった研究が必要であると考えられる。

　また，研究の中では自他の心的状態が分けて論じられているが，一方で自他はこの時期，まだ完全に分けられていないという主張もある。郷式（2000）は，最初から子どものなかに「自分」という意識があるわけではなく，はじめは自分とその周囲の身近な大人の感情と混ざりあっており，3歳頃までに明らかに「自分（の心）」が子ども自身のなかに他の人とは区別されてくると述べている。近年，この自他の混ざりあった状態にアプローチした研究がみられてきており，さらなる研究が望まれる。

　幼児期後半においては，援助や教示といった向社会的行動や，嘘，謝罪など，行動に現れてくる子どもの心的状態の理解を扱う研究がなされてきた。しかしながら，保育の場では，相手を受け入れる，待つ，見守るといった明確な行動としては現れにくい子どもの姿がある。これらの抑制的な行動の背景にも他者の心的状態の理解があると考えられる。子どもが「心の理論」を日常生活の中で，いかに発揮させているのか，詳細な検討が必要とされている。

文　献

赤木和重（2012）．ボクはボクである　でもけっこうテキトウ——二歳児の世界を探る．松本博雄・常田美穂・川田学・赤木和重（著），0123 発達と保育——年齢から読み解く子どもの世界，ミネルヴァ書房，pp. 121-159.

郷式徹（2000）．「心の理論」の成長．子安増生・服部敬子・郷式徹（著），幼児が「心」に出会うとき．有斐閣，pp. 71-108.

Heys, C., & Carver, L. J. (2014). Follow The liar: The effects of adult lies on children's honesty. *Developmental Science*, **17**, 977-983.

神田英雄（2004a）．伝わる心がめばえるころ――二歳児の世界．かもがわ出版．

神田英雄（2004b）．三歳から六歳――保育・子育てと発達研究をむすぶ　幼児編．ひとなる書房．

木下孝司（2006）．二歳児の自他関係と自我の発達．清水民子・西川由紀子・高橋登・木下孝司（編著），保育実践と発達研究が出会うとき――まるごととらえる子どもと生活．かもがわ出版，pp. 100-114.

小野田あゆ美・鈴木成美（2013）．一歳児の仲間意識の芽生え――子ども同士がつながり，一緒がたのしいになるまで．天使みつばち保育園2012年度にじ組一年のまとめ．

Repacholi, M. B., & Gopnik, A. (1997). Early reasoning about desires: Evidence from 14- and 18-month-olds. *Developmental Psychology*, **33**, 12-21.

Svetlova, M., Nichols, S. R., & Brownell, C. A. (2010). Toddlers' prosocial behavior: From instrumental to empathic to altruistic helping. *Child Development*, **81**(6), 1814-1827.

Talwar, V., & Lee, K. (2008). Social and cognitive correlates of children's lying behavior. *Child Development*, **79**(4), 1866-1881.

Wellman, H. M., Cross, D., & Watson, J. (2001). Meta-analysis of theory-of-mind development: The truth about false belief. *Child Development*, **72**(3), 655-684.

Wimmer, H., & Perner, J. (1983). Beliefs about beliefs: Representation and constraining function of wrong beliefs in young children's understanding of deception. *Cognition*, **13**(1), 103-128.

II-7 「心の理論」の訓練
―― 介入の有効性

セレナ・レッチェ,フェデリカ・ビアンコ

溝川　藍　訳

1　なぜ児童期に心の理論を訓練すべきなのか？

「心の理論」の発達は,児童期以降 (Miller, 2012),青年期・成人期に至るまで続く (Apperly, 2011; Devine & Hughes, 2013) ことが明らかにされつつある。近年の研究は,児童期の心の理論について,同年齢の子どもの間にも大きな個人差が存在することを示してきた。特に重要なのは,この個人差が子どもの社会的関係 (Banerjee et al., 2011) と認知発達 (Lecce et al., 2010) に強く影響することである。

心的状態の推論を促進し得る介入プログラムをデザインし,実施することはできるのであろうか。「心の理論」が子どもの適応において重要な役割を果たしているのであれば,研究者は,介入によって心の理論がどのように,そしてどの程度促進されるのかについて調査をすべきであろう。

2　既存の心の理論の訓練から得られる指針

心の理論の能力を発達させるために,子どもを「どのように」サポートするか。これが,児童期における心の理論の促進について考える際に取り組むべき最初の課題である。残念ながら,このテーマに関する研究はまだ非常に少なく,その大半が,幼児を対象としたものである。ただし,それらの研究は,より年

長の子どもにも適用可能な介入方略を示している。先行研究の結果の中で最も重要なのは，言語の使用に関するものである。ローマンとトマセロ（Lohmann & Tomasello, 2003）は，言語が心の理論の発達にとって必須条件であることを示した。また，ハレとタガー＝フラスバーグ（Hale & Tager-Flusberg, 2003）は，この結果を発展させ，補文の訓練（心的状態への言及なし）が，誤信念課題の直接的な訓練と同様の改善効果をもたらすことを示している。

心の理論への介入における「フィードバック」と「説明」の役割について重要な洞察を与える以下の研究にもここで言及すべきであろう。クレメンツら（Clements et al., 2000）は，幼児を対象とした研究を行い，①練習条件：子どもに誤信念シナリオを提示し，彼らの回答が正解か不正解だけを伝える（説明なし），②説明条件：子どもに誤信念シナリオを提示し，彼らの回答がなぜ正解か不正解かを詳細に説明する，③統制条件：子どもに統制シナリオ（訳注：誤信念とは関係のないシナリオ）を提示する，の3つの訓練条件を比較した。この研究から得られた知見のうち，以下の2つは特に興味深い。第1に，説明条件に割り当てられた子どもは，他の2条件に割り当てられた子どもよりも，プレテスト（訓練前のテスト）からポストテスト（訓練後のテスト）の間に，心の理論の成績が改善した。第2に，練習条件と統制条件においては，心の理論の成績に有意な変化は認められなかった。ここから，子どもの心の理論の向上のためには，単に重要事象にさらされるだけでは不十分であることが示唆された。この結論は，定型発達の3，4歳児を対象として誤信念課題並びに見かけと本当課題の訓練を行ったメロットとアンジェアルド（Melot & Angeard, 2003）の研究結果とも一致するものであった。

これまでの訓練研究は，心的状態についての会話への参加が，心の理論の発達に大きく影響することに光を当ててきた。実際，いくつかの理論モデルは，心的状態の会話が，心の理論の発達にとって重要な学習の文脈であることを示してきた。たとえばネルソン（Nelson, 2007）は，子どもは会話によって「心のコミュニティ」へと足を踏み入れ，社会的経験について熟考したり，人々が同じ状況について異なる心的状態を持ち得ることを理解したりするようになると

いう説を提唱している。この見地からすると，会話は，子どもに自他の心的状態の違いを熟考させるような特別な文脈を作り出すものである。さらに，他者の視点と自分の経験を調整する必要性は，心の理解を構築していく（Harris, 1999）。

近年の訓練研究は，心的状態についての会話が児童の心の理論のスキルに影響を与えることを示している。オーナギら（Ornaghi et al., 2011, 2014）は，心的状態についての会話に参加する機会を持った幼児と小学1年生は，そのような機会を持たなかった子どもよりも高い心の理論の能力を示すことを報告した。同様の会話パラダイムにおいて，ジブら（Ziv et al., 2013）は，読み聞かせ中の親と幼児の間の会話のなかで社会認知的なテーマを推進することは，子どもの心的状態の理解を高めることを示している。

3 児童期中期の心の理論の促進——訓練プログラム

筆者ら（Bianco et al., in press; Lecce et al., 2014）は，第2節で取り上げた先行研究の知見に基づいて介入を計画した。そのため，この心の理論の訓練プログラムでは，補文構造内の心的状態語を用いており，またグループディスカッションの中で「フィードバック」と「説明」を使用している。心的状態に関するディスカッションを用いた理由は，先行研究において，心に関する会話の頻度，質，内容がその後の心の理論のスキルを予測するという強い合意が得られているためである（Ensor & Hughes, 2008; Taumoepeau & Ruffman, 2008）。会話中は，子どものコメントを展開すること，子どもの回答がなぜ正答／誤答なのかを説明すること，そして同じ出来事に関する異なる視点の存在を強調することをとりわけ重視した。訓練プログラムにおいては，心的状態に関連するディスカッションを引き出すために，ストレンジストーリー課題（訳注：嘘，冗談，はったりなどの字義通りでない言葉の真意をくみ取る課題；Happé, 1994）と類似した材料を使用した。この課題は，高次の心の理論のスキルの個人差を実に適切に捉えるものである。なお，高次の心の理論のスキルに関する先行研究の多く

が簡潔なエピソードを用いてきたのは，物語が社会的経験を整理して心的状態について熟考するための重要な機会を与えるためである。

さらに詳しく説明すると，この訓練プログラムは4つのセッションで構成されており，各セッションに物語に関するグループでの会話（2つ）と言語練習（2つ）が含まれていた。つまり，子どもは，全部で8つの物語（訓練セッション4つ：各セッションにつき2つの物語）と8つの言語練習（訓練セッション4つ：各セッションにつき2つの練習）を与えられた。訓練プログラムは子どもが通う小学校の一室で実施され，1人あたりの所要時間は40分から50分程度であった。各試行において，実験者は文字で書かれた短いエピソードを子どもに提示し，その物語についての質問（4，5問）に答えるように求めた。子どもは，回答を個別に筆記し，その後，グループでのディスカッションに参加するよう促された。ディスカッションでの会話中，実験者は物語の質問を刺激として用いて，子ども全員が会話に参加して物語についての自分の考えを話し合えるようにした。また，実験者は頻繁にポジティブな修正フィードバックを行い，その中で，子どものコメントを展開し，彼らの解答がなぜ正答／誤答かを説明した。すべての解答について話し合われた後で，実験者は物語の中心的特徴を強調した最終コメントを述べた。その後，次の言語練習のパートに移行した。子どもは，個別に物語中の文章を提示され，文章中の動詞の同義語を，4つの選択肢から1つ見つけて選ぶように促された。すべての子どもが回答を書き終えた後，実験者は，個人の回答に基づいて，選んだ動詞の意味についてのグループでの会話を開始させた。ここでもまた，実験者は，グループでの会話の間に多くのフィードバックを行った。以下に，2つの条件（心の理論条件と統制条件）での訓練の活動内容に関する詳細を記述する（表Ⅱ-7-1参照）。

筆者らは，修正版ストレンジストーリー課題（White et al., 2009）の心的状態物語に基づいて，心の理論条件（実験条件）の8つの物語（誤解物語2つ，皮肉物語2つ，失言物語2つ，はったり物語2つ）を作成した。それぞれの物語の主要な登場人物たちが話の核となる出来事について異なる視点を持つため，これらの物語を選出した。信念／知識の不一致は，登場人物間に問題を生じさせるた

め，訓練の活動の焦点となる。登場人物の心的状態と行動に関する完全かつ明確な理解を引き出すため，各物語の提示後に，当該状況の異なる側面についての一連の質問を行った。質問は，（a）主要な登場人物の心的状態，（b）1人の登場人物の，もう一方の登場人物の心的状態に関する信念，（c）社会的行動の背後にある心的状態，に関するものであった。また，心的状態の動的性質を浮かび上がらせるための追加質問を考案した。この質問は，主要な登場人物がもう一方の登場人物の心的状態を変化させ，視点の違いを減じるために何をする／言うことができたかに関するものであった。実験者は，各質問についてのグループでの会話をリードし，最後に，物語の中核となる側面（誤解，皮肉，失言，はったり）を強調し，参加者間の視点の違いを目立たせる発言をして会話を終わらせた。その後，子どもは，物語に示されていたエピソードと類似した場面を想像して，その状況の中でどうしたら他者の視点を修正できるか（例，誤解を正せるか）を考えるよう求められた。

　また，オルソンら（Olson et al., 2006）のメタ認知的言語課題に基づいて，心の理論条件の言語練習を考案した。心的状態動詞の知識を育てるために，子どもに4つの選択肢から動詞（例，思う）の同義語を選ぶことを求めた。訓練プログラムでは，次の心的状態動詞（思う，信じる，想像する）のうち1つを含む文章を物語から選出し，その物語の趣旨に基づいて，最も適切な同義語を4つの選択肢から1つ見つけて選択するように子どもに求めた。各セッションにおいて，実験者は，補文構造内の心的状態動詞（例，思う，知る）を豊富に用いた。

　さらに，修正版ストレンジストーリー課題（White et al., 2009）に基づいて統制条件を作成した。統制条件においては，人間が関与する物理的な出来事に関する物語を使用した。心の理論条件と同様に，各物語の後に一連の質問を行った。最初の3つの質問は，物語の具体的事実あるいは文章に示された物語の詳細に関するものであった。各物語の最後の質問は，文章中には明確に述べられていない物理的事象に関するものであった。そのため，この質問に正しく答えるためには，文章中に明確に記載された情報を越える推論を行う必要があった。

　各質問について，グループ内で実験者のリードによるディスカッションが行

147

Ⅱ 保育・教育の現場で子どもを理解するために

表Ⅱ-7-1 各条件における訓練の手続きのスクリプト

心の理論条件：誤解ストーリーの例 (「各質問の例」「会話の始まり」については実験者のコメント)

ストーリー	質問	各質問におけるフィードバックの例	会話の始まり	言語練習
夕方のことです。ロビンはごみ袋をごみバケツに捨てるために家の外に出ました。突然、彼は隣の家の飼い猫が逃げ出すのを見ました。彼は、猫を隣のおばあさんのもとに連れ戻すために、その猫を追いかけようと思いました。幸運なことに、彼はなんとか猫を捕まえて、ちょうどそのとき、隣のおばあさんがドアを開け、猫が男の子の腕の中でもがいているのを見ました。彼女は居間にメガネを置いてきたので、よく見えませんでした。彼女は叫びはじめました。「助けて！　猫泥棒をつかまえて！」	(1) ロビンは何をしようと意図していましたか。	(1) 正解！　いいえ、本当はロビンは猫を盗みたいわけではありませんでした。彼は、良い行いをしたかったのです。彼は猫を隣人に返したかったのです。	正解！　もしロビンがあなたが言ったことをしたのなら、おばあさんは叫ぶのをやめたでしょう。彼女はロビンだと気づき、猫を連れ戻そうとした彼の善意を理解したでしょう。そして、彼女は考え方を変えるでしょう。実際、人の信念は変わり得るものです。たとえば、自分の考えが間違っていることがわかったときや、よく理解するためには十分な情報がないとわかったときには、人は、他者の誤った信念を変えるために行動したりした話しができます。そして、ロビンが隣人に自分だと気づかせて猫を連れ戻そうとしたのだと説明するように、誤解を解決するのでーーードを想像してください。その内容について述べ、誤解を解決するために彼女は自分の状況でどうするかを説明してください。	あなたの考えでは、物語中のこの文章の意味は何でしょうか。[彼は、その猫を追いかけようと思いました。] A. 「彼は、猫を追いかけることに決めました。」 B. 「彼は、猫を追いかけていました。」 C. 「彼は、猫を追いかけると信じていました。」 D. 「彼は、猫を追いかけることをわかっていました。」
	(2) なぜ隣人は「助けて！　猫泥棒をつかまえて！」と叫びはじめたのでしょうか。	(2) よくできました！　いいえ、本当は、彼女は彼が猫を盗もうとしていると思ったから叫んだのです。彼女は、この状況を誤解していたのです。彼女は、ロビンの善意を理解していませんでした。		
	(3) 隣人の行動について、ロビンはどう思いましたか。	(3) 正解！　いいえ、本当は、ロビンは、そのおばあさんがメガネを忘れたために、何が起きているか理解していないのだろうと想像しました。		*正答
	(4) ロビンは、隣人が叫ぶのを止めさせるために何か言ったり、たりすることはできますか。それは何ですか。もし彼ができたら、そのおばあさんはなぜ叫ぶのをやめるのでしょうか。	(4) 正解です！　いいえ、本当は、隣人に自分だと気づいてもらい、猫が逃げたから連れ戻すために追いかけようとしていたことを説明できました。そうすることで、そのおばあさんは考え方を変えるでしょう。彼女は自分の誤解に気づき、本当は何が起きていたのかに気づくでしょう。		

148

II-7 「心の理論」の訓練

統制条件（「各質問におけるフィードバックの例」「会話の始まり」については実験者のコメント）

ストーリー	質問	各質問におけるフィードバックの例	会話の始まり	言語練習
今日は金曜日です。先生は、週末のために生徒に宿題を出しました。サラは、いつもすべての宿題を手帳に書き留めています。サラは宿題を手帳に書き出し、英語の授業の時間、先生は宿題を出し、サラはそれを手帳に書きました。それから、生徒たちは美術教室に行きました。そこで先生は、「次の月曜日までに、家族の絵をクレヨンで描くように書き留めておきましょう」と言いました。美術の授業の時間のあと、生徒たちは体育館に行き、その後コンピュータ室に行きました。コンピュータの授業で先生が宿題を出したとき、サラは自分の手帳が見つからなかったので、宿題を書き留めることができませんでした。それで、サラは先生に言いました。サラは美術教室と体育館に手帳を探しに行きましたが、英語の教室には行きませんでした。	(1) サラは、先生が宿題を出すとき何をしますか。 (2) サラとクラスメイトはいつも同じ場所にいますか。もしそうでないなら、彼らはどこに行きますか。（正しい順番で場所をあげてください） (3) サラはどこで手帳を使いましたか。 (4) 先生は、なぜ美術教室と体育館に手帳を探しに行ったのに、英語の教室には行かなかったのですか。	(1) そうですね。いいえ、本当は彼女は宿題を手帳に書き留めます。 (2) 正解です！いいえ、本当は別の場所に行きました。彼らは最初は英語の教室に、次に美術教室に、そして体育館に行って、最後にコンピュータ室に行きました。 (3) よくできました！いいえ、本当はサラは英語の教室と美術教室で手帳を使いました。 (4) 正解です！いいえ、サラは英語の教室には手帳を置いていっていないので、先生はそこには探しに行きませんでした。サラは、次に行った場所、つまり美術教室で手帳を使いました。彼女は体育館と美術教室に手帳を置き忘れたのです。	ときには、人はとても忙しくて、うっかり物をどこかに置き忘れてしまうことがあります。その後で、その物が必要な時に、見つけることができなくなるのです。そしてそれを最後に使った場所から探しはじめるのです。 あなたはこれまでに物をなくしたことがありますか。どのようにしてそれを見つけましたか。それをクラスメイトに話してください。	あなたの考えでは、物語中のこの文章の意味は何でしょうか。 「先生たちは、宿題を与えました。」 A.「先生たちは、宿題をしました。」 B.「先生たちは、宿題を課しました。」＊正答 C.「先生たちは、宿題を確認しました。」 D.「先生たちには、宿題があります。」

Ⅱ　保育・教育の現場で子どもを理解するために

われた。その後，子どもは物語に示されていたエピソードと類似した場面を思い出し，それについて話すように求められた。

統制条件の言語練習は，心の理論条件の言語練習と同様の構造であり，物理的動詞（受け取る，与える，取る，させる，する，呼ぶ）が用いられた。全体にわたって，文章の異なる部分と部分を結びつけるために，文章中に明確に示された情報以上のものに焦点を合わせて介入を行った。グループでの会話の間，実験者は心的状態動詞を用いなかった。

4　児童期中期の心の理論の訓練——実証的証拠

筆者らは，心の理論の訓練プログラムの効果を実証するため，2つの研究を実施した。

（1）研究1：会話に基づく心の理論の訓練の有効性の検証

研究1（Lecce et al., 2014）の第1の目的は，第3節で紹介した介入の有効性について調べることであった。第2の目的は，訓練プログラムの2カ月後に心の理論について再度テストを行うことにより，この訓練の効果の安定性を調べることであった。これらの問題に取り組むにあたり，心の理論と関連することが知られている家庭環境（Cutting & Dunn, 1999），言語能力（Milligan et al., 2007），読解力といったさまざまな潜在的交絡変数の個人差を統制した。

研究1には，イタリア北部のミラノ市周辺の地域にある2つの小学校に通う91名の児童が参加した。平均年齢は9歳7カ月（標準偏差4.0カ月）であり，心の理論条件（男児30名，女児15名）または統制条件（男児24名，女児22名）のどちらかに無作為に割り当てられた。親の同意書に対象選定基準が示されており，認知面や学習面での困難を抱えた子どもの参加はなかった。

小学校で個別にプレテストを行い，心の理論課題と一連の統制変数（言語能力，読解力，プランニング，作業記憶）の課題を実施した。プレテストの際に，家庭環境の情報も併せて収集した。プレテストの後，子どもは4つのセッション

から構成される訓練プログラムに参加した。訓練プログラムの後,すべての子どもを対象に,心の理論の訓練効果の安定性を調査するための事後テストを2度実施した。最初の事後テスト（ポストテスト）は,訓練プログラムの4〜19日後（平均11.42日,標準偏差6.0日）に実施された。2度目の事後テスト（フォローアップ）は,訓練プログラムの55〜63日後（平均59.21日,標準偏差1.5日）に実施された。

子どもの社会経済的地位は,家族の豊かさ尺度（Family Affluence Scale：Boyce et al., 2006）を用いて測定した。言語能力は,イタリア語版 WISC-R（ウェクスラー児童用知能検査改訂版：Orsini, 1997）の語彙検査を通して測定した。読解力は,記憶・転移標準化読解力バッテリー（Cornoldi & Colpo, 1998）を用いて調べた。また実行機能については,ハノイの塔課題のヴァリエーションのタワー・オブ・ロンドン課題（Shallice, 1982）の修正版を用いてプランニング能力を,イタリア語版 WISC-R の数字逆唱課題（Orsini, 1997）を用いてワーキングメモリを測定した。

また,プレテスト,ポストテスト,フォローアップにおいて,ストレンジストーリー課題（Happé, 1994; White et al, 2009）を用いて心の理論について調査した。ここでは,筆者らの他の研究（Cavallini et al., 2013; Lecce et al, 2010）で用いたイタリア語版の課題を使用した。この課題は,高次の心の理論のテストであり,字義通りでない発言の解釈を通じて心的状態を推論する能力を調べるものである。子どもは,はったり,誤解,やさしい嘘,説得などを含む6つの心理的な物語を読んだ後,登場人物の行動について説明するよう求められ,時間制限なしで回答を筆記した。回答は,得点化ガイドライン（White et al, 2009）に従って,3段階（誤答0点,部分正答1点,完全正答2点）で評定した。

研究1の結果から,プレテストにおいては心の理論条件に割り当てられた子ども（心の理論群）と統制条件に割り当てられた子ども（統制群）は同レベルの心の理論の能力であるものの,ポストテストとフォローアップにおいては心の理論群の方が有意に高い心の理論の能力を示すことが明らかになった。

（2）研究2：会話に基づく訓練プログラムはどのように心の理論に影響するのか

研究1から，心的状態についての会話が児童の心の理論スキルに因果的な影響を与えることが示された。この期待の持てる結果を踏まえて，①訓練プログラムが心の理論に真の意味で影響を持つのか，そして②子どもの心の理論にどのように影響を与えるのか，を調べるために研究2（Bianco et al., in press）を計画した。

最初の問いの答えを探るために，子どもが訓練プログラム中に直接経験していない遠転移（far-transfer）指標を用いることとした。遠転移課題としては，フリスとハッペのアニメーション課題（Castelli et al., 2000; White et al., 2011）を用いた。この心の理論課題は，幾何学的図形（例，三角形）の動きのパターンから心的状態を即座に推測することを求めるものである。この課題を選んだ理由は，訓練プログラムで用いる材料とは構造並びにモダリティが異なっており，それゆえに訓練プログラムの効果の厳しいテストとみなすことができるためである。

研究2では，遠転移効果を説明するメカニズムについても検証した。筆者らは，心的状態への気づきの増加と，心的状態について正確な推論を行う能力の改善に着目した（Ontai & Thompson, 2008; Thompson, 2006）。最初のメカニズムの説は，心的状態に関する会話は，子どもが社会的エージェントの心的世界に注意を向ける傾向に影響するために心の理論の促進にとって効果的であり，それゆえに心の理論課題の遂行成績にポジティブな効果をもたらすというものである。2つ目のメカニズムの説は，心的状態の帰属の正確さに関するものである。特に，時間をかけて心的状態についての会話にさらされることによって，心的状態により多くの注意を払うことができるようになり，当該の社会的状況において特定の心的状態をどのように（速くそして正確に）見抜くかについても学べるのだろう（Apperly, 2011）。社会的相互作用における心的状態に関する即座の推論は，実際，行為者の言葉／行為についての最もありそうな解釈へと導くのである（Grice, 1957; Sperber & Wilson, 2002）。

研究2には101名の児童（男児53名，女児48名）が参加した。平均年齢は9歳

7カ月であった（標準偏差3.9カ月）。児童は，無作為に2つの訓練条件（心の理論条件と統制条件）のうち1つに割り当てられた。心の理論群は53名（男児27名，女児26名），統制群は48名（男児26名，女児22名）であった。

手続きと課題は研究1とほぼ同じであったが，唯一の違いは，心の理論の遠転移指標としてアニメーション課題（Castelli et al, 2000; White et al, 2011）を実施した点である。この課題は，幾何学的図形の動きに基づいて即座に心的状態を帰属する能力を調べるものである。本研究で用いた3つのアニメーションのそれぞれにおいて，大きな赤い三角形と小さな青い三角形がスクリーン上で何らかの動きをした。参加者は，各ビデオクリップの視聴後に，何が起こっていたかを説明することを求められた。フィードバックは与えられなかった。解答の各項目の得点の範囲は，0点（意図的行為なし）～5点（他者の心的状態に影響することを目的とした意図的行為）であった。

さらにこの研究では，ストレンジストーリー課題における解答を，筆者らが媒介変数として重要と考える2つの異なる指標（「心的状態の語彙」と「心的状態の帰属の正確性」）によって採点した。「心的状態の語彙」指標は，登場人物の内的世界について考える傾向を示すものである。他の研究によって選出された心的状態語のリスト（Hughes et al., 2007）に従い，解答の適切性や妥当性とは無関係に，解答に使われた心的状態語の数の合計によって得点が算出された。「心的状態の帰属の正確性」得点は，物語の登場人物に帰属した心的状態がどの程度正確であるかを示すものである。具体的には，シナリオ中のすべての登場人物の心的状態を考慮に入れた正しい帰属が少なくとも1つできていれば1点が与えられ，そうでない場合には0点が与えられた。これはストレンジストーリー課題の正答基準と同一ではないものの，シナリオ内の心的状態について文脈に対応した適切な処理ができるかどうかを説明するものである。「心的状態の帰属の正確性」の合計得点の範囲は0～6点であった（3つの指標に基づいた得点化の方法については，表II-7-2参照）。

研究2から，プレテストにおいては心の理論群と統制群のストレンジストーリー課題の得点に違いがないが，ポストテストとフォローアップにおいては心

表Ⅱ-7-2 ストレンジストーリー課題の得点化の例

> はったり物語：戦争中に，赤軍が，青軍のメンバーの1人を捕えた。赤軍は，彼に青軍の戦車の場所を話してほしいと思っている。赤軍は，青軍の戦車が海の傍か山の中のどちらかにあることを知っている。赤軍は，この囚人が戦車の場所を言いたくないであろうこと，自分の軍を助けたいであろうこと，必ず嘘をつくであろうことを知っている。この捕虜は，非常に勇敢で大変賢いので，赤軍に自軍の戦車の場所を見つけさせないだろう。戦車は，本当は山の中にある。そこで，敵軍が彼に戦車の場所を尋ねたとき，彼はこう言った。「戦車は山の中にある。」
>
> 質問：「なぜ捕虜はそのように言ったのでしょうか。」
>
> 解答例1：「赤軍は，捕虜が恐れていると思うだろうから。」
> - ストレンジストーリー指標における得点：0点
>   （得点化のガイドラインより：はったりのポイントを見逃して，動機づけに言及）
> - 心的状態の帰属の正確性指標における得点：1点
>   （すべての登場人物の心的状態を考慮した，文脈に対応した心的状態の正確な帰属）
> - 心的状態の語彙指標におけるスコア：2点
>   （「恐れている」，「思う」）
>
> 解答例2：「捕虜は恐れているから。」
> - ストレンジストーリー指標における得点：0点
>   （得点化のガイドラインより：はったりのポイントを見逃して，動機づけに言及）
> - 心的状態の帰属の正確性指標における得点：0点
>   （一人の登場人物の心的状態のみを考慮）
> - 心的状態の語彙指標におけるスコア：1点
>   （「恐れている」）

出典：White et al., 2009.

の理論群の得点の方が有意に高いことが示された。決定的な結果は，心の理論の訓練のポジティブな効果が遠転移課題にも見られた点である。プレテストにおいては群間で違いは認められなかったが，ポストテストとフォローアップの双方において，心の理論群の遠転移課題の得点は統制群の得点よりも有意に高かった。

　本研究の2つ目の主要な問いは，心の理論の訓練の効果がなぜ遠転移課題にも見られるのかに関するものであった。研究2の結果は，間接的な効果モデルを支持しており，心の理論の訓練プログラムが遠転移課題にもたらした効果は，ストレンジストーリー課題での成績改善を経由して得られたものである可能性を示唆している。そこで，次にストレンジストーリー課題の遂行成績を「（単なる）心的状態の語彙の頻度」と「心的状態の帰属の正確性」の2つの観点から

II-7 「心の理論」の訓練

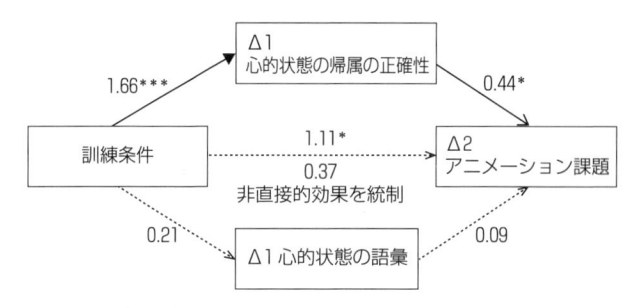

図II-7-1 訓練条件とΔ2アニメーション課題の関連の媒介変数としてのΔ1心的状態の帰属の正確性とΔ1心的状態の語彙

注：実線は有意なパス，点線は有意でないパスを示す。非標準化推定結果。($*p ≤ .05$, $**p ≤ .01$, $***p ≤ .001$.)
Δ1：プレテストからポストテストまでの増加分
Δ2：プレテストからフォローアップまでの増加分

再構成して得点化することによって，どの媒介変数が訓練プログラムのポジティブな効果を説明するかについて調べた。媒介分析の結果，心の理論条件は心的状態の帰属の正確性の変化を予測するが，心的状態の語彙の頻度の変化は予測しないことが示された。また，心的状態の帰属の正確性は，アニメーション課題における変化を予測した。媒介分析の結果は，図II-7-1に示した。

5　心的状態についてのグループでの会話による心の理論の促進

　筆者らの研究の最も重要な結果は，心的状態についてのグループでの会話が，内的状態に基づいて社会的行動を説明する能力を促進することを示した点にある。4種類の結果がこの結論を支持している。第1に，心の理論群の子どもは統制群の子どもと比べて，心の理論課題において有意に高い遂行成績を示した。第2に，介入のポジティブな効果は，訓練に用いた特定の心の理論課題（例，ストレンジストーリー課題）だけでなく，訓練に使用していない心の理論の遠転移課題（例，アニメーション課題）においても見られた。分析の結果，実際に，心的状態についての会話は動く図形に対する心的状態の帰属を促進することが

明らかになった。第3に，心的状態についての会話に参加した子どもの優位性は，ポストテストとフォローアップの両時点において認められ，訓練プログラムの効果はかなりの時間持続することが示された。第4に，この訓練プログラムは，子どもたちに，ただ単に心的状態が注目に値することを教えるだけでなく，心的状態を文脈の中で捉え，文脈情報をもとに正確な判断を行うことを手助けするものであった。

　子どもが誤信念理解の核を獲得する幼児期だけでなく，その後の児童期の発達においても，介入は心の理論の遂行成績の変化にポジティブな効果をもたらす。この証拠を見出したことは，非常に重要である。実際，この結果は，児童期における社会的経験とコミュニケーションの経験がある種の社会的徒弟訓練（social apprenticeship）を提供し続けるとする近年の実証データ（Banerjee et al, 2011; Ensor et al., 2014）と理論的提案（e.g., Hughes, 2011）を強く支持している。筆者らは，児童の心的状態に関する会話と心の理論の因果関係について，注意深く統制した介入デザインを通じて検証するという第一歩を踏み出した。次の一歩は，心の理論の改善に関与する具体的な社会的プロセスを明らかにすることであろう。

文　献

Apperly, I. A. (2011). *Mindreaders: The cognitive basis of 'theory of mind'*. New York: Psychology Press.

Banerjee, R., Watling, D., & Caputi, M. (2011). Peer relations and the understanding of faux pas: Longitudinal evidence for bidirectional associations. *Child Development*, **82**, 1887-1905.

Bianco, F., Lecce, S., & Banerjee, R. (in press). How mental-states conversations impact ToM development in middle childhood: A training study. *Journal of Experimental Child Psychology*.

Boyce, W., Torsheim, T., Currie, C., & Zambon, A. (2006). The Family Affluence Scale as a measure of national wealth: Validation of an adolescent self-report measure. *Social Indicator Research*, **78**, 473-487.

Castelli, F., Happé, F., Frith, U., & Frith, C. (2000). Movement and mind: A functional imaging study of perception and interpretation of complex intentional movement patterns. *Neuroimage*, **12**, 314-325.

Cavallini, E., Lecce, S., Bottiroli, S., Palladino, P., & Pagnin, A. (2013). Beyond false belief: Theory of mind in young, young old, and old-old adults. *International Journal of Aging and Human Development*, **76**, 181-198.

Clements, W., Rustin C. L., & McCallum, S. (2000). Promoting the transition from implicit to explicit understanding: A training study of false belief. *Developmental Science*, **3**, 81-92.

Cornoldi, C., & Colpo, G. (1998). *Prove di lettura MT per la scuola elementare 2* [MT tests of reading for primary school 2]. Firenze: Organizzazioni Speciali.

Cutting, A., & Dunn, J. (1999). Theory of mind, emotion understanding, language, and family background: Individual differences and interrelations. *Child Development*, **70**, 853-865.

Devine, R. T., & Hughes, C. (2013). Silent films and strange stories: Theory of mind, gender and social experiences in middle childhood. *Child Development*, **84**, 989-1003.

Ensor, R., Devine, R. T., Marks, A., & Hughes, C. (2014). Mothers' cognitive references to two-year-olds predict theory of mind at ages 6 and 10. *Child Development*, **85**, 1222-1235.

Ensor, R., & Hughes, C. (2008). Content or connectedness? Mother-child talk and early social understanding. *Child Development*, **79**, 201-216.

Grice, H. P. (1957). Meaning. *The Philosophical Review*, **66**, 377-388. Retrieved from http://www.jstor.org/stable/2182440

Hale, C. M., & Tager-Flusberg, H. (2003). The influence of language on theory of mind: A training study. *Developmental Science*, **6**, 346-359.

Happé, F. G. E. (1994). An advanced test of theory of mind: Understanding of story characters' thoughts and feelings by able autistic, mentally handicapped, and normal children and adults. *Journal of Autism and Developmental Disorders*, **24**, 129-154.

Harris, P. (1999). Acquiring the art of conversation: Children's developing conception of their conversation partner. In M. Bennett (Ed.), *Developmental psychology: Achievements and prospects*. London, UK: Psychology Press, pp. 89-105.

Hughes, C. (2011). *Social understanding and social lives: From toddlerhood through to the transition to school*. London, UK: Psychology Press.

Hughes, C., Lecce, S., & Wilson, C. (2007). "Do you know what I want?"

Preschoolers talk about desires, thoughts and feelings in their conversations with sibs and friends. *Cognition and Emotion*, **21**, 330-350.
Lecce, S., Bianco, F., Devine, R. T., Hughes, C., & Banerjee, R. (2014). Promoting theory of mind during middle childhood: A training program. *Journal of Experimental Child Psychology*, **126**, 52-67.
Lecce, S., Zocchi, S., Pagnin, A., Palladino, P., & Taumoepeau, M. (2010). Reading minds: The relation between children's mental state knowledge and their metaknowledge about reading. *Child Development*, **81**, 1876-1893.
Lohmann, H., & Tomasello, M. (2003). The role of language in the development of false belief understanding: A training study. *Child Development*, **74**, 1130-1144.
Melot, A. N., & Angeard, N. (2003). Theory of mind: Is training contagious? *Developmental Science*, **6**, 178-184.
Miller, S. A. (2012). *Theory of mind beyond the preschool years*. New York: Psychology Press.
Milligan, K., Astington, J., & Dack, L. A. (2007). Language and theory of mind: Meta-analysis of the relation between language ability and false-belief understanding. *Child Development*, **78**, 622-646.
Nelson, K. (2007). *Young minds in social worlds: Experience, meaning, and memory*. Cambridge, MA: Harvard University Press.
Olson, D. R., Antonietti, A., Liverta Sempio, O., & Marchetti, A. (2006). The mental verbs in different conceptual domains and in different cultures. In A. Antonietti, O. Liverta Sempio, & A. Marchetti (Eds.), *Theory of mind and language in different developmental contexts*. New York: Springer, pp. 31-64.
Ontai, L. A., & Thompson, R. A. (2008). Attachment, parent-child discourse and theory-of-mind development. *Social Development*, **17**, 47-60.
Ornaghi, V., Brockmeier, J., & Grazzani, I. (2011). The role of language games in children's understanding of mental states: A training study. *Journal of Cognition and Development*, **12**, 239-259.
Ornaghi, V., Brockmeier, J., & Grazzani, I. (2014). Enhancing social cognition by training children in emotion understanding: A primary school study. *Journal of Experimental Child Psychology*, **119**, 26-39.
Orsini, A. (1997). *WISC-R. Contributo alla taratura italiana* (Contribution to Italian norms). Firenze, Italy: Organizzazioni Speciali.
Shallice, T. (1982). Specific impairments of planning. *Philosophical Transactions of the Royal Society of London B*, **298**, 199-209.
Sperber, D., & Wilson, D. (2002). Pragmatics, modularity and mind-reading. *Mind*

& *Language*, **17**, 3-23.

Taumoepeau, M. T., & Ruffman, T. (2008). Stepping stones to others' minds: Maternal talk relates to child mental state language and emotion understanding at 15, 24, and 33 Months. *Child Development*, **79**, 284-302.

Thompson, R. A. (2006). Conversation and developing understanding: Introduction to the special issue. *Merrill-Palmer Quarterly*, **52**, 1-16.

White, S. J., Coniston, D., Rogers, R., & Frith, U. (2011). Developing the Frith-Happé animations: A quick and objective test of Theory of Mind for adults with autism. *Autism Research*, **4**, 149-154.

White, S., Hill, E., Happé, F. G. E., & Frith, U. (2009). Revisiting the strange stories: Revealing mentalising impairments in autism. *Child Development*, **80**, 1097-1117.

Ziv, M., Smadja, M., & Aram, D. (2013). Mothers' mental-state discourse with preschoolers during storybook reading and wordless storybook telling. *Early Childhood Research Quarterly*, **28**, 177-186.

Ⅲ

自閉症児を理解するために

III-1 自閉症児の「心の理論」
―― マインド・ブラインドネス仮説とその後の展開

内藤美加

　過去30年の間，定型発達児とともに自閉症の子どもの「心の理論」に関する膨大な数の報告がなされ，現在も活発に研究が続いている。その中で自閉症の障害に関するさまざまな事実が次第に明らかになってきた。本章では，自閉症児がもつ心の理論やそれに関連する障害について概観する。

　本論に入る前に，まず「自閉症」の概念を整理しておく。一般に自閉症とは，広汎性発達障害（pervasive developmental disorder: PDD）あるいは自閉症スペクトラム障害（autism spectrum disorder: ASD）と呼ばれる発達障害をさす。国際的な診断基準（DSM-IV，ICD10）では，広汎性発達障害の中には自閉性障害（狭義の自閉症），アスペルガー症候群（アスペルガー障害），特定不能のPDDなどが含まれる。発症比率からは，診断基準を完全には満たさない特定不能型PDDが最も多いとされる。

　発達障害とは，この広汎性発達障害のほかにも注意欠如多動性障害（注意欠如多動症）や学習障害など，生得的な発達の遅れや異常により適応上の問題が生じ，多くはその問題が一生涯続くものをさす。精神医学的な診断ではこれらの障害はそれぞれ別のカテゴリーに分けられる。しかしなかにはカテゴリーにまたがった症状を見せる子どもがいる一方で，逆に同じ広汎性発達障害でも，言語能力や知的能力が大きく異なる場合も多く，一見まったく違う障害に見えることがある。また同じ子どもでも，年齢とともに障害の様子が大きく変化する。しかし，広汎性発達障害のいずれもが何らかの形で，他の発達障害とは異なる2つの特徴を見せるのである。その1つが社会性の障害，つまり対人的な

Ⅲ　自閉症児を理解するために

やりとりでの障害である。2つ目がこだわりに代表される，強迫的に限局化された興味や行動の様式である。そのため最近改定された診断基準（DSM-5）でも，この障害は，上述のような細かな下位分類をなくして，自閉症スペクトラムといわれる1つの連続体と捉えられるようになった。本章でも，特に断らない限り，「自閉症」という用語で自閉症スペクトラム全体をさすことにする。

1　心の理論の障害仮説とその限界

　上述のように，自閉症スペクトラム障害の第1の基本病理は「対人相互的反応性」に関する社会性の障害である。それは，定型発達の子どもならすでに乳幼児期から自然に身につけている，以下のような特性にかかわる障害をいう。すなわち，
　a．目と目で見つめ合うことや表情・身振りなど，他者に対する意思伝達的な仕草や行動
　b．注目・興味・関心を相互共有し，そのような仲間をもとうとする傾向
　c．相手との双方向的な感情の交換やコミュニケーションの成立
これらの対人行動上の特性が非常に弱かったり通常とは異なっていることが，自閉症の中核的な特徴であり，診断基準にもなっている。
　自閉症のこうした特徴から，この障害の本質が対人認知の領域にあるという仮説が1980年代に登場した。それがバロン＝コーエン（Baron-Cohen, S.）による心の理論の障害（マインド・ブラインドネス）仮説である（Baron-Cohen, 1995；内藤，1997に展望；Frith, 2003に解説）。心の理論とは，目に見える人の行為の背後には，実は目に見えないその人の気持ちや考えがあるとわかること，つまり，人は目に見えない心に基づいて行動するのだ，ということへの理解をさす。普段私たちは何気なく相手の気持ちを推測してその人の行為を理解している。それは私たちが心の理論，つまり人の気持ちや心を読む（mind reading）能力を持っているからである。
　このようにごく当たり前の能力を「理論」などと難しく呼ぶのは，たとえば

物理学者が目に見えない万有引力という科学理論でリンゴが木から落ちるという現象を説明したり予測するのと同じように，私たち素人でも，目には見えない心についての理論を使って人の行動を説明したり予想しているからである。

（1）心の理論の障害仮説

　子どもはいつから心の理論を使えるようになるのだろうか。そのリトマス試験とみなされたのが，誤信念（false belief）つまり勘違いの理解課題である。通称「サリーとアン課題」といわれるこの課題では，主人公のサリーがビー玉を場所X（たとえば，カゴ）に入れてその場を立ち去る。主人公がいない間に別の人物アンがビー玉をX（カゴ）から別の場所Y（たとえば，箱）に移してしまう。最後に，その様子を見ていた子どもに，戻った主人公がビー玉を探すのはどこかを尋ねる。この課題に正解するには，サリーはビー玉がY（箱）に移されたのを見ていない，よってまだX（カゴ）にあるはずだと勘違いしている，ということがわからなければならない。つまり，主人公サリーの心が，「ビー玉は箱にある」という現実を，誤って「ビー玉はカゴにある」と写し取っていることへの理解である。このように人の心は現実世界を写し取っており，それは写真や地図などが現実を写し取るのと同様である。心や地図が世界を写し取る働きを表象機能という（本書Ⅰ-2章参照）。地図が間違っていたり古くなったりするように，物理的な表象は現実を常に正確に写し取るわけではない。人の心も同じで，変化する現実に合わせてそれを正確に写し取れないことがある。それが勘違い，つまり誤信念である。

　定型発達児では，4～6歳頃にこの誤信念課題に正解できるようになるといわれている（たとえば，Wimmer & Perner, 1983）。そこでバロン＝コーエンらは，精神年齢が4歳以上の自閉症児，ダウン症児，定型発達児の3グループにこの課題を実施した。すると非自閉症2グループは，大部分が「カゴ」と正しく答えた。ところが自閉症児の大部分は，ビー玉が実際にある「箱」と答えたのである（Baron-Cohen et al., 1985）。すなわち自閉症児は自分の知っている事実から離れて，主人公のサリーならどう思うかが考えられなかったのである。この

実験がきっかけとなり，自閉症は他者の気持ちや考えを考慮する心の理論に障害をもつ，という心の理論障害説が唱えられるようになった。

サリーとアン課題では，ビー玉のありかについて現実を正しく写している自分の知識（"箱にある"）と，サリーの勘違い（"カゴにある"）を比較対照して，サリーはこの勘違いつまり誤表象に基づいて行動するだろう，ともう一段上から考える加工が必要である。この一段上の加工をメタ表象（meta representation）という。心の理論は，こうした外界の直接的な表象を，一段上のレベルで対応づけたり比較したりするメタ表象の能力であると考えられてきた（Perner, 1991）。心の理論障害仮説では，このメタ表象能力が，心という表象の範囲に限って働く独自な装置——これをモジュール（module）という——に支えられていると考えている。

私たちは，人の顔や声，情動に関する情報や，人以外の事象やモノに関する情報を取り込み，解読や加工をして相手や外界を理解している。だがそれらとは別に，目に見えない心にだけ特化して，その解読や加工を司る独自な仕組みがあるというわけである。この仕組みがあるおかげで，私たちは相手の心や行動の理由が推測できる。逆に自閉症児は，心の理論モジュール，つまり心に特化した装置がうまく働かないために，相手の心が読めないということである。

（2）心の理論障害仮説の限界

しかしこの仮説には，当初から多くの疑問が出された。最大の問題点は，自閉症児の中には，言語精神年齢が11歳頃になるとこの課題に通過してしまう者がいる（Happé, 1995）ことである。しかし，たとえ人工的な誤信念課題を解決できても，彼らはそこから一歩離れた現実の社会場面では克服しがたい困難を示す。このことは，日常生活で求められる社会的な能力が心の理論課題で測られる能力とは異なっていることを意味する。

実験室で行われる誤信念課題では，相手の心（勘違い）を推測する手がかりが順を追って言葉で示され，答えも二者択一で選ぶことができる。一方日常で求められるのは，非言語的な状況や相手の視線や表情など，一瞬ごとに変化す

る雑多な手がかりの中から有効な情報を瞬時に見分けて，それを用いて相手の心情を適切に推し量る能力である。こうした柔軟で直感的な心の理解が自閉症児には難しいのである（Klin et al., 2003）。

　直感的な心の理解は，言語的な要素を排除した誤信念課題でも確認されている（千住, 2012；本書Ⅱ-1章参照）。登場人物（人形）の行動をお話で説明し，言葉で質問する通常の誤信念課題は，3歳以前には正解できないとされている。しかし課題提示に言葉をいっさい用いず，行為者の行動を予期してそちらの方向を注視するといった自発的な非言語反応で調べると，たとえ1，2歳児でも，登場人物の誤信念に基づいた行動を注視によって予測できるのである（たとえば，Soughgate et al., 2007）。

　通常の誤信念課題とこの非言語的な誤信念課題を用いると，学齢期の定型発達児は両方の課題とも正解するのに，自閉症児はどちらの課題にも正解できないことがわかった（Senju et al., 2010）。さらに驚くべきことに，通常の誤信念課題を通過するアスペルガー症候群の成人でも，非言語的誤信念課題では定型発達の2歳児がするような予期的な注視をしない，つまり誤信念に基づく自発的な行動予測を行わないという事実が報告されている（Senju et al., 2009）。

　心の理論障害仮説の第2の問題点は，逆に通常の誤信念課題に失敗するのは自閉症児ばかりではないという事実である（内藤，2007に展望）。たとえば，視覚あるいは聴覚障害児でも，この課題に著しい困難を示す（たとえば，Peterson & Siegal, 2000）。特に聴覚障害児では，家族も聴覚障害者なのか家族が健聴者なのかによって異なり，健聴者の家庭の子どもは聴覚障害者家庭の子どもよりも成績が低いのである（Moeller & Schick, 2006）。養育者や家族も同様に聴覚障害を持っている場合，障害児も幼い頃から家族と流暢な手話でやりとりができる。しかし家族が健聴者だと，子どもが就学してから一緒に手話を習いはじめる場合が多く，子どもとのやりとり，特に目に見えない人の心に関するやりとりに重大な支障をきたす。つまり周囲の他者と日頃から人の心にかかわるコミュニケーションが十分とれているかどうかが，心の理論の発達と深く関連するのである。

最近では，定型発達の子どもでも，心の理論の発達が一様でないこともわかってきた。社会・経済的に困難な家庭の子どもは，中産階級の子どもに比べて誤信念課題の達成が遅れる（たとえば，Holmes et al., 1996）。課題達成の時期は文化によっても異なる（本書Ⅰ-5章参照）。興味深いことに，日本の子どもは欧米の子どもより2年近くも遅い6歳頃以降なのである（Naito & Koyama, 2006）。こうした事実は，社会文化的な環境が心の理論の発達に強く影響することを示している（内藤，2011）。これまで心の理論は，社会文化的な文脈や環境とは無関係に，子どもは誰もがある時点を境にいっせいに身につける普遍的な能力であり，自閉症はそれが損なわれているのだ，という暗黙の了解があった。しかし今，心の理論発達の定型性や普遍性自体が疑問視されているのである（Naito, 2014）。

2　共同注意とそれに関連する障害

（1）注意の共有

　前述の注視による他者の行動予測のように，子どもが発達早期から見せる社会的行動に自閉症児は特異性を示す。その最も端的な一例が，自閉症の社会性障害の2つ目にあげた注意の共有（共同注意）である。共同注意（joint attention）とは，物に向けている相手の注意に気づき，相手と物の双方に自分の注意を向けたり，自分の注意と相手の注意とを協調させることをさす。またこのように，相手と子どもの間で物を介した経験を共有する関係を三項関係という。共同注意は他者の意図や注意を理解するという意味で心の理論の発達的前兆とみなすこともでき（Baron-Cohen, 1995），定型発達児では赤ちゃんと養育者がおもちゃを介して遊べるようになる生後10カ月以降に顕著に見られるようになる（遠藤，2005）。

　心の理論障害仮説に限界があることから，それより早期に出現する共同注意の欠損が自閉症の原因だという説も唱えられた（たとえばMundy & Sigman, 1989）。しかし精神年齢が30カ月をこえると彼らもこの行動を示すことが明ら

かになり，今では，自閉症児と定型発達児との違いは，共同注意の有無ではなく，その質的な相違だと考えられている（別府，2005，2007に展望）。

定型発達の共同注意行動では，自分の興味のある物を相手に見せたり，指をさして相手を振り返って見るような共有確認行動や，相手の伝達意図を確認しようと相手と物を交互に見る参照視（referential looking）が頻繁におこる。また自分と相手の興味が共有できたことがわかると，多くは微笑みや喜びの仕草などの情緒的な交換が伴う。このように共同注意は，自分が相手と，物に対する関心や感動を共有すること自体が目的である。

これに対し自閉症児は，情緒的交換を伴う参照視や共有確認行動をほとんど示さない（Bacon et al., 1998; Kasari et al., 1990）。参照視がないので，自分の見ていない物を相手が命名した場合には，相手の視線方向にある物とその名前を結びつけられず，名前を自分が見ている物に誤って結びつけてしまうことがよく起こる（Preissler & Carey, 2005）。また逆に，異なる状況や文脈でも同一の命名が対応しうるという柔軟な言葉の使用も難しくなると考えられる。自閉症児は，自分とは異なる意図をもつ他者との情緒的な関心の共有という意味を欠いたまま，形だけ共同注意スキルを形成するのである（Travis & Sigman, 2001）。つまり，どんな手段（"相手が指さした方向を見る"）を用いれば目標（"面白いものを見つける"）が達成できるかという手段—目標関係を細かく分析し，どの場面にも汎用しうる自分の行動と相手の行動との随伴性を学習するのである。

定型発達児も相手の指さした方向に面白い対象を見つけるという連合学習を用いてはいる。しかし後述のように，定型の子どもには人の形状をした刺激への強い選好性や反応性が備わっており，それが大人の養護性を刺激して子どもへの働きかけをいっそう引き出す結果，大人との情緒的交換を伴う相互主体的（intersubjective）な経験に根ざした共同注意行動を苦もなく獲得する。これに対し自閉症児では，社会的刺激への注意自体が難しく，感情伝染や反射的模倣（第3節参照）などの意識下の情動交換も生じにくい。また興味の限局やこだわりにより特定の限られた物への選好が強いため，面白いと感じる対象が限定される可能性も高い。その結果大人の働きかけに呼応した情動の共振や相互主

体的経験が蓄積されにくく，本来の共同注意の獲得が難しいのだと考えられる。そのスキル形成に定型発達児よりも高い精神年齢を要するのは，自閉症児がこれらの困難を補償するために，実際には場面ごとに異なる自他の行動の随伴性をその都度分析して記憶するための高い認知能力を必要とするからだとも推測できる。

　共同注意の特異性は能力の高い成人自閉症スペクトラムでも認められている（Klin et al., 2003）。たとえば図Ⅲ-1-1に示したような映画の一場面を見せて視線の動きを記録すると，定型発達者は主人公の指さしの方向にある複数の絵の中から適切な絵を選んで注視する。さらに主人公の「誰が描いたの？」という発言で，それが向けられた相手に瞬時に視線を移してその反応を待ち，最後に視線を主人公に戻す。これに対し自閉症者では，主人公の発言でようやく視線を絵（ただし，話題の絵でない）に移すのである。他方で，「指さし」が何を意味するかは言葉で説明できる場合もある。つまり自閉症者は指さしの機能を言語的な補償によって理解しているものの，直感的な心の理解のツールとして瞬時にそれを利用することができないのである。

（2）目を合わせ，視線を追う

　明示的な刺激に対しては自閉症児が共同注意を獲得できることから，最近では共同注意が成立するのにまず必要な相手と自分とのやりとり（二項関係という）で交わされるアイコンタクトや視線の理解が詳しく調べられている。定型発達児では，すでに生後1年以内に人の目に対する強い感受性を備えていることがわかってきた（遠藤，2005に展望；千住，2012に詳説）。たとえば生後数日の新生児でも，人の顔のようなパターン（おしゃもじ型の白い背景に，上に2つ下中央に1つの黒丸）をそれとは異なるパターン（上1つ下2つの逆転配列や黒い背景に白丸の反転配列）よりも好んでよく見る（Farroni et al., 2005）。また「自分を見ている目」を「よそを向いている目」よりも好んで見ることも知られている（Farroni et al., 2002）。

　さらに児童期後半から青年期以降になると，自分を見ている目はよそを向い

Ⅲ-1 自閉症児の「心の理論」

図Ⅲ-1-1 対人刺激の視覚的な手がかりと言語的手がかりに対する視線の移動パターン
注：(a)と(b)での黒の軌跡：自閉症スペクトラム，(a)と(c)での白の軌跡：定型発達。
出典：Klin et al., 2003.

ている目よりもよくわかり，素早く探知できるようになる（von Grünau & Anston, 1995）。このように相手の視線に自分の視線を合わせるアイコンタクトの形成は，社会的認知の最初のメルクマール（指標）であり，その後の対人認知発達の基盤の1つといえる。

　目と目を合わせることの少なさは，自閉症の社会性障害でも最初にあげられるほど顕著な特徴である。このためかつては，自閉症児は視線を不快な怖いものとして避けていると考えられたこと（視線忌避説）もあった。しかしこの説は必ずしも妥当でないことがわかってきた。たとえば成人で調べると，自閉症者が目を見ない傾向は，静止画よりも人が話している動画や，複数の人が会話を交わしているような場面で特に顕著である（たとえば，Riby & Hancock, 2009）。

171

Ⅲ　自閉症児を理解するために

つまり彼らは必ずしも視線を忌避しているわけではなく，相手の顔を認識する方法に違いがあり，たとえば話している口に注意がいってしまうため，結果的に目を見なくなる可能性があるのである。

さらに，自分を見ている目はよそを向いている目よりも素早く探知できるという現象を平均12歳頃の子どもで調べた研究（Senju et al., 2005）から，自閉症児のアイコンタクトの特異性がわかってきた。定型発達児では，自分を見ている視線の優位性は，顔が正面でも斜め向きでも上下が正しい正立のときにのみ現れ，上下逆さまの顔では消えてしまった。人の顔は正立している方が逆さまの顔よりもよく認識できること（倒立効果という）が知られており，定型発達児では，正立した人の顔の一部としてアイコンタクトを検出しているようなのである。これに対し自閉症児では，顔が正立か倒立かにかかわらず正面を向いた顔のときに自分を見ている目の優位性が現れ，斜めを向いた顔では現れなかった。正面を向いた顔は（上下が逆でも）瞳の部分が目の中央にあるため，パターンとしてみれば目は左右対称である。しかし斜めを向いた顔では自分を見ている目の瞳の位置はむしろ目の端に寄るので，目のパターンは左右非対称となる。つまり自閉症児もアイコンタクトの検出はするものの，目を人の顔の一部としてではなく，左右対称な図形パターンの手がかりのように単なる要素として見ている可能性が高いのである。

共同注意が成立するには，相手と目を合わせるだけでなく，相手の視線を追う必要もある。定型発達児では，新生児ですでに相手の目の方向に注意を向け，生後3～6カ月頃までには，目を合わせた後に相手の見た方向を見るようになる視線追従（gaze following）が見られるようになる。自閉症児はこうした視線追従行動を示さないといわれている一方で，年齢の上昇や訓練によって，視線追従ができるようになるという報告もある（Leekam & Moore, 2001）。

最近では，自閉症児者の視線追従の特異性が，本人にも自覚がないレベルで生じる可能性がわかってきた。相手の視線についつられてしまうという現象を反射的な共同注意という。たとえば，図Ⅲ-1-2のように画面中央に人の顔の絵や写真を提示し，その直後（200～500ミリ秒後）に画面の右または左端に＊のよ

Ⅲ-1 自閉症児の「心の理論」

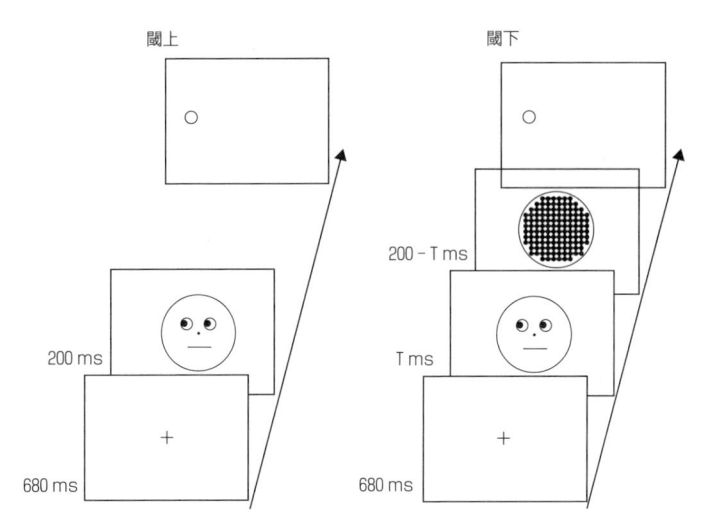

図Ⅲ-1-2 視線手がかり効果を調べる実験
注：左：閾上では視線を200ミリ秒提示した後に，標的（○）を掲示；右：閾下では視線を閾下（T：10〜40ミリ秒）提示した直後に遮蔽刺激を（200-T ミリ秒）提示し，その後に標的を掲示。
出典：Sato et al., 2010より作成。

うな印（標的）を出して，印が左右どちらに出たか判断してもらう課題がある。顔写真の視線が後で印の出る方向を向いていると，つい視線につられるので，そうでない場合よりも印の検出が素早くできる。この反射的な共同注意による視線手がかり効果は，自閉症児者でも定型発達児者と同様に認められる。しかし，アスペルガー障害をもつ成人を対象として，反射的な共同注意よりもさらに素早い視線認知の特異性が示されている（Sato et al., 2010）。人の視線を本人には知覚できない瞬時（10〜40ミリ秒）で閾下提示し，知覚できる通常の閾上提示との視線手がかり効果を比較すると，定型発達者では，たとえ本人に見えたという自覚のない閾下でも，閾上の場合と同様に視線によって印の検出が容易になる。これに対してアスペルガー障害者では，閾上の視線しか効果を持たず，閾下，つまり見えない視線の効果がなかったのである。すなわち，定型発達ではきわめて瞬時に，本人にも自覚ができないレベルで人の視線を検出しそれに反応するメカニズムが働くのに，自閉症スペクトラムではそうしたメカニ

ズムが働かないのである。

(3) まねをする，顔を見る，声を聞く

　共同注意や視線理解の特異性とならぶ自閉症のもう1つの特異性として，人のまね（模倣）が困難なことがある。最近の脳科学では，ヒトやサルの脳には，ミラーニューロンシステムと呼ばれる他者の動作を認識する特定の領域があることがわかっている（Rizzolatti & Sinigaglia, 2006；I-4章参照）。自閉症者が模倣障害を示すことから，自閉症はミラーニューロンシステムの障害（壊れた鏡）であるという仮説が出されている（たとえば，Williams et al., 2001）。壊れた鏡仮説は，模倣が共感や心の理論などの基盤になっていると考え，自閉症の模倣障害だけでなく心の理論などの障害をも，この神経システムの障害で包括的に説明しようとしている（千住，2010, 2012に解説）。

　しかし最近，まねをするよう明確に教示すると自閉症者も定型発達者と同程度に正確な模倣ができることから（Hamilton et al., 2007），自閉症者の模倣障害は反射的（自動的）なものに限られているという可能性が指摘されている。壊れた鏡仮説はこの特異性を説明できないのである。反射的な模倣には，あくびや表情，物をつかむときの握り方などがあり，定型発達者では他者の行動を見ると自然に伝染してしまうような場合をいう。自閉症者では特に他者の運動に注目する状況にない自然状態のときに，こうした行動の伝染が起こりにくいのである（McIntosh et al., 2006）。

　また，定型発達者は他者の運動を観察したりそれを自分が模倣しようとすると，次の動きを先取りするような筋肉活動が生じる。しかし自閉症者では，他者の運動の観察だけでなくそれを模倣する際にもこうした予期的な筋肉活動が生じない（Cattaneo et al., 2007）。自閉症者はある程度の模倣能力があるものの，他者の行動に注意を向ける傾向が弱いために反射的な模倣が生じない可能性や，あるいは他者の行動の理解だけでなく複雑な運動系列を生成する能力に困難があるという可能性もあるのである。

　自閉症者は，前項のアイコンタクトや視線の効果ともつながる顔や表情の認

識にも特異性を示すことが知られている。たとえば映画や写真を見るとき，通常私たちは無意識のうちに，背景や物よりも登場人物に，人物ならば体の他の部分よりも顔に，また顔の中でも口よりも目に注目する。ところが自閉症者は，人物よりむしろ背景や周囲の物に注目し，たとえ人物を見ていても，その人の目ではなく口の動きに注目するのである（Klin et al., 2003）。前述のように（第1項参照），人の行動を言語的な補償で理解するためには，目よりも口，つまり口から発せられる言葉に注目した方が利用できる情報が多いからだと考えられる。

　この顔の認識の特異性を実験的に調べた報告がある（Kikuchi et al., 2011）。この研究では，今注目している画面上の人の顔もしくは物に入れ替わって画面の別の場所に標的が提示され，この標的に気づくまでの時間を測った。上述のように，私たちの注意は通常であれば人の顔，とりわけ目に強く引かれる。そのため逆に顔や目から注意をそらして標的を見つけることは，物から注意をそらして標的を見つけるよりも困難で時間がかかる。定型発達児ではこの傾向が顕著なのに対して，自閉症児では顔と物の注目度に差がなく，定型発達児が示すような顔の優位性（物は顔よりも容易に無視できること）が見られないことがわかった。ところが自閉症児に目に注目するよう教示すると，定型発達児と同様に顔の注目度の方が優勢になる。しかし，彼らの脳波を調べると，たとえ教示によって顔や目に注意が向いても，脳活動のレベルでは定型発達児のように顔により強く反応することはなかったのである。また口へ注目するような教示では，定型発達児でも顔の優位性や脳波活動は見られなかった。この結果は，定型発達児が示す顔の優位性は，いわば自動的に目に注意を引かれるために生じていること，一方自閉症児は，意識的で意図的なレベルでは相手の顔や目に注目するものの，無自覚な脳活動レベルでは定型発達児のような目に特化した反応が生じないということを示している。

　自閉症の対人刺激への注意や感受性の異常は，顔認知のような視覚の領域だけにとどまらず，音声の知覚（聴覚）にも及んでいる。定型発達の幼児は人の肉声を機械音よりも好み，とりわけ母国語の母親言葉（母親が子どもに語りかけ

るときの特徴的な話し方で，テンポが遅くイントネーションを誇張した高い声）で話しかけられると，異なる言語音に対して異なる脳波のパターンを示す。つまり言語音の微妙な違いを正確に聴き分けているのである。

ところがたとえば3, 4歳の自閉症児は，定型発達の子どもとは逆に母親言葉で話す人の声よりも機械音を好み，この傾向の強さは自閉症状の強さや言語能力の低さと相関があった。また特に機械音を好む傾向の強い自閉症児は，異なる言語音節に対する脳波の違いがないことも示された（Kuhl et al., 2005）。さらに平均8歳の子どもを対象に，人の声（母音）と機械音を聴いているときの脳波を分析した研究がある（Čeponienė et al., 2003）。自閉症児は，音の区別を反映する脳波成分は定型発達児と異ならないものの，音への注意を反映する脳波成分が，人の声の場合にのみ定型発達児に比べて弱いことが示された。つまり自閉症児は，人の顔だけでなく声にも注意を引かれないのである。

一方，自閉症の顔や視線の認知をめぐるごく最近の研究では，統制された実験室内の課題遂行という行動指標で見る限り，自閉症の特異性や定型発達との相違は必ずしも明確でないという報告も多い。しかしながら，社会的刺激（顔の表情や視線，会話）のやりとりが複雑で変化の速い対人相互作用場面の認知や，一見異常のない課題遂行時での脳活動のレベルでは，概して自閉症に特異な困難や異常が見出されている（展望に Guillon et al., 2014; Nomi & Uddin, 2015; Weigelt et al., 2012）。

3 脳科学からの説明

以上のように，自閉症児の社会性障害は，心の理論獲得のリトマス試験といわれる誤信念課題の正誤だけでは説明ができない。彼らの困難は，柔軟で即時の，いわば直感的，反射的な対人理解にあるといえる。こうした対人理解は，頭の中での計算や推論を行う以前に，自らの感覚や身体とその動きを相手のそれと協調させるという他者との情動の交換を伴う相互主体的な相互作用のなかで，自分と相手，およびその両者を取りまく世界に意味づけを行う実体験とし

て得られる（De Jaegher, 2013）。逆に言えば，人の行動は，顔の表情，視線，声，目的的な動作など，瞬時だが豊富な対人手がかりに満ちており，通常はそうした目に見える身体的手がかりを自らのそれと協調させることにより容易に理解が可能なのであり，目に見えない心（表象）を想定して行動を理解するという心の理論の主知主義的な枠組み自体が，自然場面での対人理解を適切に説明できていないのかもしれない（De Jaegher, 2013; Gallagher & Varga, 2015）。

　最近では，高機能自閉症者は，彼らにとってはまったく不可解な（しかし定型発達者には対人手がかりから自明な）相手の行動を，むしろ表象操作としての心の理論を駆使して何とか推論し予測しているという逆説的な議論もある（Froese et al., 2013）。しかし，いくらこうした計算をしても，多様な対人刺激の手がかりを自らの身体的な感覚として直感的に使えないために，結局のところ日常場面での柔軟で即時的な対人理解に結びつかないのである。

　では，こうした対人刺激の直感的で自発的な理解は通常どのように行われているのだろうか。前述のミラーニューロンシステムに代表されるように，ヒトの脳には，目や口の位置や方向などを見分けたり，相手の表情や動作を見たりまねたりするときにだけ特に活動する特定の領域群がある。これらの領域の多くはヒトでは脳の表面をおおう大脳皮質にある。しかし実は，これら皮質領域はより深い皮質下の領域とも密接な連絡をもっていて，皮質と皮質下の領域が相互に作用しあっている。こうした領域群とその相互作用が，対人刺激だけを一瞬にしていわば自動的に拾って解読し，それに対する反応を調整・実行する独自の機構とみなされる。本章で見た視線やアイコンタクトの認識もこうした機構に支えられていると考えられる。

　自閉症の顔認知や視線理解の異常から，人間の脳内にはヒトの顔や視線などの情報を特別に扱う機構がいわばモジュールとして生得的に組み込まれており，それが自閉症では損なわれている，と考えることもできる。しかし最近，こうした機構は生得的なわけではなく，社会的な刺激に繰り返しさらされることにより，乳児期以降の長い時間をかけてそうした刺激に最も適した特殊な機構が形成されるという証拠が出てきている。

Ⅲ　自閉症児を理解するために

　たとえば，生後6カ月までの乳児は，異なるサルの顔を私たち大人よりも正確に見分けることができる（Pascalis et al., 2002）。また6～8カ月頃までの乳児は，大人には聞き分けられない外国語の母音を正確に聞き分けることもできる（Kuhl et al., 1992）。しかし9カ月以降になると，サルの顔の区別や外国語音の区別ができなくなる一方で，ヒトの顔や母国語音への感受性だけが残りそれらに特化してゆくのである。

　ただし，こうした感受性は，乳児と養育者とのやりとりの文脈においてのみ磨かれる。外国語音への感度が低下しはじめる9カ月児に対し，外国語を母語とする女性が直接相互作用する場合とビデオテープに録画した女性の語りかけを視聴させる場合とを比べると，ビデオテープの視聴だけでは，何もしない場合と同様にその外国語音の区別ができなくなるのに対し，外国語話者と直接やり取りした乳児は，その言語音への感度を維持したのである（Kuhl et al., 2003）。このような乳児の能力は，脳が社会的刺激を初めから特別に扱っているわけではなく，相手との相互作用によって発達とともに徐々に特殊化することを示している。一方，異なる小鳥の種類を瞬時に見分けることのできる熟練したバードウォッチャーは，小鳥を見ているときに，通常であればヒトの顔を認識する脳領域を活発に活動させていることが知られている（Gauthier et al., 2000）。このことから，子ども時代に社会的刺激に特殊化した脳領域は，逆に社会的ではないが熟達を要するような刺激に対しても援用され，そうした刺激にも柔軟に特殊化することがわかる。

　脳神経同士の連絡がまだ定まっていない乳児や幼児の脳は，さまざまな神経間連結が起こり，頻繁に連絡のついたものだけが残る。これを脳の可塑性（plasticity）といい，この過程で徐々に安定した脳神経の連絡が決まってゆくのである。先に見たように，新生児期から乳児はヒトの顔や表情，声を他の刺激よりも好み，敏感に反応する感受性をもっている。言い換えれば，ヒトのこうした刺激がヒトの乳児にとっては最も好ましく目立つ存在なのであり，それらと乳児自身の身体・運動感覚を協調させることにより，自分と他者の感覚や感情の交換が行われてゆく。

ヒトの刺激を選びそれに向かわせる動機は，二項関係の時代にさまざまな活動を通して養育者の顔，声，視線を繰り返し経験することによってますます磨かれる（Dawson et al., 2005; Chevallier et al. 2012）。この対人的な刺激の選好が，相手との対人的な交換に乳児を向かわせ，それに没頭させる牽引役となり，対人刺激を特別に扱う能力がいっそう熟達する支えとなっているのである。この熟達化，つまり脳神経同士の連絡の強化は，次の三項関係の時代での共同注意や言語の獲得につながり，その後の幼児期，児童・青年期の対人理解の時代の全体を通じて熟達化が続いてゆく。それが社会的刺激を解読し世界を意味づける機構の特殊化（モジュール化）の過程といえる。

　このように見てくると，自閉症の制約は，その出発点が乳児期の社会的な刺激への選好や身体感覚や運動を通じた養育者との感情の交換を伴う相互主体的なやりとりの経験にまで遡る可能性がある。実際，たとえば相手の目を注視する傾向は生後2カ月では自閉症児も定型発達児と同様であるのに対し，それ以降に低下してゆくことも示されている（Jones & Klin, 2013）。とりわけ，皮質領域の特殊化は子ども時代に大きく進むのに対し，皮質下の領域は，新生児期からすでに機能し，意識以前の瞬時で無自覚な対人的な反応にかかわっているという議論もある（Johnson, 2005; Schultz, 2005）。

　さらに，自閉症児者の脳の解剖学的な異常は皮質よりもむしろ皮質下領域の複数の部分や小脳などにわたっていることや，自閉症児の脳のサイズは生後数年間にかけて定型発達の子どもに比べ一般に大きいことなども知られている（Kemper & Bauman, 2002）。つまり，通常であれば刈り込まれてゆく小さな神経細胞が過密な状態で残り続ける一方で，神経細胞間の連絡，ひいては自分自身の身体や感覚，感情の協調を含むヒトの刺激を扱う領域間の連絡が十分発達していかない可能性もある（Nomi & Uddin, 2015; Wolff et al., 2012）。実際のところ自閉症スペクトラムは定型発達に比べ，脳の前後を走る神経繊維や両半球を結ぶ脳梁をはじめとする脳神経繊維束の長距離連絡が少ない一方で，部分的な神経間結合が過度に強い領域があることも見出されている（Cauda et al., 2014）。皮質下や小脳の領域は領域内部相互にも上層皮質へも多様な連絡をも

つことから，皮質下／小脳領域の異常はそれが連絡をもつ諸領域へと派生的な異常をもたらし，自閉症の3つ目の社会性障害すなわち感情や情動の理解と表出（本書Ⅲ-3章参照）や，冒頭で述べた第2の基本病理（診断基準）である強迫的で限局化した行動や興味，さらに身体・運動コントロールや感覚の異常などとも関連する可能性がある（De Jaegher, 2013；十一, 2007）。

文 献

Bacon, A. L., Morris, R., Waterhouse, L., & Alle, D. (1998). The responses of autistic children to the distress of others. *Journal of Autism and Developmental Disorders*, **28**, 129-141.

Baron-Cohen, S. (1995). *Mind blindness*. Cambridge, MA: The MIT Press. (バロン＝コーエン, S.（著）長野敬・長畑正道・今野義孝（訳）(2002). 自閉症とマインド・ブラインドネス. 青土社)

Baron-Cohen, S., Leslie, A. M., & Frith, U. (1985). Does the autistic child have a "theory of mind"? *Cognition*, **21**, 37-44.

別府哲 (2005). 自閉症児の"目"——視線理解と共同注意のもうひとつのかたち. 遠藤利彦（編）, 読む目・読まれる目——視線理解の進化と発達の心理学. 東京大学出版会, pp. 179-199.

別府哲 (2007). 自閉症における他者理解の機能関連と形成プロセスの特異性. 障害者問題研究, **34**, 259-266.

Cattaneo, L., Fabbri-Destro, M., Boria, S., Pieraccini, C., Monti, A., Cossu, G., & Rizzolatti, G. (2007). Impairment of actions chains in autism and its possible role in intention understanding. *Proceedings of National Academy of Sciences of the United States of America*, **104**, 17825-17830.

Cauda, F., Costa, T., Palermo, S., D'Agata, F., Diano, M., Bianco, F., Duca, S., & Keller, R. (2014). Condordance of white matter and gray matter abnormalities in autism spectrum disorders: A voxel-based meta-analysis study. *Human Brain Mapping*, **35**, 2073-2098.

Čeponienė, R., Lepistö, T., Shestakova, A., Vanhala, R., Alku, P., Näätänen, R., & Yaguchi, K. (2003). Speech-sound-selective auditory impairment in children with autism: They can perceive but do not attend. *Proceedings of National Academy of Sciences of the United States of America*, **100**, 5567-5572.

Chevallier, C., Kohls, G., Troiani, V., Brodkin, E. S., & Schultz, R. T. (2012). The social motivation theory of autism. *Trends in Cognitive Sciences*, **16**, 231-239.

Dawson, G., Webb, S. J., Wijsman, E., Schellenberg, G., Estes, A., Munson, J., & Faja, S. (2005). Neurocognitive and electrophysiological evidence of altered face processing in parents of children with autism: Implications for a model of abnormal development of social brain circuity in autism. *Development and Psychopathology*, **17**, 679-697.

De Jaegher, H. (2013). Embodiment and sense-making in autism. *Frontiers in Integrative Neuroscience*, **7**, 1-19.

遠藤利彦 (2005). 総説：視線理解を通してみる心の源流――眼目を見る・視線を察す・心意を読む. 遠藤利彦 (編), 読む目・読まれる目――視線理解の進化と発達の心理学. 東京大学出版会, pp. 11-66.

Farroni, T., Csibra, G., Simion, F., & Johnson, M. (2002). Eye contact detection in humans from birth. *Proceedings of National Academy of Sciences of the United States of America*, **99**, 9620-9605.

Farroni, T., Johnson, M., Menon, E., Zulian, L., Faraguna, D., & Csibra, G. (2005). Newborns' preference for face-relevant stimuli: Effects of contrast polarity. *Proceedings of National Academy of Sciences of the United States of America*, **102**, 17245-17250.

Frith, U. (2003). *Autism: Explaining the enigma (2nd Ed)*. Oxford, UK: Blackwell. (フリス, U. (著) 冨田真紀・清水康夫・鈴木玲子 (訳) (2009). 新訂 自閉症の謎を解き明かす. 東京書籍)

Froese, T., Stanghellini, G., & Bertelli, M. O. (2013). Is it normal to be a principal mindreader?：Revising theories of social cognition on the basis of schizophrenia and high functioning autism-spectrum disorder. *Research in Developmental Disabilities*, **34**, 1376-1387.

Gallagher, S., & Varga, S. (2015). Conceptual issues in autism spectrum disorders. *Current Opinion in Psychiatry*, **28**, 127-132.

Gauthier, I., Skudlarski, P., Gore, J. C., & Anderson, A. W. (2000). Expertise for cars and birds recruits brain areas involved in face recognition. *Nature Neuroscience*, **3**, 191-197.

Guillon, Q., Hadjikhani, N., Baduel, S., Roge, B. (2014). Visual social attention in autism spectrum disorder: Insights from eye tracking studies. *Neuroscience and Biobehavioral Reviews*, **42**, 279-297.

Hamilton, A. F. d. C., Brindley, R. M., & Frith, U. (2007). Imitation and action understanding in autistic spectrum disorders: How valid is the hypothesis of a deficit in mirror neuron system? *Neuropsychologia*, **45**, 1859-1868.

Happé, F. G. (1995). The role of age and verbal ability in the theory of mind task performance of subjects with autism. *Child Development*, **66**, 843-855.

Holmes, H. A., Black, C., & Miller, S. A. (1996). A cross-task comparison of false belief understanding in a Head Start population. *Journal of Experimental Child Psychology*, **63**, 263-285.

Johnson, M. (2005). Subcortical face processing. *Nature Reviews Neuroscience*, **6**, 766-774.

Jones, W., & Klin, A. (2013). Attention to eyes is present but in decline in 2-6-month-old infants later diagnosed with autism. *Nature*, **504**, 427-431.

Kasari, C., Sigman, M., Mundy, P., & Yirmiya, N. (1990). Affective sharing in the context of joint attention interactions of normal, autistic, and mentally retarded children. *Journal of Autism and Developmental Disorders*, **20**, 87-100.

Kemper, T. L., & Bauman, M. L. (2002). Neuropathology of infantile autism. *Molecular Psychiatry*, **7**, S12-S13.

Kikuchi, Y., Senju, A., Akechi, H., Tojo, Y., Osanai, H., & Hasegawa, T. (2011). Atypical disengagement from faces and its modulation by the control of eye fixation in children with autism spectrum disorder. *Journal of Autism and Developmental Disorders*, **41**, 629-645.

Klin, A., Jones, W., Schultz, R., & Volkmar, F. (2003). The enactive mind, or from action to cognition: lessons from autism. In U. Frith, & E. Hill (Eds.), *Autism: mind and brain*. Oxford, UK: Oxford University Press, pp. 123-159.

Kuhl, P. K., Williams, K. A., Lacerda, F., Stevens, K. N., & Lingblom, B. (1992). Linguistic experience alters phonetic perception in infants by 6 months of age. *Science*, **255**, 606-608.

Kuhl, P. K., Tsao, F-M., & Liu, H-M. (2003). Foreign-language experience in infancy: Effects of short-term exposure and social interaction on phonetic learning. *Proceedings of National Academy of Sciences of the United States of America*, **100**, 9096-9101.

Leekam, S., & Moore, C. (2001). Development of attention and joint attention in children with autism. In J. A. Burack, T. Charman, N. Yirmiya, & P. R. Zelazo (Eds.), *The development of autism: Perspective from theory and research*. Mahwah, NJ; Lawrence Erlbaum Associates, pp. 105-129.

McIntosh, D. N., Reichmann-Decker, A., Winkielman, P., & Wilbarger, J. L. (2006). When the social mirror breaks: Deficits in automatic, but not voluntary, mimicry of emotional facial expressions in autism. *Developmental Science*, **9**, 295-302.

Moeller, M. P., & Schick, B. (2006). Relations between maternal input and theory of

mind understanding in deaf children. *Child Development,* **77**, 751-766.
Mundy, P., & Sigman, M. (1989). The theoretical implications of joint-attention deficits in autism. *Development and Psychopathology,* **1**, 173-183.
内藤美加 (1997). 心の理論仮説からみた自閉症の神経心理学的研究. 心理学評論, **40**, 123-144.
内藤美加 (2007). 心の理論研究の現状と今後の展望. 日本児童研究所 (編), 児童心理学の進歩—2007年版. 金子書房, pp. 2-37.
内藤美加 (2011). "心の理論" の概念変化――普遍性から社会文化的構成へ. 心理学評論, **54**, 249-263.
Naito, M. (2014). From theory of mind to theory of relation: Sociocultural perspectives on Japanese children's social understanding. In O. N. Saracho (Ed.), *Contemporary perspectives on research in theory of mind in early childhood education.* Charlotte, NC: Information Age Publishing, pp. 381-405.
Naito, M., & Koyama, K. (2006). The development of false belief understanding in Japanese children: Delay and difference? *International Journal of Behavioral Development,* **30**, 290-304.
Nomi, J. S., & Uddin, L. Q. (2015). Face processing in autism spectrum disorder: From brain regions to brain networks. *Neuropsychologia,* **71**, 201-216.
Pascalis, O., de Haan, M., & Nelson, C. A. (2002). Is face processing species-specific during the first year of life? *Science,* **296**, 1321-1323.
Perner, J. (1991). *Understanding representational mind.* Cambridge, MA: The MIT Press. (パーナー, J. (著) 小島康次・佐藤淳・松田真幸 (訳) (2006). 発達する〈心の理論〉――4歳：人の心を理解するターニングポイント. ブレーン出版.)
Peterson, C. C., & Siegal, M. (2000). Insights into theory of mind from deafness and autism. *Mind & Language,* **15**, 123-145.
Preissler, M. A., & Carey, S. (2005). The role of inferences about referential intent in word learning: Evidence from autism. *Cognition,* **97**, B13-B23.
Riby, D., & Hancock, P. J. B. (2009). Looking at movies and cartoons: Eye-tracking evidence from Williams syndrome and autism. *Journal of Intellectual Disability Research,* **53**, 169-181.
Rizzolatti, G., & Sinigaglia, C. (2006). *So quel che fai: Il cervello che agisce e i neuroni specchio.* Milano: Raffaello Cortina Editore. (リゾラッティ, G.・シニガリア, C. (著) 柴田裕之 (訳) (2009). ミラーニューロン. 紀伊國屋書店)
Sato, W., Uono, S., Okada, T., & Toichi, M. (2010). Impairment of unconscious, but not conscious, gaze-triggered attention orienting in Asperger's disorder. *Research in Autism Spectrum Disorders,* **4**, 782-786.

Schultz, R. T. (2005). Developmental deficits in social perception in autism: The role of the amygdala and fusiform face area. *International Journal of Developmental Neuroscience*, **23**, 125-141.

千住淳 (2010). 自閉症児は心が読めない？――マインドブラインドネス仮説再考. 開一夫・長谷川寿一 (編), ソーシャルブレインズ――自己と他者を認知する脳. 東京大学出版会, pp. 265-281.

千住淳 (2012). 社会脳の発達. 東京大学出版会.

Senju, A., Hasegawa, T., & Tojo, Y. (2005). Does perceived direct gaze boost detection in adults and children with and without autism?：The state-in-the-crowd effect revisited. *Visual Cognition*, **12**, 1474-1496.

Senju, A., Soughgate, V., Miura, Y., Matsui, T., Hasegawa, T., Tojo, Y., et al. (2010). Absence of spontaneous action anticipation by false belief attribution in children with autism spectrum disorder. *Development and Psychopathology*, **22**, 353-360.

Senju, A., Soughgate, V., White, S., & Frith, U. (2009). Mindblind eyes: An absence of spontaneous theory of mind in Asperger syndrome. *Sicence*, **325**(5942), 883-885.

Soughgate, V., Senju, A., & Csibra, G. (2007). Action anticipation through attribution of false belief by 2-year-olds. *Psychological Science*, **18**, 587-592.

Travis, L. L., & Sigman, M. (2001). Communicative intentions and symbols in autism: Examining a case of altered development. In J. A. Burack, T. Charman, N. Yirmiya, & P. R. Zelazo (Eds.), *The development of autism: Perspectives from theory and research*. Mahwah, NJ: Laurence Erlbaum Associates, pp. 279-308.

十一元三 (2007). 広汎性発達障害と扁桃体. 臨床精神医学, **37**(7), 861-867.

von Grünau, M., & Anston, C. (1995). The detection of gaze direction: A stare-in-the-crowd effect. *Perception*, **24**, 1297-1313.

Weigelt, S., Koldewyn, K., & Kanwisher, N. (2012). Face identity recognition in autism spectrum disorders: A review of behavioral studies. *Neuroscience and Behavioral Reviews*, **36**, 1060-1084.

Williams, J. H. G., Whiten, A., Suddendorf, T., & Perrett, D. I. (2001). Imitation, mirror neurons and autism. *Neuroscience & Biobehavioral Reviews*, **25**, 287-295.

Wimmer, H., & Perner, J. (1983). Belief about beliefs: Representation and constraining function of wrong beliefs in young children's understanding of deception. *Cognition*, **13**, 103-128.

Wolff, J. J., Gu, H., Gerig, G., Elison, J. T., Styner, M., et al. (2012). Differences in white matter fiber tract development present from 6 to 24 months in infants with autism. *American Journal of Psychiatry*, **169**, 589-600.

謝辞

　本原稿の初稿について，京都大学大学院医学研究科の十一元三先生と魚野翔太先生に貴重なコメントをいただきました。心より感謝申し上げます。

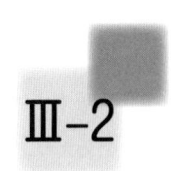

III-2 自閉症スペクトラム指数(AQ)と「心の理論」

若林明雄

　本章では，自閉症スペクトラム障害では大きく障害を受けているとされる，社会的認知能力の中心的機能である「心の理論（theory of mind）」というメタ認知的な機能について，自閉症スペクトラム指数（以下 AQ と表記）との関係から考察する。また，自閉症スペクトラム仮説という一次元的なモデルから発展した共感化-システム化（empathizing-systemizing; E-S）理論を枠組みとした新たな認知スタイル・モデルの観点から「心の理論」を含めた自閉症スペクトラム障害の特徴について再検討することを試みる。なお，「心の理論」という用語が意味する内容は，プレマックら（Premack & Woodruff, 1978）による「他者の心的状態を推論する」という当初の定義から，現在ではメンタライジングや社会的認知のような広い意味でも使用されるようになっており，「心の理論」という用語の意味はあいまいになっているが，この問題については本書の他の部分で扱われると思うので，ここでは「他者の心的状態の推論・理解」を中心とした認知的な機能として論を進める。

1　自閉症スペクトラム

（1）自閉症スペクトラム仮説

　自閉症スペクトラム（autism spectrum）という概念は，社会的・コミュニケーション障害の程度という連続体（スペクトラム）を想定し，自閉性障害と定型発達状態をその両極に位置づけるという考え方にもとづいている（Baron-

Ⅲ　自閉症児を理解するために

Cohen, 1995ほか）。

　このような心的障害を健常者と連続体上に位置づける考え方は，現在ではさまざまな障害を理解するための重要な視点となっており，健常者を対象として心理的不適応状態などを研究するアナログ研究などにも応用されている。こうした連続体仮説では，従来のカテゴリー的診断とは別の量的診断という観点から障害を理解することが可能であり，障害の有無ではなく，障害の程度という視点から個人を位置づけることができる。

　2013年に改訂された国際的に使用されている診断基準のDSM-5では，このような考えかたを採用しており，以前の「広汎性発達障害」や「アスペルガー障害」を含め，自閉症圏の障害を示す包括的な診断カテゴリーとして「自閉症スペクトラム障害（以下ASDと表記）」を設定し，「社会的コミュニケーションの障害」と「反復的・限定的な関心やこだわり行動（repetitive/restricted behavior；以下RRBと表記）という2つの認知・行動上の特徴を診断の指標としている。

（2）自閉症スペクトラム指数（AQ）

　自閉症スペクトラム仮説にもとづけば，個人の自閉症傾向は，量的に測定した場合，その得点で障害群と定型発達群を識別できるだけでなく，両群の得点の分布には一定の連続性ないしはオーバーラップが認められることになる。このような理論的要求を満たす尺度として作成されたのが，バロン＝コーエンらによる「自閉症スペクトラム指数（autism-spectrum quotient; AQ）」であり，健常範囲の知能を持つ成人を対象とした自己回答形式の質問紙で，幼児・児童用も後に開発された（Baron-Cohen et al., 2001a）。この尺度は，その得点によってASDかどうか，また障害の程度などの臨床的スクリーニングに使用できるだけではなく，定型発達を含む診断には至らない人の自閉症傾向の個人差を測定できるという点で，研究と診断の両面で有効な道具であるとされ，現在では基礎研究・臨床場面の双方で広く利用されている。

(3) AQ の構成

　AQ の項目内容は，基本的に自閉性障害（作成当時は DSM-IV に準拠）と診断された人と定型発達者とを識別する認知・行動的特徴をもとに作成されており，この障害に特徴的にみられる症状の5つの領域である「社会的スキル」「注意の切替」「細部への注意」「コミュニケーション」「想像力」から構成されている。そのため，現在の DSM-5 における ASD の診断基準のような「社会的コミュニケーションの障害」と「RRB」という2つの因子が考慮されているわけではないが，内容的にはほぼ対応したものを含んでいる。これらの5つの領域について10問ずつからなる下位尺度があり，全体で50項目となっている。回答形式は，「あてはまる」から「あてはまらない」までの4段階評定であり，採点法は，各項目で ASD 傾向とされる側に該当するという回答に1点が与えられる。なお，その後の研究で，下位尺度の「細部への注意」は ASD に特異的な指標ではないことが示唆されており，採点法に関しても1/0ではなく，評定段階を考慮した方が妥当性が高くなることなど，AQ 自体については改善すべき点が指摘されている（Hoekstra et al., 2008など）。

(4) AQ における「心の理論」

　ASD の原因として「心の理論障害仮説」が提案されているように，自閉症スペクトラム傾向と「心の理論」の障害には強い関係があることは確実であり，AQ と「心の理論」の関係では，AQ が高い（自閉症スペクトラム傾向が高い）ほど「心の理論」の欠損が目立つようになることが想定される。

　具体的に AQ と「心の理論」の関係を見ると，AQ には「心の理論」という下位尺度はないが，項目としては「心の理論」に対応する内容のものが一定数含まれており，「心の理論」にかかわる7項目とそれらを除いた AQ の総得点との相関は $r=0.45$ であった。これは，「心の理論」の障害と自閉症スペクトラム傾向の強さには関連性はあるものの，「心の理論」の障害のみで自閉症スペクトラム傾向の高さを予測できるほど明確な関係ではないことを示している。アイ・テスト（eye test）などの「心の理論」を必要とする課題成績と AQ の関

係を調べた研究でも $r=0.4$ 前後であることから，AQ と「心の理論」の関係は，このような中程度の相関であると考えられる。この結果は，心の理論障害仮説では，ASD を十分に説明できないことを示唆しており，ASD の別の行動指標である RRB を「心の理論」の障害では説明できないことが，このような関係の理由と考えられる。

なお，ここで注意すべきことは，自閉症スペクトラムという ASD 傾向の程度の違いと同様に，「心の理論」についても「機能しているか欠損しているか」という二分法的視点からとらえるのではなく，「心の理論」能力の高低を程度として考える必要があることである。これまでの多くの研究結果を見る限りでは，ASD と診断された場合には，ほぼ確実に「心の理論」の大幅な，あるいは完全な欠損が認められている。しかし，「心の理論」能力に高低といった程度（連続性）を考慮した場合，定型発達者においても，「心の理論」を含む社会的認知能力には，明らかに個人差が認められるが，「心の理論」の低さは単純に自閉症スペクトラム傾向と結びついているわけではない。

これらのことを考慮すると，ASD 傾向と「心の理論」の関係は，強い関連性があるものの，「心の理論」の障害が ASD の基底にあるとは言い切れないことがわかる。重要な点は，ASD 傾向が高い場合には，「心の理論」の欠損の程度は大きいことが予想されるが，「心の理論」能力が低いことは，必ずしも ASD 傾向の高さを意味するとは限らないということである。DSM-5における ASD 障害の診断の指標は，社会性コミュニケーションの障害とともに，RRB（反復的行動・限定的関心など）の存在であり，後者については「心の理論」の障害では説明することができないことは重要な点であると思われる。

2 自閉症スペクトラムと基本的な因果認知

（1） 2つの基本的な因果認知

人間の基本的な認知機能のなかでも，社会・心理的行為者＝エージェント（の意図性）の理解と非行為者の動き（物的因果性）の理解という2つの基礎的

な因果性の認知は、乳児期から現れることが知られており（Cosmides & Tooby, 1994），人間にとって意図性の有無（行為者と非行為者の区別）と，それに伴う素朴心理学と素朴物理学という認知—推論過程は最も基本的な心的機能であると考えられている（Dennett, 1987）。

素朴心理学（naïve psychology）は，「心の理論」とかなりの共通性を持つが，低次の社会的知覚（視線検出・共同注意など）から高次の社会的知能（「心の理論」，共感，語用論的理解など）までを含み，社会的生活に不可欠な認知機能である。一方，素朴物理学（naïve physics）には，低次の知覚から高次の物的因果法則の理解までが含まれ，ものがどのように働くかを理解すること，つまり意図を持たない対象の物理的因果関係の理解が中心である。

（2）ASDにおける2つの基本的因果認知機能

この2つの基本的因果認知機能についてASDの特徴を見ると，ASDには素朴心理学に何らかの障害があるが，素朴物理学には特に問題はないように見える。バロン＝コーエンら（Baron-Cohen et al., 2001b）は，アスペルガー障害群では素朴心理学に関する能力が障害を受けているのに対して，素朴物理学に関する能力では定型発達群よりもすぐれていることを報告している。この結果は，心的内容を含まないメタ表象（写真）課題と心の理論課題とでASD児と定型発達児の成績が逆転することを示したリーカムら（Leekam & Perner 1991）やレスリーら（Leslie & Thaiss, 1992）などの研究結果などとも一致するものである。

しかし，この2つの認知機能の基礎となる神経的基盤が共通のものなのか，別のものなのか，言い換えれば一方が高くなると他方が低下するといった相反的な関係にあるのか，あるいは両者が独立しているのかという疑問については明確なデータは示されていなかった。これは，基本的因果性の理解に関する個人の傾向について，2つの認知能力間にトレードオフがあると考え，2つの認知能力を両極とする連続体に沿って個人差を考えるか，この2つの認知能力を独立するものとみなし，直交させた2次元座標を想定し，その平面上に個人差を位置づけるかという2つの可能性があるということを意味している。

3 「共感化―システム化」理論と「心の理論」

(1) 共感化―システム化理論

このような背景から，バロン゠コーエンは，「心の理論」など素朴心理学に対応する認知機能を「共感化 (empathizing)」，素朴物理学に対応する認知機能を「システム化 (systemizing)」という2つの認知機能という概念に対応づけ，2次元座標からなる「共感化―システム化 (E-S)」モデルを構築することで，ASD者や定型発達者の認知的個人差を説明している (Baron-Cohen et al., 2003)。

共感化は，他者の行動の意味を理解し，他者の行動や感情的反応を予測することを可能にするとともに，他者の体験を共有し，情動的に適切に反応することを可能にする認知機能とされている。「共感化」という用語は，「心の理論」を含む素朴心理学を中心とした概念であり，行為者の行動を理解するために，心的状態を自己や他者に帰属する能力（「心の理論」）と，他者の心的状態に対して適切な情動的反応をすること（従来の共感などに対応するもの）という2つの側面を含む。一方システム化は，意図を持たない存在（もの）の働きを理解し予測するための，システムを分析し構築する認知機能であり，広義の素朴物理学に対応する概念であるとされている。

バロン゠コーエンは，この2つの認知機能の個人差を独立した2つの次元としてとらえ，それによって「E-S理論」という考え方を提唱した。このE-S理論の妥当性は，複数の研究で確認されており，たとえば若林ら (Wakabayashi et al., 2012) は，定型発達の小学生と大学生を対象に実験を行い，この2つの基本的因果認知能力の個人差が定型発達者ではほぼ無相関であり，相対的に独立している（2つの認知機能を直交する次元とみなせる）ことを明らかにしている。なお，共感化とシステム化の程度については，共感化指数 (EQ) とシステム化指数 (SQ) によって測定することもできる (Baron-Cohen et al., 2003)。

（2）共感化障害仮説によるASDの特徴の説明

共感化の能力は，乳児期から発達するもので，心的状態の自己や他者への帰属，ふり・信念などの理解，言語の語用論的理解，他者の行動の理解と予測などを可能にする。

1980年代にASD児を対象として数多く行われた心の理論課題を使った実証的研究で，ASDにおける共感化の発達の重篤な障害が確認されたことから，心の理論障害仮説が提唱された。社会的認知課題を使用した研究でも，共感化とアイ・テストや動画を使った登場人物の心的状態の理解などの成績に一定の相関があることが示されている。E-S理論では，ASDは，その精神年齢に比べて「共感化能力」に障害があると考えるという点で，ASDの心の理論障害仮説の考え方を拡張したものとみることもできる。

共感化の障害という考え方は，社会性コミュニケーションの障害というASDの基本的特徴を説明することができる。しかし，共感化障害仮説だけでは，ASDのもう1つの特徴であるRRBについて説明することはできない。そこで提案された新たな認知機能が「システム化」である。

（3）システム化

システム化は，意図を持たない物の動きや物理的な働きを理解し予測するための能力であり，素朴物理学に対応する概念である。

ここでいうシステムとは，我々の周囲にあるさまざまなものや現象として存在するものであり，それには，①機械や道具のような技術的なもの，②生物学的あるいは地球科学・天文学的な自然界のもの，③数学やコンピュータ・プログラムといった抽象的なもの，④図書の分類法や何かのコレクションなどにみられる系統化が可能なものなどが含まれる（バロン＝コーエンら，2010）。これらのいずれのシステムも，我々は，その背後にある何らかの法則性から理解することができる。これらのシステムは，1つの入力に対して，そのアウトプットが完全に予測可能であるという特徴を持っている。

E-S理論では，ASDがシステム化への優位性を示すと仮定しており，実験

的研究はそれに一致する結果を示している。ASD 児は，素朴物理学の能力に障害がないだけではなく，明らかに発達（優越）していることが示されている。たとえば，ウェクスラー知能検査の絵画配列課題では，ASD 児は統制群に比べて，物理的因果関係の配列課題の成績が高い。また，ASD 児と成人を対象とした素朴物理学の課題では，統制群に対して同じないしは優れた成績を示している。

　以上の説明からわかるように，E-S 理論の共感化とシステム化は，DSM-5 での ASD の診断のための特徴とされる「社会コミュニケーションの障害」と「RRB」と対応している。E-S 理論では，ASD を単に心の理論障害（共感化の障害）としてみるのではなく，それに加えて RRB（システム化）の強さの組み合わせとして考えるのである。

（4） 2次元モデルから認知スタイルへ

　E-S モデルでは，単に 2 次元平面上に個人の認知傾向を位置づけるだけではなく，その組み合わせを一種の認知スタイルとして理解する。すなわち，システム化が共感化よりも一定以上優位である場合を「システム脳（S）タイプ」，反対に共感化がシステム化よりも一定以上優位である場合を「共感脳（E）タイプ」と定義している。システム化と共感化の程度に大きな違いがない場合には認知的に偏りのない「バランス脳（B）タイプ」とされる。ASD では，共感化に対するシステム化の優越が定型発達者に比べて著しく大きく，「極端な S タイプ」の特徴を示すことから，ASD の特徴（症状）は共感化の障害とシステム化の優位という極端な認知スタイルとして説明される（図Ⅲ-2-1）。実際に，ASD 者の認知スタイルを調べた研究では，その大半が「極端な S タイプ」または「S タイプ」であった（Wakabayashi et al. 2007）。なお，E-S 理論にもとづく認知的個人差は，脳神経レベルの差異に対応しているという報告もある（Sassa et al, 2012）。

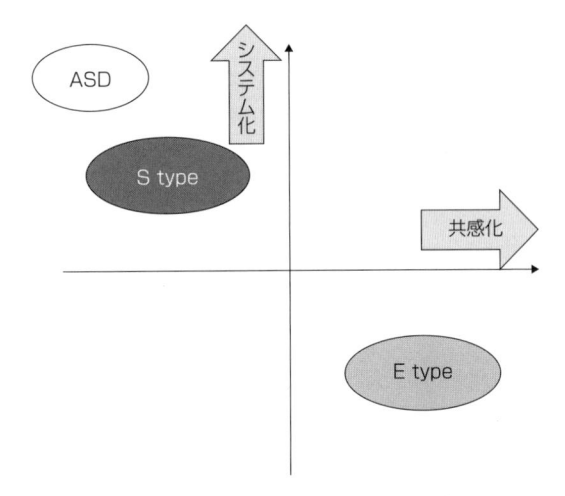

Ⅲ-2 自閉症スペクトラム指数（AQ）と「心の理論」

図Ⅲ-2-1　E-S理論の2次元空間モデル

（5）E-SモデルとAQの比較

　AQとして数値化されるような1次元的な自閉症スペクトラム仮説は，E-S理論の2次元モデルと理論的には共通の平面上に表現することが可能である。すなわち，AQのスコア（自閉症スペクトラム傾向）が高くなるほど，共感化は低くなり，システム化は高くなる。したがって，共感化—システム化をそれぞれ x 軸 y 軸としたとき，自閉症スペクトラム次元は，$(x, -y)$ 空間から $(-x, y)$ 空間へ（図Ⅲ-2-1の右下から左上へ）と45°の方向に位置づけられることになる。

　そこで，実際にE-S理論とAQとの関係について見てみよう。E-S理論では，認知スタイルとして「極端なSタイプ（極端に低い共感化と極端に高いシステム化の組み合わせ）」がASDに該当する。筆者の研究室で行った研究では，このタイプに該当する人（定型発達者の約4％）のAQ得点は，平均31点であり，AQを使用したASD群の診断レベルに対応するカットオフ値（33点）に近く，他の4タイプより明らかに高い傾向を示している。なお，「極端なSタイプ」の人でAQでカットオフ値を上回った人の割合は56％であった。

　次に，心の理論項目得点についてみると，「極端なSタイプ」の平均得点は，全体の平均得点よりも1標準偏差以上高く，他のタイプよりも明らかに高い。

表Ⅲ-2-1　AQで33点以上の人と認知スタイルが「極端なSタイプ」の人の得点傾向（z値）

	AQ総計	Skill	Switch	Details	Comm.	Imagin.	ToM	RRB
AQ33以上	2.09	1.66	1.30	0.69	1.42	1.39	1.30	0.90
極端なSタイプ	1.48	1.38	0.54	0.27	1.12	1.19	1.24	0.65

注：Skill：社会的スキル，Switch：注意の切替，Details：細部への注意，Comm.：コミュニケーション，Imagin.：想像力，ToM：心の理論，RRB：反復的／限定的行動（いずれも高得点ほど障害があることを意味する）。

　こうした傾向は，AQでカットオフ値を上回った人にも同様に見られ，E-S理論での認知スタイルがASDを理解する上でAQ同様に有効であることを示唆している。

　なお，AQのカットオフ値以上の成人とE-S理論の「極端なSタイプ」に該当した成人によるAQの下位尺度や「心の理論」RRBの得点傾向を表Ⅲ-2-1に示した。この結果では，両者がいずれも平均より明らかに高い得点を示しており，同じようにASDのスクリーニング等に有効であることがわかる。

　これらの事実を総合すると，ASDには2つの基本的認知的機能のトレードオフ（低い共感化と高いシステム化）が認められることから，自閉症スペクトラム（特性）傾向について，AQで示されるような連続体（1次元）上の個人差として位置づけても大きな問題はないと考えられる。しかし，ASDにおいてもRRBという行動指標を考慮する場合や定型発達者も含めた認知的な個人差を考える場合には，E-S理論のような2次元モデルの方が，より正確に個人の認知的特徴を把握できると考えられる。その意味では，「心の理論」を含む社会的認知能力の個人差は，ASD同様に定型発達者にとっても重要な意味を持つと考えられる。

4　自閉症スペクトラムの2次元的理解へ

　自閉症スペクトラム傾向と「心の理論」の関係は，AQを指標としてみる限りでは，ASD傾向（AQスコア）が高いほど「心の理論」に障害が認められるという関係があることは事実である。しかし，「心の理論」能力が低いことは，

単純にASD傾向が高いことを意味するとは限らない。AQとE-S理論は，ASDのスクリーニングには同様に有効であるが，両者は自閉症スペクトラムを1次元的にとらえるか2次元平面上に位置づけるかという点で異なっている。共感化とシステム化という「心の理論」とRRBに対応する2つの独立した概念を枠組みとしたE-S理論は，ASDだけではなく定型発達者をも含めた認知機能の個人差を理解する上で有効であると考えられる。

文　献

Baron-Cohen, S. (1995). *Mindblindness: An essay on autism and theory of mind*. Cambridge, MA: MIT Press/Bradford Books.

Baron-Cohen, S. (2010). Empathizing, systemizing, and the extreme male brain theory of autism. *Progress in Brain Research*. **186**, 167-175.

Baron-Cohen, S., Richler, J., Bisarya, D., Gurunathan, N., & Wheelwright, S. (2003). The Systemizing Quotient (SQ): An investigation of adults with Asperger Syndrome or high-functioning Autism and normal sex differences. *Philosophical Transactions of the Royal Society, Series B, Special issue on "Autism: Mind and Brain"*, **358**, 361-374.

Baron-Cohen, S., Wheelwright, S., Skinner, R., Martin, J., & Clubley, E. (2001a). The Autism-Spectrum Quotient (AQ): Evidence from Asperger Syndrome/high-functioning autism, males and females, scientists and mathematicians. *Journal of Autism and Developmental Disorders*, **31**, 5-17.

Baron-Cohen, S., Wheelwright, S., Spong, A., Scahill, V., & Lawson, J. (2001b). Are intuitive physics and intuitive psychology independent? *Journal of Development and Learning Disorders*, **5**, 47-78.

Cosmides, L., & Tooby, J. (1994). Origins of domain specificity: The evolution of functional organization. In L. Hirschfeld, & S. Gelman (Eds.), *Mapping the mind: Domain specificity in cognition and culture*. New York: Cambridge University Press.

Dennett, D. (1987). *The intentional stance*. Cambridge, MA: MIT Press/Bradford Books.

Hoekstra, R. A., Bartels, M., Cath, D. C., & Boomsma, D. I. (2008). Factor structure, reliability and criterion varidity of the Autiam-Spectrum Quotient (AQ): A study in Dutch population and patient groups. *Journal of Autism and*

Developmental Disorders, **38**, 1555-1566.

Leekam, S., & Perner, J. (1991). Does the autistic child have a metarepresentational deficit? *Cognition*, **40**, 203-218.

Leslie, A. M., & Thaiss, L. (1992). Domain specificity in conceptual development: Neuropsychological evidence from autism. *Cognition*, **43**, 225-251.

Premack, D., & Woodruff, G. (1978). Does the chimpanzee have a theory of mind? *The Behavioral and Brain Sciences*, **1**, 515-526.

Sassa, Y., Taki, Y., Takeuchi, H., Hashizume, H., Asano, M., Asano, K., Wakabayashi, A., & Kawashima, R. (2012). The correlation between brain gray matter volume and empathizing and systemizing quotients in healthy children. *NeuroImage*, **60**, 2035-2041.

Wakabayashi, A., Baron-Cohen, S., Uchiyama, T., Yoshida, Y., Kuroda, M., & Wheelwright, S. (2007). Empathizing and systemizing in males and females with and without autism spectrum conditions: A cross-cultural stability. *Journal of Autism and Developmental Disorders*, **37**, 1823-1832.

Wakabayashi, A., Sasaki, J., & Ogawa, Y. (2012). Sex differences in two fundamental cognitive drives: Empathizing and systemizing in children and adults. *Journal of Individual Differences*, **33**, 24-34.

Ⅲ-3 自閉症児と情動
——情動調整の障害と発達

別府 哲

1 社会性の問題行動は「心の理論」の欠損で説明できるのか

　自閉症児者における心の理論欠損仮説は，社会性に関するさまざまな問題行動を説明できることから，多くの注目を集めてきた。たとえば，自閉症児者が相手の嫌がることを繰り返し言うのは，自分の言葉で相手がどう思うかを理解できないためだと考えるわけである。しかし特に自閉症の事例を丁寧にみてみると，そこには心を巡る複数の次元が区別されていないという問題が隠されていると思われる。1つ例をあげて考えてみることとする。

事例1

　高機能自閉症の診断を受けた4歳Aくん。突然，友だちの目を指で突こうとしたり，パニックになるとお母さんを殴ったりする他害行動が頻発していた。彼はときどき近所の親戚の家に来る双子が大好き。しかしいつもその双子に会うと，笑いながら急に抱きついたり押し倒したりしてしまう。「やめなさい，〇〇ちゃん嫌なんだよ」と大人が言うと，余計に抱きつこうとし，結局相手の子に「もう遊ばない」と言われることの繰り返しであった。ある日，「今日，双子の子が来るけど，押したりせずに仲良く遊ぼうね」と両親に言われ，朝からおとなしく待っていた。しかし，夕方双子に会うと，やはりいつも通り抱きつき，押し倒しをしはじめ，両親に叱られることとなってしまった。

Ⅲ　自閉症児を理解するために

　以前に相手から嫌だと意思表示され，両親からやめなさいと言われても双子に繰り返し抱きつくAくんの行動は，彼が相手の心を理解していないことから生じたとする理解は可能である。
　しかしこの例については別の解釈も成立する。それは，情動調整の障害という考えである。実はAくんはこの日，双子が来ることを教えられた朝10時から実際に会う夕方4時まで，6時間一歩も外へも出ず家で待っていた。その間彼は，何度もトイレに行き頻尿になるほど緊張しながらも，とてもおとなしくしていたそうである。この姿は，Aくんが決して相手の気持ちを理解していないのではない可能性を推察させる。それとは逆に，双子と直接会う前は，「（双子の子を）押してはいけない」「仲良く遊ぶ」と自分に言い聞かせながら，衝動を抑制しようとしていたと思われるのである。でも実際に会ってしまうと，抑制しすぎたことの反動なのか，嬉しさでテンションが一気に上がってしまう。その結果，自分の情動を調整できなくなり，相手に抱きついてしまった。仮にそうだとすれば，彼の問題行動は，相手の気持ちを理解できるかどうかだけではなく，理解した上でその場での情動調整をうまくできるかどうかにあることを推測させるのである。

2　心を「わかる」ことと「調整」すること

　Aくんの日常には，他者の心がうまく読めていないのではと思われる行動は多々みられていた。保育園で突然男の子に「相撲！」と言いながら4つに組んだかと思うと，次の瞬間には別の遊びにさっと行ってしまったりする。また，散歩中に見知らぬ通行人に，相手の関心はおかまいなく自分の好きな農機具の話を延々と話し，相手の人が怒りだすこともよくあった。このように，Aくんの言動が他者の心を理解できないことに起因すると考えられる場合は確かに存在していた。
　しかし，さきほどのAくんの例に示したように，「理解」の問題だけでなく，「調整」できないことがトラブルを引き起こしていた可能性も否定することは

できない。

　自閉症の心の理論欠損仮説は，その存在を裏付ける精巧に工夫された課題（たとえば誤信念課題）により，多くの実証研究が行われてきた。一方でそういった課題を自閉症児者が特異的に通過できないという一貫した研究結果は，その明瞭さゆえに，自閉症の社会性の問題行動すべてが心の理解の障害に依っているととらえる風潮を作ってしまったとも考えられるのである。

　本来，心を「わかること（理解）」と「調整」して適切な行動をとることは密接に関連したものと考えられる。しかしその両者は，時に一致しない場合も存在する。そしてそれは事例1のように，自閉症児者には少なからずみられるのである。そうであるからこそ，心の「理解」と「調整」を，関連しつつも独立した次元ととらえることが必要なのである。

3　認知的な心，情動的な心

　事例1は，心をとらえるもう1つの次元を示唆している。それは認知的な心と情動的な心という次元の存在である。

　心の理論（theory of mind）は本来その用語が示すように，認知的な心（mind）を扱うものである。心の理論を測定する代表的課題である誤信念（false belief）課題は，登場人物の信念を推測させる。一方実際の生活では，認知的な心だけでなく，相手が自分の言動を嫌がっている，あることを考えて嬉しいと思っているという，情動（emotion）を伴った心を理解する場面は少なくない。特に自閉症児者の場合，純粋な認知的な心の理解より，相手が嫌がっているのに繰り返し抱きつくといった情動的な心の理解の問題の方が，実践上の大きな課題となる。自閉症児者とかかわる際に，何か通じ合えない違和感を持つことの多くは，この情動的な心における通じ合えなさに拠っているのである。

　心の理論は，心を推測する理論という枠組みを前面に出すことで，その心の内容——認知的か，情動的か——を不問に付してきた。そのため，心の理論を獲得すれば，認知的な心も情動的な心も同じように理解可能だとし，両者を特

表Ⅲ-3-1　自閉症の社会性障害を考える
際に必要な心の次元

	認知的な心	情動的な心
心の理解	A	B
心の調整	C	D

にわけることなくとらえてきたと考えられるのである。

　ここでは仮説的に，心を理解─調整という次元と，認知的─情動的という次元にわけてみる（表Ⅲ-3-1参照）。すると，今までの自閉症の心の理論研究は，表Ⅲ-3-1のAの部分（認知的な心の理解）を主に扱っていること，かつその領域の能力が変化すれば他の領域（B, C, D）も関連して変わることが暗黙の前提とされていたと考えられる。実際，こういった関連で子どもの情動調整を考える見方も出されている。

　この4つは現実生活においては不可分な関係にあり，分類はあくまで便宜的なものにすぎない。しかし特に自閉症児者について考える際には，事例1のように，AがB, C, Dと直接的に連関しない場合が少なからず存在するのである。そうであるならば障害によるそれらの独自な連関のあり方を探ることを展望しつつ，まずはA以外の領域について自閉症児者の姿を1つずつ検討していくことが必要となる。筆者は以前，自閉症児者のBにかかわる領域についてレビューした（別府，2009）。そこで本章では，もう1つの領域である，Dの情動的な心の調整に絞って考えてみることとする。

4　情動的な心の調整

（1）情動と自閉症

　情動のとらえ方にはさまざまな考えがある。ここでは情動を，外的刺激（たとえば，お母さん）や内的刺激（たとえば，空腹や想像）に対する反応として生理的変化を伴って生じるプロセスであり，思考や行動を動機づけ方向づけるものとする（Begeer, 2013）。たとえば，迷子になった子が迎えに来たお母さん（外的

刺激）を見つけ，喜び（joy）という情動を感じるときは，心臓がどきどきし（生理的変化），お母さんに向かって勢い込んで走って抱きつく（行動の動機づけ）ことを引き起こすと考えるのである。

　従来情動については，「恐怖や怒りで状況が正確にとらえられない」など，その非合理的でネガティヴな面が強調されてきた。一方，恐怖を感じられるからこそ，私たちは自分の生存を脅かす対象から瞬時に自分を守ることができる。また情動は，ソマティック・マーカー（somatic marker）として身体に記憶されることで，たとえば不快な体験を次に回避する機能を持っているといわれる（ダマシオ，2000）。このように情動の適応的意義が再評価されるなかで，1990年代以後，その実証的研究が進展してきた（遠藤，2006）。

　自閉症においては，その命名をしたカナー（Kânner, L.）が「人々との情緒的接触を形成（form affective contact with people）」できない障害と記したように，情動の質的障害は一貫して重視されてきた。しかしそれはあくまで質的記述にとどまり，実証的研究が行われるようになったのは，他の情動研究同様，1990年代後半以後のようである。しかもその研究領域はきわめて限定されており，さきほどの表Ⅲ-3-1でいえばBの領域である情動的な心の理解が大多数を占めていると考えられる（別府，2009）。

　これは，他者の情動理解が，表情写真の判断や物語での登場人物の情動理解を尋ねるなど，実証方法を確立させてきたことを一因としている。2013年に刊行された『自閉症スペクトラム障害事典』（*Encyclopedia of Autism Spectrum Disorders*）の情動（emotion）の項目（Begeer, 2013）でも，情動の理解（understanding）に加えて，反応（responding）（たとえば大人が誤って自分の脚を机にぶつけて痛がっているのを見た際の共感反応を扱った研究），表出（expression）（情動表出としての表情）といった，量的研究を行う方法が確立している領域の研究は紹介されている。しかし，その方法がまだ十分確立していない情動調整（emotional regulation）については，自閉症の実証的研究はほとんど行われていないのが現状なのである（Gilliam, 2013）。

（2）情動調整に影響を及ぼす要因

そこで，まず障害のない人の情動調整を形成，あるいは阻害する要因を取り上げ，それらを手がかりに，自閉症児者の情動調整の障害形成プロセスを検討してみたい。

情動調整は，情動反応のタイプや程度，タイミングなどを調整することである。ギリアム（Gilliam, 2013）はこれに影響を与える要因として，個人要因（たとえば，気質や，失感情症などの障害），環境要因（たとえば，本人の対処可能な課題を与えられるか対処不可能な課題を与えられるか），能力発達の要因（たとえば言語能力，実行機能）などをあげている。さらに加えて発達的な視点を取り上げ，障害のない子の場合，最初は養育者に自分の情動反応（たとえば，悲しくて泣く）をなだめてもらうことなどを通して外的調整（external regulation）を行うが，それが次第に自分で自分の情動を調整する内的調整（internal regulation）に発達することを指摘している。

（3）自閉症児者における情動調整障害の発達プロセスモデル

この発達的視点をもとに，自閉症児者における情動調整の発達プロセスを考えてみる。さきほど，障害のない子どもの情動調整は外的調整から内的調整に発達すると述べた。ところが自閉症児者の場合，情動調整の発達の出発点である外的調整自身が成立しにくい障害特有の困難を抱えていることが予想される。外的調整は，大人に自分の情動反応をなだめてもらうことを通して成立する。しかし自閉症児者の場合，情動反応自身がしばしば特異的なため，周囲の人に自分の情動反応をわかってもらえない，その結果なだめてもらえない，あるいはなだめてもらえても情動がうまく調整されないといったことが生じやすいのである。

情動反応の特異性を引き起こす要因の1つに，自閉症児者の感覚過敏・感覚鈍麻（hypersensitivity-hyposensitivity）がある（別府，2013）。たとえば，聴覚過敏で突然鳴る大きな音が怖い場合がある。触覚過敏で，人に体を触られると電気ショックが走るように痛いといった人もいる。そうすると，障害のない子で

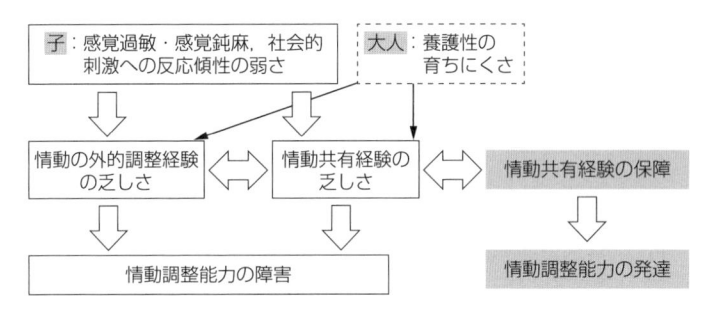

図Ⅲ-3-1　自閉症児における情動調整の発達プロセス

あれば笑うことができる大人の面白い言葉が，ある自閉症児者にとっては声の大きさだけで怖い不快な音になる可能性がある。そこでは，自閉症児者が不快（あるいは快）と感じる対象が障害のない人には不快（快）ではないという，不一致が生じる。加えて通常の大人によるなだめ（たとえば，抱っこして揺らす）が，触覚過敏がある子の場合，身体を触られること自体によってさらに不快を激しくしてしまうときがある。このような快―不快を引き起こす対象の不一致，その情動の程度の不一致は，無力な乳児にとって最も必要となる，大人との情動交流（ワロン，1984）を困難にする。それが養育者としての大人には，親としての自己効力感（自分がこの子の泣きをおさめられたという気持ち）を感じにくくさせ，子どもの側には情動調整できた成功体験の乏しさをもたらすのである。

　こういった考えに基づき，自閉症児者の情動調整の発達プロセスを仮説的に図式化したものが図Ⅲ-3-1である。情動の外的調整を困難にする要因には，感覚過敏・感覚鈍麻だけでなく，自閉症児者の社会的刺激への反応傾性（たとえば人の顔，声，動きなどに半ば自動的に注意を向ける能力）の弱さ，それによって引き起こされる周囲の大人の養護性（たとえば，子どもをかわいいと感じ，ケアしようという欲求をもつこと）の育ちにくさなど，複数の要因が関連して存在している。

　さらに重要なのは，そういった要因が情動の外的調整経験の乏しさだけでなく，情動共有経験の乏しさも引き起こすという点である。情動共有経験とは，一緒に笑いあったり一緒に悲しんだり，相手と同じ情動を共有する経験をさす。

Ⅲ　自閉症児を理解するために

　障害のない子は，生後早い時期から半ば自然に情動共有経験をたくさん体験できる。たとえば，泣いている人がいると近くにいる赤ちゃんが一緒に泣いてしまう情動伝染や，大人の顔を注視する赤ちゃんに大人が微笑むと赤ちゃんが微笑み返しをするといったことなどである。障害のない子は，そういった経験を少なくとも生後2，3カ月から体験できる。それにより大人は養護性を強めるとともに，目の前の子に快情動を引き起こす手がかりと，そうできるであろう親としての自己効力感を獲得していく。この手がかりは，情動の外的調整にも当然有効である。一方子どもも情動共有経験を体験することで，そこにいつもいる大人により関心を持ち，かかわりを増やしていこうとする。

　一方，自閉症児の場合，半ば生得的に持っているもの（感覚過敏・感覚鈍麻，社会的刺激への反応傾性の弱さ）と，それとの関係で周囲の大人に引き起こされるもの（養護性の育ちにくさ）が相互に関連しながら，結果として情動共有経験の乏しさが引き起こされる。それは子どもにとって何が不快であり快であるかを把握する機会を大人から奪い，結果として大人が子どもの情動をうまく調整できなくさせることともなる。自閉症児は情動共有経験が乏しいことで，他者への関心を強められない。さらに感覚過敏により，意図とかかわりなく自分に不快な刺激を与える他者が，恐怖の対象となることすらある。結果として情動の外的調整を体験できる機会が奪われ，情動の内的調整の能力が阻害される，そういったプロセスが想定されるのである。

（4）自閉症児者における情動調整の支援

　こういったとらえ方は，次のような支援の方向性を示唆する。前提として考えておきたいのは，自閉症児者が示す感覚過敏・感覚鈍麻や社会的刺激への反応傾性の弱さは，半ば生得的なものであり，これ自体を変えることは難しいということである。また本来，自閉症独自の感覚を障害のない人と「同じにする」こと自体が正しいのか，ということ自体も問い直されなければならない。なぜなら自閉症児者の感覚は「問題」なのではなく，障害のない人の感覚とずれているに過ぎないからである。そうだとすれば，自閉症児者の感覚を障害の

ない人の感覚に「合わさせる」ことのみを求めるのでなく，障害のない人が自閉症児者の独自の感覚に「寄り添う」支援も重要となる。自閉症児者が何を不快あるいは快と感じているかを，相手に働きかけながら丁寧に探る。それによって，自閉症児者が快を感じる世界を見つけ，障害のない人が一緒に楽しむ。

たとえば自閉症児が水道の水を延々と跳ねとばす行為をただ「こだわり」ととらえるのでなく，「何が面白いのかな？」と大人も一緒に横に座って水をとばしてみる。晴れた日など水がきらきら光り「きれいだな」と共に感じる。そこには，情動共有経験が確かに成立している（別府, 2012）。これによって，自閉症児者は大人が自分を侵襲する存在ではないととらえ安心感を得る。一方大人は，目の前の自閉症児者に快の情動を引き起こす，情動調整の手がかりを感じとっていくのである。

事例2

Aくんは保育園年長の1年間，園や療育センターが密接に連携をとり，彼の好きな活動を見つけ出し，大人が一緒に楽しむこと（情動共有経験）に丁寧に取り組んだ。その取り組みのなかで，半年後双子と玩具の取り合いになった際，母から「取り合ってけんかになったら，遊べないよ」と言われると，Aくんは玩具をその場においたまま外に出て自分からトラブルを回避することがあった。母の言葉によって自分の情動を調整（外的調整）しようとしたのである。その後行きつ戻りつしつつも，卒園時には初めて双子の子に抱きついたり玩具の取り合いをしたりせず（内的調整）遊ぶことができた。情動共有経験を保障するなかで情動の外的調整が可能になり，その後で彼自身が内的調整できるという発達プロセスを示してくれたのである。

一方，Aくんは，保育所では「◎◎しようね」と言われるとすぐ「はい」と返事をして行動するのに，帰宅後「あれ（「◎◎しようね」と言われたこと）が嫌だった」と言い，泣いて暴れることがよくあった。彼の場合，「◎◎しようね」という言葉に「はい」と返事してすぐ行動できる背景には，その指示を「嫌だ

な」と思ってもその気持ちを過度に抑制してしまう（適度に表出できない）別の問題があることが推測された。これは，情動の適度な表出ができず過度に抑制してしまうという，情動調整のもう1つの弱さを示しているとも考えられる。事例1でAくんが6時間おとなしくしていた後，双子に会うと興奮して抱きついたのも同じ現象であろう。こういったことはAくんの場合，「ここではこうすべき」と「わかる（理解）」ことがかえって過度な情動抑制と結びついてしまう可能性を示唆している。

　このように自閉症児者が示すさまざまなエピソードは，認知的な心の理解の障害としてだけでなく，情動調整障害ととらえることで，自閉症理解と支援の新たな地平を切り開く豊かな可能性を私たちに示してくれる。今後多くの事例を積み重ねた研究の進展が待たれるところである。

文　献

Begeer, S. (2013). Emotion. In E. R. Volkmar (Ed.), *Encyclopedia of autism spectrum disorders*, Vol. 2. New York: Springer, pp. 1079-1085.

別府哲（2009）．特別支援教育に関する教育心理学的研究の動向と展望――自閉症児者の感情に関する研究を中心に．教育心理学年報, **48**, 143-152.

別府哲（2012）．コミュニケーション障害としての発達障害．臨床心理学, **12**(5), 652-657.

別府哲（2013）．発達障害と知覚．日本発達心理学会（編），発達心理学事典．丸善出版．

ダマシオ, R. A.（著）田中三彦（訳）（1994/2000）．生存する脳．講談社．

遠藤利彦（2006）．感情．海保博之・楠見孝（監修），心理学総合辞典．朝倉書店, pp. 304-334.

Gilliam, W. (2013). Emotional regulation. In E. R. Volkmar (Ed.), *Encyclopedia of autism spectrum disorders*, Vol. 2. New York: Springer, pp. 1087-1088.

ワロン, H.（著）浜田寿美男（訳）（1984）．身体・自我・社会．ミネルヴァ書房．

Ⅲ-4 自閉症と三項関係の発展型としての「心の理論」

熊谷高幸

1 「心の理論」と三項関係

「心の理論」は人と人が互いの心を理解することを可能にする重要な心の働きであり，通常，4〜5歳から形成されるといわれている。しかし，それは，その年齢になって突然現れるのでなく，その前からの心の働きとつながりを持って生まれてくるはずである。バロン＝コーエン（Baron-Cohen, 2002）は，それを用意するものの1つが1歳前後に形成される三項関係であると述べている。それに対して，「心の理論」とは，三項関係に直結し，それが複合的な形で現れたものである，とするのが本章の主旨である。

三項関係は，図Ⅲ-4-1のように，子ども・大人・対象という三項の関係として，通常，1歳になる前に現れる。この関係の中で，子どもと大人が同じ対象に注目するのが有名な「共同注意」と呼ばれる現象である。この共同注意は，指さしや物の受け渡しのような形で現れるのだが，自閉症児はその出現が遅れやすい。

また，自閉症児は，通常4〜5歳で成立するといわれる「心の理論」の成立が遅れやすいという特性も持っており，三項関係と「心の理論」のつながりを解明することは，自閉症を解明することにもつながると考えられる。

ところで，この三項関係の中で，注目する対象が，ある物から別の物へと移行していったらどのようになるだろうか？　項が1つ増えるので全体としては

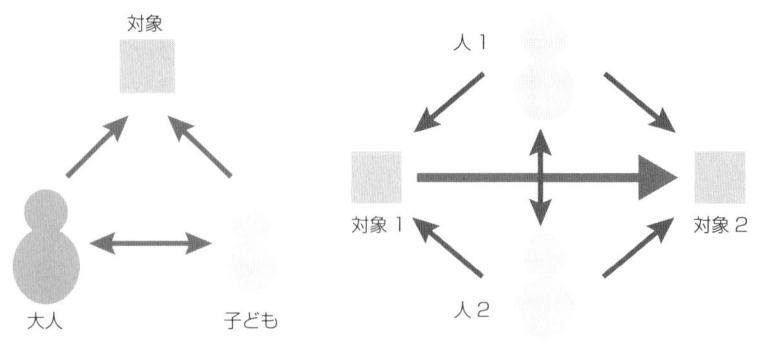

Ⅲ 自閉症児を理解するために

図Ⅲ-4-1 三項関係の基本型

図Ⅲ-4-2 時間的な推移を含む三項関係

四項関係となるが，三項関係が2つ組み合わさった形と考えることもできる。

このように時間という要素が加わったときには，基本となる三項関係を図Ⅲ-4-2のように90度回転させ，反対側にもう1つの三項関係が生まれる様子を示すとわかりやすくなる。私たちは生活の中で，共同注意の対象を絶えず切り替えている。実は，「心の理論」の成立を調べるためのテストも，このような三項関係の複合であると考えられるのである。

そこで，以下，このことを順に説明していきたいと思う。

2 「サリーとアン」テストのなかの三項関係

「心の理論」が成立しているかどうかを調べるために多くのテストが開発されているが，その中で一番有名なのはバロン＝コーエンらが開発した「サリーとアン」テストである（Baron-Cohen, et al., 1985）。そこで，まず，このテストの仕組みを解剖する中で，その中に複数の三項関係が含まれていることを示していきたい。

「サリーとアン」テストでは，サリーとアンの人形の前にカゴと箱が置かれている。そして，サリーがカゴの中にビー玉を入れて部屋を出ていくと，アンがビー玉を箱の中に移す。その後，「部屋に戻ってきたサリーはビー玉で遊ぶためにどこを探すでしょうか？」と参加者の子どもに問うのが，このテストの

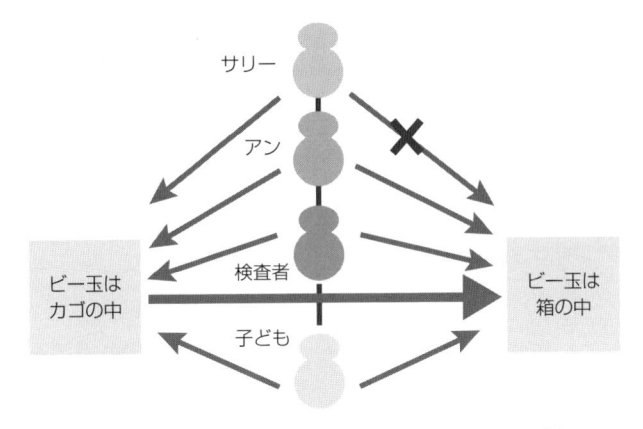

III-4 自閉症と三項関係の発展型としての「心の理論」

図III-4-3 「サリーとアン」テストのなかの三項関係

内容である。バロン＝コーエンらは，自閉症児では，このテストの達成が知的レベルに比して極端に低いことを明らかにしたのである。

このテストの正答はカゴであり，正答できるためには，参加者自身の視点でなく，サリーの視点に立つことが必要となる。だから，このテストの意味を考察するときには常に，サリーの視点と参加者の視点の違いが問題になる。しかし，私は，ここに検査者とさらにはアンの視点も含めて考えるべきだと思っている。

ビー玉がカゴから箱に移し換えられたという事実は，サリーとのあいだでは共有されていないが，参加者と検査者やアンとのあいだでは共有されている。実は，この事実が非常に重要だと思うのである。

そこで，この関係を図III-4-3のように表してみた。図中には多くの共有認識にもとづく多くの三項関係が含まれている。当初の三項関係では，すべての人物のあいだで「ビー玉はカゴの中」という認識が共有され，三項関係が完成しているが，右側の三項関係では，サリーとのあいだだけ三項関係が未成立である（図中で，この非共有の関係を×印の付いた矢印で示す。以下の図も同様）。

このテストにパスできなかった子どもは，サリーの心を読めなかったということになるが，一方で，検査者やアンの心は読めていた，という可能性はある

211

Ⅲ　自閉症児を理解するために

のではないだろうか。養育者である大人の意図を常に気にしている，この時期の子どもが，大人との共有認識を重視し，サリーとの共有認識の欠如を見落とす，ということは十分考えられることである。

「サリーとアン」テストは，図Ⅲ-4-3に表したように三項関係の複合を成している。その中から，サリーとの関係を区別して捉えることができたとき，これにパスすると考えられる。

ところで，「サリーとアン」テストは，第一次「心の理論」テストと呼ばれている。しかし，いま述べたように，サリーの心を読めなかった子どもも，検査者の心は読んでいた可能性がある。そこで，三項関係にもとづく，より以前の「心の理論」についても考える必要が出てくる。

3　三項関係と非共有者への気づき

三項関係は，2人の人物が対象物への注意や知識を共有することによって成り立つわけだが，最初から共有関係が出来上がっているわけではない。2人のうち一方が注目したものに他方も気づくことによって成り立つ。つまり，非共有者を共有者とすることによって成り立つわけである。

指さしは，通常，子どもが単独で対象を指さす行為から始まるが（図Ⅲ-4-4のa），やがて子どもは，大人もそれに注目するように求めたり（図Ⅲ-4-4のb），大人が指示するものを探したり（図Ⅲ-4-4のc）するようになる（やまだ，1987）。この行為が発展すると，子どもは大人が指示したものを求めて自分の背後を振り返ることもあるようである（別府，1996）。

つまり，三項関係が成立するということは，まだ対象に注目していない相手の注意を対象に向けさせ共有者にしたり，相手が注目する対象に自分も注目し共有者になることを意味すると考えられる。このように他者が何かに気づいているかどうかを確かめる心の働きは，「心の理論」の芽生えであると考えることもできる。また，それは，バロン＝コーエンが三項関係を「心の理論」の前段階としたことにも関係すると思われる。

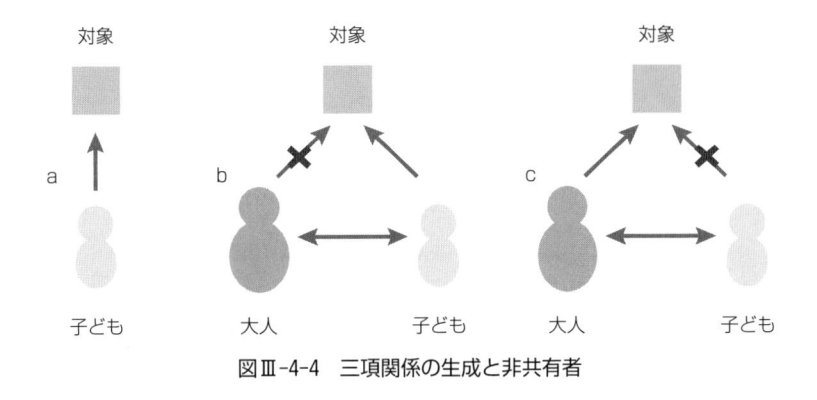

図Ⅲ-4-4　三項関係の生成と非共有者

ところで，三項関係における非共有者には次の3つの場合が考えられる。
① 自分が非共有者である場合
② 相手が非共有者である場合
③ 第三者が非共有者である場合

①と②は，指さしの例を出して述べた，初期の三項関係の場合である。それに対して③は，直接の交渉相手でない者が非共有者であることに気づく場合である。非共有の状態を意識するようになった子どもは，第三者にもそれを当てはめるようになるのではないだろうか。「サリーとアン」のテストの構造は，このケースにあてはまると考えられる。

4　「スマーティ」テストのなかの三項関係

「スマーティ」テストは，「心の理論」の成立を調べるための検査として「サリーとアン」テストに次いで有名である。そして，三項関係という視点から見ると，「サリーとアン」テストよりもわかりやすい構造を成している。

このテストでは，検査者は「スマーティ」という，円筒形の容器に入ったチョコレート菓子を用いる。子どもの目の前で，その中のチョコレートを鉛筆と入れ替えた後，「ここに，あなたの友だちを呼んできて，その子に，この中に何が入っていると思う，と聞いたら，どのように答えるでしょうか？」と聞くの

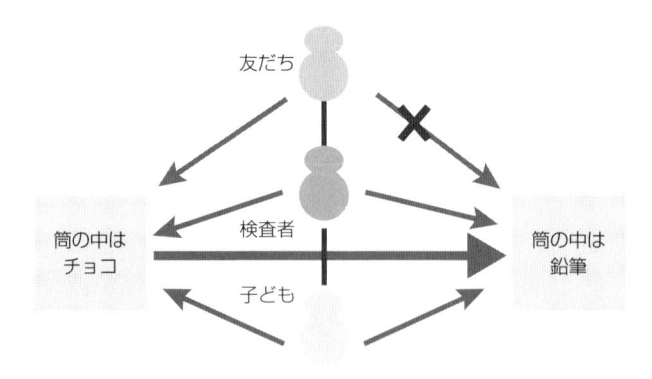

図Ⅲ-4-5 「スマーティ」テストのなかの三項関係

である。「心の理論」が成立していれば，入れ替えられた，という事実を知らない友だちはチョコレートと答えることがわかることになる。

このテストは，図Ⅲ-4-5に示したように，人物が3人であるという点で「サリーとアン」テストよりも簡単な構造を成している。しかし，出発点となる「容器の中はチョコレート」という共通認識も「友だちをここに呼んできたらとしたら」という状況設定も目の前で起きている事柄でない，というむずかしさがある。しかし，2つのテストは三項関係の複合型である，という点では共通しているのである。

5 「カード分類テスト」のなかの三項関係

ところで，自閉症者が苦手とする，もう1つの検査として「カード分類テスト」がある。これは「心の理論」の成立を見る検査とはまったく別種の検査と考えられているが，三項関係という視点で見ると，実は共通の内容を持っていると考えられる。

このテストはウィスコンシン・カード分類テスト（Wisconsin card sorting test; WCST）というのが正式名で，1960年代に前頭葉機能を調べる検査として用いられるようになった。そして，1980年代に，筆者も含め自閉症の研究者が

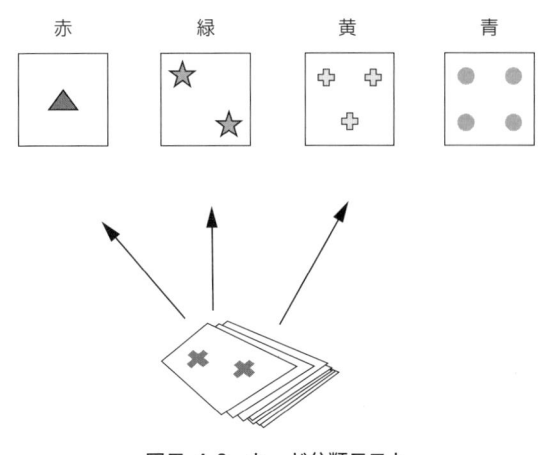

Ⅲ-4 自閉症と三項関係の発展型としての「心の理論」

図Ⅲ-4-6 カード分類テスト

利用するようになったものである（熊谷，1984；Rumsey, 1985）。

　カード分類テストでは，赤・緑・黄・青の4色，三角・星・十字・丸の4形，1〜4の個数の組み合わせから成る128枚の反応カードと4枚の見本カードを用いる（図Ⅲ-4-6）。検査者は参加者に反応カードを上から1枚ずつ取り，いずれかの見本カードの前に置くように言うのである。それに対して検査者は「そうです」か「ちがいます」だけを告げる。なるべくたくさん「そうです」と言われるように置いていく，というのがこのテストの内容である。

　このテストでは，最初，色が同じカードの前に置くと正解だが，10問正答が続くと，次は形が同じもの，その次には数が同じもの，というように，分類カテゴリーが変更されていく。しかし，このルールは参加者には告げられないので，「そうです」「ちがいます」の判定だけからルールを推理していかなければならない。検査者の判断が変わったことに気づかず，自分の中の基準で置き続けるのを「固執反応」という。自閉症者にはこれが多いのである。

　このように，このテストでは，他者の心を読むことが求められているので，私はこれも一種の「心の理論テスト」であると考えている。そして，このテストの構造を表してみると，これも図Ⅲ-4-7のように三項関係の複合型を成しているのである。

215

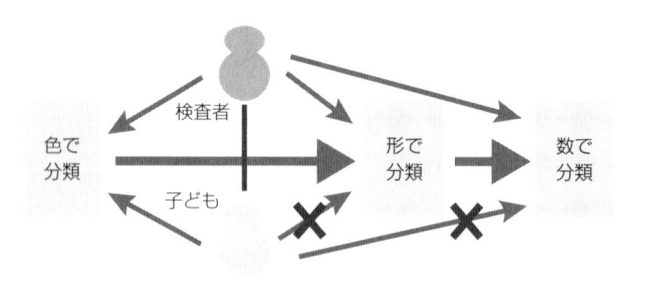

Ⅲ　自閉症児を理解するために

図Ⅲ-4-7　カード分類テストのなかの三項関係

　カード分類テストは，検査者と参加者の二者のあいだで行われ，第三者が出てこないという点で前記の2つのテストと異なる。しかし，三項関係の第三項（選択すべきカテゴリー）が次々に変わっていくという点では同じである。ここでは，知識の非共有者はサリーや友だちでなく，参加者自身となる。だから，それに気づき，ルールの共有者になることが必要である。
　ただ，このテストでは，注目すべきものが色や形や数である，という点で複雑性が増している。だから，このテストが適用されるのは一般に成人となっている。しかし，見かけの複雑性を取り除いていけば「心の理論」テストと同じ構造であり，幼児にも適用可能であると考えられる。ちなみに，DCCS（dimensional change card sort）というWCSTの簡易版もある（Zelazo, 2006）。

6　カード分類テストの簡易版の適用

　そこで，実施してみたのが簡易化されたカード分類テストである。このテストでは，図Ⅲ-4-8のように，分類カテゴリーを色・形・数から，色と形だけにし，色と形の種類も4種から3種にした（計36枚使用）。また，分類カテゴリーの変更も10問連続正答から5問連続正答にした。正誤の合図も親しみやすいように「ピンポーン！」と「ブブー！」にした。さらに，カードは手渡しとし，また，「ブブー！」で他の位置に変更する行為が自然に現れたので，これを許可し，正答の位置で「ピンポーン！」と応答した。

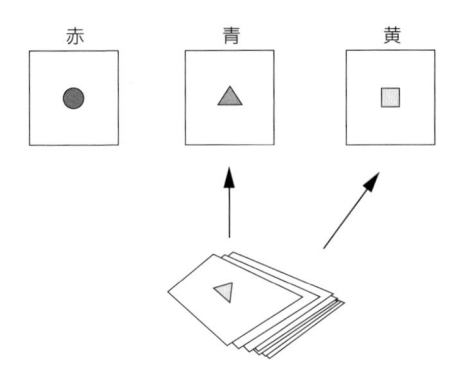

III-4 自閉症と三項関係の発展型としての「心の理論」

図III-4-8 カード分類テストの簡易版

表III-4-1 カード分類テスト簡易版の適用結果

	番号	分類数	固執反応数	遂行時間	観察された行動
年長児	1	4	9	6分58秒	検査者を見ながら置いていく。
	2	4	5	5分40秒	迷いながら検査者を見る。
	3	3	7	5分10秒	位置をずらしながら検査者見る。
	4	4	5	5分25秒	「よし！」と言いながらやる。
	5	3	12	5分20秒	「ここ？」と聞きながらやる。
	6	5	5	6分59秒	「これ？」「あー，よかった」などと言う。
	7	2	11	3分55秒	「ここ？」と聞きながらやる。
	8	3	5	4分45秒	位置をずらしながら検査者見る。
	平均	3.5	7.4	5分32秒	
自閉症児	1	3	7	5分04秒	カードだけを見ながら置いていく。
	2	2	8	4分10秒	カードだけを見ながら置いていく。
	3	2	12	4分54秒	「ブブー！」で「アー！」と叫ぶ。
	平均	2.3	9	4分42秒	

　適用したのは，幼稚園の年少児，年中児，年長児，各8名と自閉症児（15～18歳）3名で，表III-4-1は，その中の年長児と自閉症児の結果を示したものである。

　カード分類テストは検査者の判断にもとづいて正誤が決まるので，参加者が検査者の様子を気にするのは自然である。さらに今回は，修正行動を許したので，表中に現れているように，ほとんどの幼児がカードを置く度に検査者の様子を窺っていた。それは，このテストが三項関係の状況のもとで行われている

217

ことを示すものである。幼稚園児は，迷いつつ，検査者の様子を窺いながらカードを置くので，その遂行時間は長くなっている。

一方，自閉症児の場合は，幼稚園児と比べると，検査者を見ない傾向があった。検査者の意図に注意を向ける三項関係よりは自分とカードのあいだの二項関係にもとづいて課題を遂行していったと考えられる。そして，自分の中にあるルールだけにもとづき，迷わずカードを置く傾向があったので遂行時間が短くなったと考えられるのである。

以上述べてきたように，コミュニケーションの基本型は三項関係であり，それが複合した形でコミュニケーションは発展すると考えられる。子どもは，それを理屈で捉えているわけではないが，行動の中で実感していると思われる。「心の理論」のテストを通して三項関係の発展を説明してきたが，それはあらゆるコミュニケーションの中に含まれていると考えられる。

文 献

Baron-Cohen, S., Leslie, A. M., & Frith, U. (1985). Does the autistic child have a "theory of mind"? *Cognition*, 21, 37-46.

Baron-Cohen, S. (1995). *Mindblindness: An essay on autism and theory of mind.* Cambridge, MA: MIT Press/Bradford Books.（バロン・コーエン，S.（著）長野敬・長畑正道・今野義孝（訳）(2002). 自閉症とマインド・ブラインドネス. 青土社.）

別府哲 (1996). 自閉症児におけるジョイントアテンション行動としての指さし理解の発達. 発達心理学研究，7(20), 128-137.

熊谷高幸 (1984). 自閉症児のカード分類反応——前頭葉機能障害仮説の検討. 特殊教育学研究，21(4), 17-23.

Rumsey, J. M. (1985). Conceptual problem-solving in highly verbal, nonretarded autistic men. *Journal of Autism and Developmental Disorders*, 15, 23-36.

やまだようこ (1987). ことばの前のことば. 新曜社.

Zelazo, P. D. (2006). The Dimensional change card sort (DCCS): A method of assessing executive function in children. Nature *Protocols*, 1, 297-301.

# III-5　自閉症児への心の読み取り指導

藤野　博

1　自閉症児は心の理論を獲得できるか？

　自閉症における「心の理論」の欠如が報告された当初から，心の理論をもつ自閉症児の存在もまた示されていた。バロン=コーエンら（Baron-Cohen et al., 1985）の研究では対象とした自閉症児の80％が誤信念課題を通過できなかったが，それは同時に20％が通過したことも意味する。少数であれ心の理論をもつ自閉症児がいることは欠如説では説明できない。そのため，バロン=コーエンらは，自閉症児は心の理論をもたないのではなく，その獲得が遅れるという主張に考えを変えた。では，自閉症児は心の理論をどのように獲得するのだろうか。たんに遅れるだけなのか，定型発達児と質的な違いがあるのか。また，自然に獲得されるのか，何らかの特別な教育が必要なのか。

　バロン=コーエンとハウリン（Baron-Cohen & Howlin, 1993）は，自閉症児に心の理論を教えることができるか，という問題を提起し，いくつかの論点を示した。まず，心の理論は教えることができるか否か。それができるなら，どのような教え方が有効で，どの程度教えなくてはならないのか。また，教えられて獲得された心の理論は自然に獲得されたものと同じように用いられるのか。そして，心の理論を獲得すると，社会的行動やコミュニケーション行動は変化するのか，どの側面が変化するのか。さらに，心の理論を獲得できる場合とできない場合があるなら，獲得を可能にするものは何かといった点である。

　なお，本章では「自閉症」の用語を「自閉スペクトラム症」の意味で用いる。

2 自閉症児への心の読み取り指導——介入研究の知見

　自閉症児に心の理論の指導を行い、その効果を最初に報告したのはオゾノフとミラー（Ozonoff & Miller, 1995）であった。彼らはバロン＝コーエンとハウリンにもとづき、「知覚は知識に影響する」、すなわち見たり聞いたりしたときにのみ知ることができるという一般原理の指導、その要素を含むロールプレイ、目隠しされた人をゴールまで誘導する活動などを行った結果、対象児の誤信念課題の成績が向上したことを報告している。しかし、ソーシャルスキル尺度（SSRS）のスコアには変化がみられなかったという。

　また、ハドウィンら（Hadwin et al., 1996）は、自閉症児は心的状態の理解を自然に発達させることは難しく、系統的に教える必要があるとし、そのための指導プログラムを考案した。これは「感情理解」「信念理解」「ふり遊び」の3領域、5つのレベルから構成されている（表Ⅲ-5-1）。ハウリンら（Howlin, Baron-Cohen, & Hadwin, 1999）は、このプログラムを「自閉症児に心の読み取りを教える」という題名の成書としてまとめ、指導法の詳細を公開した。

　ハドウィンら（Hadwin et al., 1996）は4歳から13歳までの自閉症児にこの指導を実施したところ、感情理解や信念理解などの設定した課題で正しく答えられるようになり、その効果が一定期間維持されたことを報告した。しかし、他領域への般化、たとえば感情理解への効果が信念理解にまで及ぶことはなく、指導を行った領域内での進歩に留まった。さらに、指導効果が会話スキルに影響を与えるかについても検討しているが、応答したり話しかけたりするなど他者との会話を発展させる行動や心的状況を表す語彙の量には有意な変化がみられなかったという（Hadwin et al., 1997）。

　これらの指導では、知覚と知識の関係のような一般原理を教えているが、そのような認知的な媒介なしに誤信念課題の解き方を教えた研究もある。スウェッテナム（Swettenham, 1996）は誤信念課題をコンピュータ教材にして、誤反応に対して登場人物の信念を言語化するフィードバックを与えて正答を示すこ

表Ⅲ-5-1　心の読み取り指導の領域とレベル

	感情	信念	ふり
レベル1	写真の表情理解	単純な視点取得	感覚運動的遊び
レベル2	線画の表情理解	複雑な視点取得	機能的遊びの芽生え
レベル3	状況に基づく感情理解	見ることと知ることの関係	機能的遊びの確立
レベル4	欲求に基づく感情理解	正しい信念/行動の予測	ふり遊びの芽生え
レベル5	信念に基づく感情理解	誤った信念	ふり遊びの確立

出典：Hadwin et al., 1996; Howlin et al., 1999.

とで反復練習を行った。その結果，指導を受けた課題と同形式の「サリーとアン」タイプの課題には正答できるようになったが，形式の異なる「スマーティ」タイプの課題への般化はなかったと報告している。

　以上の介入研究の知見をまとめると，いずれも直接指導を受けた課題は正答できるようになるものの，幅広い般化はみられない点が共通している。誤信念課題の解き方そのものを教えたスウェッテナムでは他タイプの誤信念課題にも般化しなかったが，この方法では心の読み取りは可能にならないといってよいだろう。オゾノフとミラーやハドウィンらの実践では，たんに教えられた課題だけできるようになったのでなく，見ることと知ることの関係の理解まで可能になったことが示唆されるが，社会的行動やコミュニケーション行動への般化はみられなかったという。

　これらの知見から，心の読み取り指導の効果については，どちらかといえばネガティブな評価が下されることが多い。日常の対人的行動が改善しなければ指導の意義がないからである。オゾノフとミラーもハドウィンらも，彼らの指導した子どもたちは心の読み取りが真にできるようになってはいないのではないか，と自身の結果を評価している。そして，そのような総括が続いたためもあってか，彼らの研究以降，自閉症児に対する心の読み取り指導への関心はさほど高まることはなく，研究も停滞ぎみであった。

　しかし，本質的な効果がないと簡単に結論づけてしまうのも早計ではないだろうか。オゾノフとミラーは一般のソーシャルスキル尺度を使っており，ハド

ウィンらは会話スキルや語彙力などを測定している。しかし，それらの従属変数はいずれも心の読み取りに直接関係しない成分も多数含まれている。他者の視点や知識の状態などに直接関係する行動に従属変数を限定していたなら異なった結果であったかもしれない。彼ら自身も，研究で使用した般化の測度の妥当性については検討の余地があると述べている。

3 自閉症児への心の読み取り指導──実践事例

　筆者らは，高機能自閉症の小学生にハウリンらのプログラムに基づき信念理解の指導を行い，その効果と般化について検討した（藤野ほか，2014）。それは，次のような内容の課題である。

①視点の取得
　【レベル1】
　　両面に異なる絵が貼られた絵カードを用意する。カードの両面を見せ，2つの絵を確認させる。それを子どもと指導者の間に立て，それぞれ別の絵が見える状況を作り「あなたには何が見えていますか？」「私には何が見えていますか？」と質問する。
　【レベル2】
　　両面に同じ絵を，片面はふつうの向きに，もう片面は上下逆向きに貼った絵カードを提示する。カードの両面を見せ，2つの絵を確認させる。それを子どもと指導者の間に立て「あなたには正しい向きの絵が見えていますか？　逆さ向きの絵が見えていますか？」「私には正しい向きの絵が見えていますか？　逆さ向きの絵が見えていますか？」と質問する。
②「見ることは知ること」の原理の理解
　【レベル3】
　　2つの下位レベルを設定する。レベル3-1では，絵カードと箱を用意する。子どもの目の前で2つの絵カードのうちの片方を箱の中に入れる。子どもが

目隠しをした状態としていない状態で「どちらが箱の中に入っているかわかりますか？」と質問する。また「なぜ，それが箱に入っているかわかるのですか？／わからないのですか？」と答えの理由を問う。

　レベル3-2では，3-1で使用した教材に加え，クマの紙人形を用意する。クマの紙人形に目隠しした状態としていない状態で，2つの絵カードのうちの一方を箱の中に隠す。その後「クマはどちらが箱に入っているかわかりますか？」と質問する。また，「なぜ，それが箱に入っているかわかるのですか／わからないのですか？」と答えの理由を問う。

③知識に基づく行動の予測

【レベル4】

　2つの部屋のある家を画用紙で作る。一方の部屋にはベッドの絵カード，もう一方の部屋にはテーブルの絵カードを置き，ベッドとテーブルの絵の上にそれぞれおもちゃの車の絵カードを置く。人形がどちらか一方の部屋に入り，車を見つけ，その部屋から立ち去る。その後で「〇〇（人形の名前）が車で遊ぼうとしたら，ベッドの部屋とテーブルの部屋のどちらに行くでしょう？」と質問する。また「それはどうしてですか？」と答えの理由を問う。

④誤信念の理解

【レベル5】

　レベル4と同様に，2つの部屋のある家を画用紙で作る。各部屋にベッドとテーブルの絵カードを置き，その一方の絵の上に車の絵カードを置く。初めに人形Aが車の絵が置いてある部屋に入って車を見つけ，部屋から立ち去る。その後人形Bが部屋に入り，車を見つけ，もう一方の部屋に車を移動させて立ち去る。その後で「〇〇（人形Aの名前）が車で遊ぼうとしたら，ベッドの部屋とテーブルの部屋のどちらに入るでしょうか？」と質問する。また「それはどうしてですか？」と答えの理由を問う。

　以上の課題をレベル1から順番に，まず事前アセスメントとして行った。各レベルでアイテムを変えた課題を3問ずつ行い，全問正答したらそのレベルは

Ⅲ　自閉症児を理解するために

通過とし，各自のベースラインを確定した。通過しなかったレベルから指導を開始し，各レベル5問ずつ出題し，連続3問正答できたらそのレベルの通過とみなし，次のレベルに移った。誤答した場合，レベル3を例にあげると「あなたは，私がどちらを箱に入れたか見ていませんでしたね。だから，どちらが箱に入っているかわかりませんよね」「見ていないことは知りませんよね」と確認し，人は見ていないことは知らないことを教示した。

また，般化アセスメントとして指導の前後に，相手の立場や視点に立って物事を考えられないことがあるかについて，(1)ほとんどない～(5)よくある，の5件法で質問紙への回答を子どもの保護者，支援者，担任教師に求めた。例として「妹がいつも遊んでいるおもちゃを，おもちゃ箱ではなく自分のベッドの上に片付けてしまい，そのことによって妹が困ることに気づかない」「自分がよく知っている話題に関して，相手はよく知らないかもしれないということに気づかずに，話題にしてしまうことがある」などをあげた。さらに指導後には，自分と相手は視点や知っていることが違うかもしれないことを以前よりも理解できるようになったと感じられたエピソードがあれば具体的な状況とともに書くことも求めた。

指導セッションには，医療機関で高機能自閉症の診断を受けた小学2年生と3年生の児童が参加した。最初に指導を行うグループ（指導群）と後に指導を行うグループ（待機群）に分け，最初の指導後に諸指標の変化を両群間で比較し効果を検討した。いずれの児童も視点の取得は当初から達成できておりレベル3の「見ることは知ること」の理解が最初の指導目標となった。

指導を行った結果，指導群はその時点で指導を受けていない待機群に比べて，誤信念課題の成績，日常生活での心の読み取りに関する質問紙のいずれにおいても改善傾向がみられた。また，日常的に子どもにかかわる人たちから報告されたエピソードにおいても，他者の視点の理解や知識の有無の判断に関する記述が多数みられた。以下にそれらの一部を紹介する。それぞれ別の児童のエピソードである。

- 自分の大好きな電車の話をしていて、「〇〇（地名）のことはママはよく知らないよね……。パパなら知っているかな？」と会話している相手の知っていること、知らないことについて考えられることがある。
- 自分がよく知っている話題に関して、相手はよく知らないかもしれないということに気づかずに話題にしてしまい、しばらくして（相手の反応が鈍かったりすると）「これは〇〇の話ね」とフォローを入れるようになった。
- 「見ていないから知らない」という言葉をよく使うようになった。見ていないうちにペンを隠し、「どこにあると思う？　見ていないとわからないね」と言っていた。
- 相手がわからない話題ではきちんと説明することができるようになった。
- 自分だけがよく知っている話題をクイズにし、相手が間違えると「全然ちがーう！」ということが以前はあったが、今は少なくなっている。
- 自分にとっての左右と、向かい合っている相手にとっての左右が違うということがよくわからず曖昧なことが時々あったが、最近はあまり見られなくなった。
- 以前は、私にクイズをたくさん出してきていた（難しい電車クイズや虫についてなど）けれど、人を選んで出すようになった（〇〇君なら電車に詳しいから等）。

　第三者によるブラインド評価は行っていないため、指導を行ったグループの事後評価にバイアスがかかったことも否めないが、エピソードの内容も考え併せると、他者の視点に立ち、相手の知識の状態を推測して対人的行動をとることに関し、ある程度の指導の影響があったと言ってよさそうである。
　ところで、指導効果に関して特に注目されたのは小学3年生の1人の児童であった。指導群のうち3年生はこの児童のみで他は2年生であったが、すべての測度で一貫して改善がみられた。筆者らのデータでは、高機能自閉症児における心の理論課題の成績は小学3年生が節目となり、それを超えると通過できる児童が多くなる（表Ⅲ-5-2）。高機能自閉症児への心の読み取り指導は、小学

Ⅲ　自閉症児を理解するために

表Ⅲ-5-2　定型発達（TD）と自閉症（ASD）における心の理論課題の通過率（％）

学年	群	N	サリーとアン課題	スマーティー課題	ストレンジ・ストーリー：罪のない嘘	妨害と欺き課題	二次の誤信念課題
小2	TD	40	100.0	85.0	100.0	77.5	85.0
小2	ASD	25	64.0	40.0	68.0	36.0	24.0
小3	TD	24	94.4	80.6	100.0	97.2	83.3
小3	ASD	24	87.5	66.7	91.7	37.5	45.8
小4	TD	21	100.0	97.4	100.0	84.2	97.4
小4	ASD	14	92.9	71.4	92.9	85.7	78.6

3年生すなわち9歳頃から，特に効果が上がると考えられる。この発達レベルに達すると知覚と知識の関係のような学習した抽象的原理を具体的な事例に適用させることが可能になるのかもしれない。そして，レディネスが整ったところでの段階をふんだ指導が心の理論獲得へのひと押しになるのではないだろうか。

4　自閉症児の心の読み取りと言語の役割

　心の読み取り指導は9歳頃から特に効果があがるとして，ではなぜ9歳なのか。ハッペ（Happé, 1995）は，自閉症児は言語発達（語彙年齢）が9歳レベルに達すると一次の誤信念課題に通過できるようになることを指摘した。その他の研究からも，自閉症児は言語力が6歳レベルでは誤信念課題に通過せず，9歳で通過できるようになり，10歳で多数が通過できるようになることが明らかとなっている。筆者らのデータ（図Ⅲ-5-1）もそれらの知見を支持している（藤野ほか，2015a）。

　誤信念理解と言語力の関係について，別府・野村（2005）は誤信念課題を解ける自閉症児はすべて適切な理由づけができるという事実から，言語的命題化の効果を示唆した。誤信念課題には2つの解き方がある。1つは，この状況なら自分はこう考えこうするだろう，というシミュレーションを直観的に行い，

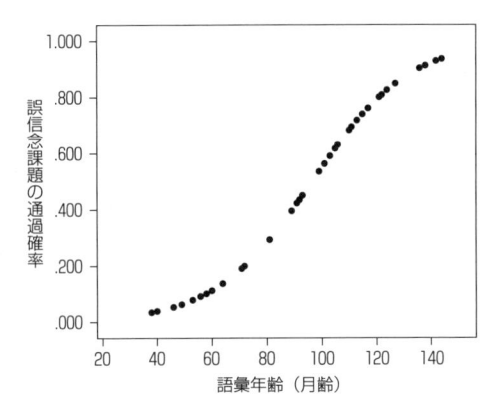

図Ⅲ-5-1 自閉症児における語彙年齢と誤信念課題の通過確率

出典：藤野ほか，2015a を一部改変。

それを相手に当てはめる方法である。「相手の身になる」やり方といえよう。もう1つは「見ていないことを知ることはできない。Aさんは置き換えられたところを見ていない。よってAさんは自分が置いた〇〇を探すだろう」という推論を行うもので，これは大前提と小前提から結論を導く三段論法になっており，論理的な方法といえる。

　筆者らは言語的命題化の手がかりが自閉症児の誤信念理解を促進するかについて実験的に検証している（藤野ほか，2015b）。通常の誤信念課題に通過しなかった子どもに「見たことは知っています。見ていないことは知りません」という命題提示のヒントを含む誤信念課題を実施した。それで正答したら，命題提示を含まない別の誤信念課題を再度実施し般化をみた。その結果，命題提示による介入効果があった事例は語彙年齢が9歳前後かそれ以上であり，般化課題で「見ていないから知らない」という一般原理を含む理由まで述べられた事例の語彙年齢は10歳レベルであった。「見ることは知ること」の抽象的原理を学び，個々の具体例にそれを適用することは言語精神年齢が9歳頃から可能になり，10歳で確かなものになると考えられた。

　そのように，自閉症児は一定の言語発達レベルに達すると，直観的な心の読

み取りの困難を言語による論理的な方略によって補うことができる可能性をもつ。つまり，言葉で考えて他者の心の状態を推測できるようになる。定型発達児は直観によっても推論によっても可能で，9歳頃までは直観によって，それ以降は必要に応じ推論によってもそれを行えるだろう。一方，自閉症児は直観的には困難だが，9歳以降になると推論的に可能になると考えられる。

5　自閉症児の心の読み取り——限界と可能性

　自閉症児における直観的な心の読み取りの困難さは，推論的な方法が可能になってからも続く。そのことはフリスら（Frith et al., 1994）以来指摘されてきたことであり，近年，潜在的な心の理論研究により実験的にも明らかにされた（Senju, 2012）。この事実は自閉症者の心の読み取りの限界の側に引き寄せて論じられることが多い。しかし見方を変えれば，言語的な推論による心の読み取りの可能性を示すものと考えることもできる。その可能性は支援や配慮への含みをもつ。本章で紹介した心の読み取り指導はその一方法であり，コミック会話やソーシャルストーリーなどのツールを利用したサポート法もある。いずれも言語を媒介にした心の読み取りの支援法である。また，そのような特別なツールによらずとも，小説や漫画などの文章やセリフを通して，ある状況で登場人物の心がどのような状態にあり，それが他の人物とのかかわりのなかでどう動き，特定の行動を引き起こすのか，といった社会的な認知・動機・行動の関係を事例的に学ぶこともできるだろう。

　そして，そのような形で行われる心の読み取りが何度も反復されるなかで，より自然でスムーズな心の読み取りに近づいていく可能性もあるのではないだろうか。言葉の獲得にたとえるなら，最適期に習得しないとネイティヴほどの流暢さにまでは達しないものの，日常会話に困らないほどには話せるようになるかもしれない。足場を提供され意識的な努力を重ねるうちに自動化・内面化していくのが発達の方向であり，定型発達児よりも時間はかかっても，自然な心の読み取りを少しずつ身に付けることは自閉症児にも可能なのではないか。

これは根拠となるデータが十分にあるわけでなく，着想の域を出ないが，長期的なフォローアップ研究による検証が望まれるところである。

さて，以上に概観してきた知見から，バロン＝コーエンとハウリンのかつての問いは，今日どこまで答えられているのか整理してみよう。

まず，「心の理論は教えることができるのか？」。その答えは限定つきで「はい」だろうか。明示的な誤信念課題の通過を心の理論の獲得というなら，それが可能であることを示す知見は複数ある。しかし誤信念理解にとどまらず，他者の心的状態の理解についての幅広い問いであるなら，わかっていないことが多く「未だ不明」。

次に，「どのような教え方が有効か？」。これも十分な知見の蓄積がなく，さまざまな介入法の効果に関する系統的なレヴューやメタ分析などもなされていないため明らかでない。しかしながら，ハウリンらの心の読み取り指導プログラムは，高い効果があるかどうかはともかく，他者の視点や知識の状態への気づきを芽生えさせる一定の効果はありそうである。指導法の詳細も公開されており，今後のさらなる追試が待たれる。

次の問いは「教えることで獲得された心の理論は自然に獲得されたものと同じように用いられるのか？」。何をもって「同じように」とみなすかの議論もあるが，これは今のところ「いいえ」。潜在的心の理論研究によって近年明らかにされたように，テスト場面で指示に従ってなら誤信念課題を解けたとしても，自発的に心の理論を用いる傾向は乏しいからである。しかし，長期的なフォローアップの知見を得るまで最終的な答えは保留すべきかもしれない。

そして，自閉症児は心の理論を獲得すると，社会的行動やコミュニケーション行動に変化が起こるか。これは「いいえ」でもあり「はい」でもある。心の読み取り指導の効果はソーシャルスキルや会話にまで及ばないことが指摘されている。周囲の人たちがすぐに気づくほどの行動の変化は得られ難いだろう。しかし一方，注意深く観察すると，自分と異なる他者の視点や知識を意識した行動が取れるようになっている場合もあり，全否定まではできない。般化の測度の検討も含め，この問題も今後の課題となろう。

Ⅲ　自閉症児を理解するために

　最後の問い。「心の理論を獲得できる場合とできない場合があるなら，何が獲得を可能にするのか」。その最も有力な候補は言語力である。ただし，それは明示的な心の理論の場合であり，潜在的な心の理論にはかかわらない。言語以外の要因としては社会的動機づけが考えられるだろう。近年，自閉症の療育法として世界的に注目されているアーリー・スタート・デンバー・モデル（The early start Dever Model; ESDM）などの非常に早い時期からの社会的動機づけ理論に基づく療育によって，潜在的心の理論の獲得も促進される可能性がある。それが可能なら，やがて潜在的心の理論の獲得が療育効果を示す指標になるかもしれない。それは今後のアウトカム研究で明らかになっていくはずである。

6　多様な心の理論と共生の視点

　最後にふれておきたいことは，自閉症者は心の理論をもたないのでなく，定型発達者とは異なる心の理論をもつという障害当事者の主張である。感覚様式の相違——綾屋沙月はそれを「解像度」の違いと表現している——が自閉症者と定型発達者の経験共有を困難にし，それが心の理論の違いにつながるという。
　定型発達者と異なる感覚世界の切り取り方をしているなら，対人認知もコミュニケーションもスタイルが異なっていて不思議はない。人の心はわからないが動物の心はわかる，というアメリカの自閉症の動物学者テンプル・グランディン（Temple Grandin）の心的世界を定型発達者は想像することが難しい。定型発達者の「心の理論」を基準にし，それを自閉症者に一方的に当てはめ，発達支援の目標とする考え方が主流であるなら，その見直しも必要である。自閉症者が定型発達者の心の読み取りを学ぶとともに，定型発達者が自閉症者の心の読み取りを学ぶ。それこそフェアなマナーであり，真にインクルーシブな社会につながるのではないだろうか。

文　献

Baron-Cohen, S., Leslie, M., & Frith, U. (1985). Does the autistic child have a 'theory of mind'?. *Cognition*, **21**, 37-46.

Baron-Cohen, S., & Howlin, P. (1993). The theory of mind deficit in autism: Some questions for teaching and diagnosis. In S. Baron-Cohen, H. Tager-Flusberg, & D. J. Cohen (Eds.), *Understanding other minds: Perspective from autism*. Oxford, UK: Oxford University Press, pp. 466-480.

別府哲・野村香代 (2005). 高機能自閉症児は健常児と異なる「心の理論」をもつのか──「誤った信念」課題とその言語的理由付けにおける健常児との比較. 発達心理学研究, **16**, 257-264.

Frith, U., Happé, F., & Siddons, F. (1994). Autism and theory of mind in everyday life. *Social Development*, **3**, 108-124.

藤野博・松井智子・東條吉邦・長内博雄 (2015a). 学齢期の高機能自閉症スペクトラム障害児における心の理論と語彙理解力. 東京学芸大学紀要：総合教育科学系Ⅱ, **66**, 311-318.

藤野博・松井智子・東條吉邦・長内博雄 (2015b). 自閉症スペクトラム障害児における誤信念理解と言語的命題化. 日本発達心理学会第26回大会論文集.

藤野博・宮下和代・椎木俊秀 (2014). 学齢期の高機能自閉症スペクトラム障害児に対する心の読み取り指導の効果. 東京学芸大学紀要：総合教育科学系Ⅱ, **65**, 183-192.

Hadwin, J. A., Baron-Cohen, S., Howlin, P., & Hill, K. (1996). Can we teach children with autism to understand emotions, belief, or pretence? *Development and Psychopathology*, **8**, 345-365.

Hadwin, J. A., Baron-Cohen, S., Howlin, P., & Hill, K. (1997). Does teach theory of mind have an effect on the ability to develop conversation in children with autism? *Journal of Autism and Development Disorders*, **27**, 519-537.

Happé, F. G. E. (1995). The role of age and verbal ability in the theory of mind task performance of subjects with autism. *Child Development*, **66**, 843-855.

Howlin, P., Baron-Cohen, S., & Hadwin, J. A. (1999). *Teaching Chldren with Autism to Mind-Read: A Practical Guide*. New York; Wiley.

Ozonoff, S., & Miller, J. N. (1995). Teaching theory of mind: A new approach to social skills training for individuals with autism. *Journal of Autism and Developmental Disorders*, **25**, 415-433.

Senju, A. (2012). Spontaneous theory of mind and its absence in autism spectrum disorders. *Neuroscientist*, **18**, 108-113.

Swettenham, J. (1996). Children with autism be taught to understand false belief using computers? *Journal of Psychology and Psychiatry*, **37**, 157-165.

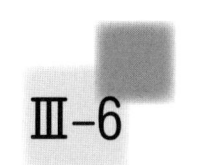

III-6 自閉症児の善悪判断

米田英嗣

　善悪の判断は，歴史的に，哲学，倫理学，宗教学あるいは経済学の分野で議論されてきた問題である。たとえば，アダム・スミス (Adam Smith, 1723-1790) は，『道徳感情論』の中で，道徳感情である利他心と，人間の利己心について議論をしている (Smith, 1790/2011)。

　近年では，道徳判断の実証的研究に進み，人間の意思決定や発達過程を明らかにする心理学的実験手法，脳の機能や構造を検討する脳科学的手法を用いて解明する試みがなされている（金井，2013）。したがって，善悪判断の研究分野は，善悪といった価値の判断についての哲学的側面と，人間の行動原理を解明する科学的側面の両方が必要な，学際的な検討課題であるといえる。

　本章では，定型発達者および非定型発達者のうちの自閉スペクトラム症（あるいは，自閉症スペクトラム障害 Autism Spectrum Disorder：ASD）を持つ人を対象とした善悪判断の研究を紹介する。まず，本章で議論する善悪の判断とは何であるのかについて定義をし，善意と悪意の理解を可能にする意図理解の定型的な発達段階について述べる。続いて，定型発達者の善悪判断に関して，定型発達児および定型発達成人それぞれを対象とした研究を概観する。定型発達者による知見を踏まえて，ASDを持つ人の善悪判断に関して，ASD児，ASD成人それぞれを対象とした研究を展望する。

　以上の検討を通じて自閉症児の善悪判断の特徴を明らかにしたい。最後に，善悪判断の研究の今後の展開について議論をする。

Ⅲ　自閉症児を理解するために

1　善悪の判断とは

(1) 善意と悪意の理解

　他者について善悪を判断することは，社会生活を円滑に送ることを可能にする能力である社会性の発達に大きく寄与する特性である。本章では，特に，他者の意図における善と悪，すなわち善意と悪意についての検討を行う。他者の善意と悪意の理解は，社会生活を送るうえで重要である。たとえば，善意を理解しないと，善意のもとで行動をしてくれた他者に対してお礼を言うことができず，社会的に孤立してしまう危険性がある。また，相手の好意による帰結として，結果的に悪い結末になってしまったとしても，善意のもとになされたことを考慮し，許しを与えることが必要である。一方で，他者の悪意を正しく理解しないと，だまされてしまったり，他者から利用をされてしまうことがある。偶然の結果として良い結末になったとしても，悪意のもとになされたということを知ることで，その相手に対して警戒をし，将来に起こりうる被害を未然に防ぐことができる。

　道徳判断に関して，ピアジェ（Piaget, 1930）以来，多くの研究がなされてきた。ピアジェは，「わざとではないが，コップを15個すべて割ってしまった子ども」と「勝手にジャムを取り出そうとして，コップを1つ割ってしまった子ども」の物語に対して，どちらの子どもがより悪いかを尋ねた。その結果，5歳から8歳までの子どもは，「コップをたくさん割った子の方が悪い」といった反応が多いのに対し，9歳頃になるとほとんどの子どもが「勝手にジャムをとろうとした子の方が悪い」という反応を示すようになることがわかった。この結果，子どもの道徳判断は9歳頃を境に行為の結果を重視する客観的責任性から行為の動機を重視する主観的責任性へと発達的に移行すると考えられる。

(2) 意図理解の発達段階

　鈴木（2013）は，意図理解の発達段階において，以下の枠組みを提唱した。

生後9カ月頃に，他者を意図を持つ者としてみなすことができるようになり（Tomasello, 1999）、2歳頃になると，発話の中に自己や他者の意図を表す語が現れるようになる（Dunn, 1991; Astington, 1991）。次に，3歳頃には，目標状態と達成状態を照合するという方略，つまり，意図と目標が一致している場合には正確な意図理解が可能であるが（Shultz, 1980; Moses, 1993），意図と目標が一致しない場合にはこれらを混同する（Feinfield, et al., 1999; Schult, 2002）という方略に基づいて意図を理解するようになる（Joseph & Tager-Flusberg, 1999）。誤信念課題（Wimmer & Perner, 1983）を通過し，心の理論が洗練されてくる4～5歳頃になると，目標状態と達成状態を照合する方略に頼ることなく意図を理解することが可能になる（Joseph & Tager-Flusberg, 1999）。児童期以降では，7歳頃に意図性の判断の根拠を言語化できるようになる（Schult, 2002）。二次の誤信念課題（Perner & Wimmer, 1985；林，2006）に通過する8歳から9歳頃になると，意図理解は大人同様の状態に近づくと考えられる（Mull & Evans, 2010；鈴木，2013）。

2　定型発達者の善悪判断

（1）定型発達児の善悪判断

　他者の善悪を判断する際には，その人物が持つ特性と，その状況における動機および意図，さらに行為の結末を考慮する必要がある。特性理解の発達研究として，4歳児や5歳児では良い行動をした人は良い子，悪い行動をした人は悪い子であると判断する。一方で，3歳児においては良い行動をとった人に対しては良い人と回答するが，悪い行動をとった人に対しても良い人であると回答したり，どちらでもないと回答することが示されている（Boseovski & Lee, 2006; Rholes & Ruble, 1984）。4歳児から小学2年生を対象とした研究では，たとえば，良い人あるいは悪い人が，1つしかないブランコを友だちに譲るか，あるいは割り込んで自分が乗ってしまうかを尋ねた結果，4歳児から小学2年生まで良い人のほうが悪い行動（割り込む）よりも良い行動（譲る）を行うだろ

うと予測するが，4歳，5歳児では悪い人も良い行動を行うだろうと予測することがわかり，未来の行動予測におけるポジティビティ・バイアスが見られることがわかった（清水，2005, 2012）。

道徳判断においては，人物の特性理解に加えて，意図の理解が重要である。同じ悪い行為であっても，意図的に行われた行為（作為）か，意図的に良い行動をしなかった（不作為）かによって，行為の結果に対する評価は異なる（林，2012）。林（Hayashi, 2015）は，7，8歳と，11, 12歳の児童，および大学生を対象に，「男の子の行為が，女の子を悲しませる結果を生み出す」という結末の物語で，「男の子が女の子の帽子をなくそうと考える」という意図を設定し，作為（帽子を放り投げるお話），不作為（帽子が飛んで行っても何もしない）を比較した。その結果，7歳頃になると，大学生と同程度に，作為のほうを不作為よりも悪いと判断する不作為バイアスを示し，不作為を相対的に寛容に解釈するようになる。さらに，判断質問（どちらの男の子がより悪いことをしたかな？）と，意図質問（どちらの男の子が帽子をなくそうとより強く考えていたかな？）の間に有意な正の相関が見られたことから，道徳判断によって，意図が歪んで解釈されることがわかった。

二次的誤信念の理解は，定型発達の児童であれば9歳頃には可能になるが（Perner & Wimmer, 1985；林，2006），その後の児童の他者判断の発達過程はあまり明らかになっていない。5歳から11歳の，76名の児童を対象にした研究では，高年齢群は，善意の行為者の違反にあまり着目せず，行動のポジティブな性質をより考慮するという結果が得られた（Jambon & Smetana, 2014）。

米田ほか（2014）は，平均12.5歳の小中学生30名と大学生40名を対象に，他者の善悪判断における特性と意図の効果を検討した。1文目が主人公の特性（たとえば，良い子の場合「ゆきさんは，お手伝いをよくしてくれる子です」，悪い子の場合「りんさんは，いつもいたずらをしている子です」），2文目が意図（たとえば，善意の場合「お母さんのお手伝いをしようとして，テーブルをかたづけていました」，悪意の場合「高い所にあるおかしをぬすみ食いしようと，たなの上にのぼりました」），3文目が結末（たとえば，悪い結末の場合「大事な花びんが落ちてわれ

て，お母さんは悲しみました」）を示す物語文章を用いた。その結果，小中学生も成人も，他者の判断をする際には，特性と意図の両方を手がかりにして判断していることがわかった。物語の結末が良い場合は，小中学生は大学生よりも，善意で行動する悪い子に対して良い子と回答する割合が有意に低く，結末が悪い場合は，小中学生は大学生よりも，善意で行動する良い子に対して良い子と回答する割合が有意に低いことがわかった。

以上のように，特性と意図が異なる人物の善悪判断において発達における相違が見られ，大学生のほうが小中学生よりも，良い結末の場合に善意で行動する悪い子に対して良い子と回答し，悪い結末の場合に善意で行動する良い子に対して良い子と回答する割合が増加することから，善意を持つ子に対する情状酌量は，児童期後期以降に発達することが明らかになった。

（2）定型発達成人の善悪判断

機能的磁気共鳴画像法（functional magnetic resonance imaging: fMRI）などを中心とした，近年の脳画像計測技術の普及により，従来の発達心理学で行われてきた研究が脳科学的実験手法を用いて行われてきている（たとえば，榊原・米田（2015）を参照）。心理学的研究法と脳科学的実験手法を組み合わせることで，他者の心的状態を推測する能力であると定義される心の理論（Baron-Cohen, Leslie, & Frith, 1985；子安，2000; Premack & Woodruff, 1978）の解明を進める研究が多くなされている。

fMRIなどを用いた多くの研究の結果，側頭頭頂接合部，上側頭溝，内側前頭前野といった脳領域が，さまざまな心の理論課題を遂行する際に共通して活動することが明らかになってきた（Frith & Frith, 2003, 2006）。道徳判断を行う際にも，心の理論課題を行う際に活動する脳領域が活動する（Young et al., 2007）。

成人を対象とした研究として，ヤングら（Young et al. 2007）は，参加者に4つの部分からなる物語を読んでもらった。背景（たとえば，「グレイスと友人は，化学工場の見学ツアーに来ています。グレイスがコーヒーを飲もうとコーヒーマシンのところにいくと，友人は私のコーヒーに砂糖を入れてと頼みます」）が呈示された

Ⅲ　自閉症児を理解するために

あとの前兆部分と信念部分を操作し，前兆部分はネガティブ条件（「コーヒーの近くにある白い粉は，砂糖ではなくて，科学者が置き忘れた毒物です」），ニュートラル条件（「コーヒーの近くにある白い粉は，料理の担当者が置き忘れた普通の砂糖です」）の2種を，信念部分も同様にネガティブ条件（「物質の容器には「毒性」と書いてあるので，グレイスはこの粉が毒だと思います」），ニュートラル条件（「物質の容器には「砂糖」と書いてあるので，グレイスはこの粉が砂糖だと思います」）の2種を用意した。最後に結末（ネガティブ条件（「グレイスは友人のコーヒーにその物質を入れます。友人はコーヒーを飲んで，死んでしまいます」），ニュートラル条件（「グレイスは友人のコーヒーにその物質を入れます。友人はコーヒーを飲んだが，大丈夫です」））を読んだ後で，「コーヒーの中にその物質を入れることは，1：禁止されるべきであった〜4：容認できる」という4段階評定を用いて，道徳判断を行った。道徳判断の結果，ネガティブな信念の場合にニュートラルな信念の場合よりも容認できず，ネガティブな結末の場合にニュートラルな結末の場合よりも容認できないことがわかった。fMRIを用いた分析の結果，ネガティブな信念を持ってニュートラルな結末になった場合に，心の理論に関連する脳領域である，右半球の側頭頭頂接合部が最も強く活動することがわかった。

　高齢者を対象にした研究として，60歳から69歳までの健常高齢者100名と，20歳から29歳までの健常な若年成人100名を対象とした調査を行った結果，高齢者は，若年成人よりも，物語の結末や主人公の特性にかかわらず，善意を持つ人物に対しては良い人と判断する割合が増加することが明らかになった（江口ほか，2016）。この結果を導いた原因として，2つの可能性が考えられる。第1に，児童期後期以降に発達する情状酌量は，成人期になっても発達をする，他者理解の熟達化の可能性である。第2に，加齢に基づく批判的思考能力の低下の可能性が考えられる。つまり，善意のもとに行動をしているように見せられてしまった場合は，その相手にだまされてしまい，詐欺など経済的被害に遭いやすくなる可能性が示唆される。

3　自閉症者の善悪判断

（1）自閉症児の善悪判断

　自閉スペクトラム症あるいは自閉症スペクトラム障害（autism spectrum disorder：ASD）とは，通常の会話のやりとりができない，情動や感情共有の少なさ，視線を合わせることや身振りの異常，人間関係の発展や維持，友人を作ることの困難さなど「複数の状況で社会的コミュニケーションおよび対人的相互反応における持続的な欠陥がある」という基準と，常同的または反復的な身体の運動や物の使用，習慣への頑なこだわり，感覚刺激に対する過敏さまたは鈍感さなど「行動，興味，または活動の限定された反復的な様式」という基準の2つによって診断される神経発達障害である（American Psychiatric Association, 2013）。このような特徴から，ASDを持つ人はさまざまな社会上，行動上の困難を抱えやすいと考えられる。

　ASDを持つ児童や成人は，悪意の理解が困難であるといわれている。たとえば，相手がだまそうとする際に相手の悪意に気がつかないことがある（Frith, 2003；子安，2000）。こうしたことは，ASDを持つ児童や成人は他者の行動といった外的な情報は理解できるにもかかわらず，意図や人物の特性といった内的な情報を利用することが難しいことを示している。

　ASD児童（平均12歳）を対象にした研究では，イラストつきの3文からなる文章を用いた結果，善悪の判断は正しくできるが，理由説明が正しくできないことが明らかにされた（Grant et al., 2005）。そこで，米田ほか（2015）は，米田ほか（2014）の題材を用いて，登場人物の特性の善悪，登場人物の行為の善悪，登場人物が行った行為の結末の善悪を組み合わせ，登場人物の善悪判断を求めた。その結果，良い結末においてはASD児のほうが定型発達児よりも「良い子」と判断をした。悪い結末においてはASD児と定型発達児の間に有意差がなかった。また，ASD児は，結末が良い場合は，良い行為をとった悪い子に対して，定型発達児よりも「良い子」と判断する割合が高いことがわかった。

Ⅲ 自閉症児を理解するために

　ASD児の善悪判断と，判断をした人物に対する協力行動との関連はどのようになっているだろうか。この問題を明らかにするために，6歳から12歳の38名のASD児と31名の定型発達児に対して，物語登場人物の善悪判断と，囚人のジレンマゲームを用いて検討が行われた（Li et al., 2014）。その結果，ASD児は良い人物に対しては定型発達児同様に，正しく良い人物であると判断できた。悪い人物に対しても定型発達児同様に正しく判断できたが，少しいたずらな（a little naughty）人物に対しては，ASD児は定型発達児よりも「悪くない」と判断し，ほんとうに悪い（really naughty）人物に対しては，ASD児は定型発達児よりも「悪い」と判断した。続いて行われた，人物判断の後の囚人のジレンマゲームにおいて，定型発達児は道徳的に良い人物に対しては協力行動が増加するのに対し，ASD児は対戦相手の善悪によって協力行動が変化しないことがわかった。この結果は，対戦相手の道徳性が定型発達児においては影響するが，ASD児においては影響しないということを示唆する。

（2）自閉症成人の善悪判断

　ザラら（Zalla et al., 2011）によれば，ASD成人においても，道徳物語（子どもが他の子を傷つける話）において，その行動を悪いと判断する際の理由として，他者の幸福感を損なうからという点をあげることが，定型発達者より少ないことがわかった。この結果は，ASD児童の研究において，善悪の判断は正しくできるが，理由説明が正しくできないという結果（Grant et al., 2005）と一貫している。さらに，道徳違反の得点と，社会的失言によって測定された心の理論課題の成績とは負の相関があることから，ASD成人における道徳判断の問題は，心の理論の不全と関連をしていることが示唆された。

　それでは，心の理論の主要な要素である認知的な共感と道徳判断はどのように関連しているであろうか。グライヒゲルヒトら（Gleichgerrcht et al., 2013）は，歩道橋のジレンマ（5人の命を救うために，自分が1人の男を歩道橋から突き落として電車を止めるか，そうしないで5人の命を犠牲にするかどうかというジレンマ）の状況で，情動の自己評定が定型発達者よりも低かったと報告している。さら

に，ASD 成人の中で，（男を突き落とすと回答した）功利主義的な参加者は，（男を突き落とさないと回答した）義務論的な参加者よりも，視点取得の得点が低いということがわかった。したがって，ASD における功利主義的な特性は，認知的共感を持つことの困難さと関連している可能性が示された

　ASD 成人を対象にした研究では，悪意のない行為が他人を傷つけてしまう状況（たとえば，友人のコーヒーに砂糖を入れたつもりが実は毒であった場合）について，ASD 者は，定型発達者よりも，悪い行為であると評価することが示された（Moran et al., 2011）。この結果は，米田ほか（2015）の結果において，ASD 児は結末が良い場合は，良い行為をした悪い子に対して，定型発達児よりも良い子と判断するという結果と，ASD 者は善悪の判断において結末を重視するという点で整合している。しかしながら，米田ほか（2015）では，悪い結末の場合に，ASD 児と定型発達児の間で差が見られなかったことから，ASD 者の年齢と結末の良い悪いにおいて交互作用があるのか，あるいは課題の違いを反映しているに過ぎないのかに関しては，明らかになっていない。したがって，今後は，ASD 児と ASD 成人の善悪判断を，同様の実験パラダイムを用いて比較し検討をすることで発達過程を解明する必要がある。

4　今後の展望

　本章では，善悪判断の研究に関して，定型発達児および定型発達成人の研究，ASD 児および ASD 成人についての研究を，発達過程を明らかにする心理学的実験手法，および認知プロセスの解明をめざす脳科学的研究手法に基づいて概観をしてきた。
　今後は，ASD 児に対する発達支援，ASD 成人に対する就労支援が重要な問題となってくると考えられるが，善悪判断についてこれまで見てきたような知見を踏まえ，次のような課題が考えられる。
　第一に，ASD 児は，結末が悪くない場合には，良い行為を行った悪い子を悪い子であると判断しないという傾向は，たとえば，他者からのいじめの対象と

される可能性があることを示唆する。また，良い人物，悪い人物によって協力行動に差がないという結果は，悪い人物に欺かれてしまい，犯罪に加担してしまうという危険性を持っている。ASD児のこうした特性の背後に，心の理論の問題があるのであれば，心の理論を向上させる介入が有効であるかもしれない。

第二に，ASD者が持つ功利主義的な特性は，チームワークを必要とする職場に適応する際に困難が生ずる可能性がある。しかしながら，功利主義的な特性は，感情に左右されない判断が可能であるという点で，与えられた状況のみに基づいて客観的に意思決定をすることを求められる職業に対する適性があると考えられる。

第三に，一人ひとりの発達の段階に合わせた効果的な支援を考えるために，ASDの児童および成人の個人差を明らかにする必要がある。ASDを持つ人における共感能力の弱さは，併発するアレキシサイミア症状（失感情症）によって説明され，すべてのASD者が共感性が低いわけではないことが指摘されている（Bird et al., 2010; Komeda et al., 2015）。今後は，アレキシサイミア特性を有する可能性を考慮した上で，ASDを持つ人の善悪判断を検討し，心の理論や共感性との関係を慎重に検討していく必要があると考える。

文　献

American Psychiatric Association (2013). *Diagnostic and statistical manual of mental disorders DSM-5.* American Psychiatric Publishing, Washington, DC.（米国精神医学会（編）高橋三郎・大野裕（監訳）(2014). DSM-5精神疾患の診断・統計マニュアル．医学書院）

Astington, J. W. (1991). Intention in the child's theory of mind. In D. Frye, & C. Moore (Eds.), *Children's theory of mind: Mental states and social understanding.* Hillsdale, NJ: Lawrence Erlbaum Associates, pp. 157-172.

Baron-Cohen S., Leslie, A. M., & Frith, U. (1985). Does the autistic child have a 'theory of mind'?", *Cognition*, **21**, 37-46.

Bird, G., Silani, G., Brindley, R., White, S., Frith, U., & Singer, T. (2010). Empathic brain responses in the insula are modulated by levels of alexithymia but not autism. *Brain*, **133**, 1515-1525.

Boseovski, J. J., & Lee, K. (2006). Children's use of frequency information for trait categorization and behavioral predictions. *Developmental Psychology*, **42**, 500-513.

Dunn, J. (1991). Young children's understanding of other people: Evidence from observation within the family. In D. Frye, & C. Moore (Eds.), *Children's theory of mind: Mental states and social understanding.* Hillsdale, NJ: Lawrence Erlbaum Associates, pp. 97-114.

江口洋子・米田英嗣・加藤佑佳・成本迅・三村將（2016）．善悪判断課題における加齢の影響——高齢者と若年者の人物の意図と特性による判断に関する比較研究．第31回日本老年精神医学会発表予定．

Feinfield, K. A., Lee, P. P., Flavell, E. R., Green, F. L., & Flavell, J. H. (1999). Young children's understanding of intention. *Cognitive Development*, **14**, 463-486.

Frith, C. D., & Frith, U. (2006). The neural basis of mentalizing. *Neuron*, **50**, 531-534.

Frith, U. (2003). Autism: Explaining the enigma. Second edition. Oxford, UK: Blackwell.（フリス（著）冨田真紀・清水康夫・鈴木玲子（訳）（2009）．新訂自閉症の謎を解き明かす．東京書籍）

Frith, U., & Frith, C. D. (2003). Development and neurophysiology of mentalizing. *Philosophical Transactions of the Royal Society of London Series B-Biological Sciences*, **358**, 459-473.

Gleichgerrcht, T. Torralva, A. Rattazzi, V. Marenco, M. Roca, & Manes, F. (2013). Selective impairment of cognitive empathy for moral judgment in adults with high functioning autism. *Social Cognitive and Affective Neuroscience*, **8**, 780-788.

Grant, C. M., Boucher, J., Riggs, K. J., & Grayson, A. (2005). Moral understanding in children with autism. *Autism*, **9**, 317-331.

林 創（2006）．二次の心的状態の理解に関する問題とその展望．心理学評論，**49**，233-250．

林 創（2012）人の行為と良い悪いのとらえ方．清水由紀・林 創（編），他者とかかわる心の発達心理学——子どもの社会性はどのように育つか．金子書房，pp. 75-92．

Hayashi, H. (2015). Omission bias and perceived intention in children and adults. *British Journal of Developmental Psychology*, **33**, 237-251.

Jambon, M., & Smetana, J. G. (2014). Moral complexity in middle childhood: Children's evaluations of necessary harm. *Developmental Psychology*, **50**, 22-33.

Joseph, R. M., & Tager-Flusberg, H.（1999）. Preschool children's understanding of the desire and knowledge constraints on intended action. *British Journal of Developmental Psychology*, **17**, 221-243.

金井良太（2013）. 脳に刻まれたモラルの起源. 岩波書店.

Komeda, H., Kosaka, H., Saito, D. N., Mano, Y., Fujii, T., Yanaka, H. T., Munesue, T., Ishitobi, M., Sato, M. & Okazawa, H.（2015）. Autistic empathy toward autistic others. *Social Cognitive and Affective Neuroscience*, **10**, 145-152.

米田英嗣・小山内秀和・柳岡開地・猪原敬介・子安増生・楠見孝・小坂浩隆（2014）. 児童および成人による善悪判断における特性と意図の効果. 日本教育心理学会第56回大会発表論文集, 661.

米田英嗣・小山内秀和・柳岡開地・子安増生・楠見孝（2015）. 自閉症スペクトラム児による善悪判断における特性と意図の効果. 日本発達心理学会第26回大会．

子安増生（2000）. 心の理論——心を読む心の科学. 岩波書店.

Li, J., Zhu, L., & Gummerum, M.（2014）. The relationship between moral judgment and cooperation in children with high-functioning autism. *Scientific Reports*, **4**, 4314.

Moran, J. M., Young, L., Saxe, R., Lee, S., O'Young, D., Mavros, P., & Gabrieli, J.（2011）. Impaired theory of mind for moral judgment in high-functioning autism. *Proceedings of the National Academy of Sciences*, **108**, 2688-2692.

Moses, L. J.（1993）. Young children's understanding of belief constraints on intention. *Cognitive Development*, **8**, 1-25.

Mull, M. S., & Evans, E. M.（2010）. Did she mean to do it?：Acquiring a folk theory of intentionality. *Journal of Experimental Child Psychology*, **107**, 207-228.

Perner, J., & Wimmer, H.（1985）. 'John thinks that Mary thinks that…': Attribution of second-order beliefs by 5- to 10-yearold children. *Journal of Experimental Child Psychology*, **39**, 437-471.

Piaget, J.（1930）. *Le jugement moral chez l'enfant.* Geneve: Institut J. J. Rousseau.（ピアジェ, J.（著）大伴茂（訳）（1953）. 児童道徳判断の発達. 同文書院）

Premack, D., & Woodruff, G.（1978）. Does the chimpanzee have a theory of mind? *Behavioral and Brain Sciences*, **1**, 515-526.

Rholes, W., & Ruble, D.（1984）. Children's understanding of dispositional characteristics of others. *Child Development*, **55**, 550-560.

榊原洋一・米田英嗣（編）（2015）. 発達科学ハンドブック第8巻 脳の発達科学. 新曜社.

Schult, C. A.（2002）. Children's understanding of the distinction between intentions

and desires. *Child Development*, **73**, 1727-1747.
清水由紀 (2005). パーソナリティ特性推論の発達過程——幼児期・児童期を中心とした他者理解の発達モデル. 風間書房.
清水由紀 (2012). 子どもの認知する「その人らしさ」. 清水由紀・林創 (編), 他者とかかわる心の発達心理学——子どもの社会性はどのように育つか. 金子書房, pp. 93-109.
Shultz, T. R. (1980). Development of the concept of intention. *The Minnesota Symposium on Child Psychology*, **13**, 131-164.
Smith, A. (1790/2011). *The theory of moral sentiments*. Gutenberg Publishers. (スミス, A. (著) 高哲男 (訳) (2013). 道徳感情論. 講談社)
鈴木亜由美 (2013). 幼児の意図理解と道徳判断における意図情報の利用. 心理学評論, **56**, 474-488.
Tomasello, M. (1999). *The cultural origins of human cognition*. Cambridge, MA: Harvard University Press. (トマセロ, M. (著) 大堀壽夫・中澤恒子・西村義樹・本多啓 (訳) (2006). 心とことばの起源を探る. 勁草書房)
Young, L., Cushman, R., Hauser, M., & Saxe, R. (2007). The neural basis of the interaction between theory of mind and moral judgment. *Proceedings of the National Academy of Sciences*, **104**, 8235-8240.
Wimmer, H. & Perner, J. (1983). Beliefs about beliefs: Representation and constraining function of wrong beliefs in young children's understanding of deception. *Cognition*, **13**, 103-128.
Zalla, T., Barlassina, L., Buon, M., & Leboyer, M. (2011). Moral judgment in adults with autism spectrum disorders. *Cognition*, **121**, 115-126.

索　引

(＊印は人名)

あ 行

アーリー・スタート・デンバー・モデル　230
アイ・テスト　189, 193
アイコンタクト　11, 170-172, 174, 177
アイトラッカー　74
悪意のないうそ　98
あざむき　97, 116, 119
＊アスティントン（Astington, J.）　12
アスペルガー症候群　163, 167
アナログ研究　188
誤った信念　5
　　――課題　4, 6, 9, 10, 131, 138
アレキシサイミア　242
一次表象　20, 22
一般化された他者　88
偽りの悲しみ表出　112, 113
偽りの感情　112, 113, 115
意図　85
　　――を持つ行為主体　85
意味　20
言わないで教える　124
ウィスコンシンカード分類課題　35
＊ヴィマー（Wimmer, H.）　4, 5, 55, 131
＊ウェイソン（Wason, P. C.）　36
＊ウェルマン（Wellmann, H. M.）　9, 55, 58
うそ／ウソ／嘘　97, 119, 115, 116, 138-141
うそと冗談の区別　100
＊ウッドラフ（Woodruff, D.）　3
裏切り者検出機能　37
援助　132-135, 141
遠転移　152-155
「遅い」心の理論　77
＊オゾノフ（Ozonoff, S.）　220, 221

か 行

カード分類テスト　214-217
＊ガーンズバッカー（Gernsbacher, M. A.）　10, 11
外的調整　204
介入　143, 156
会話スキル　220
＊カスパロフ（Kasparov, G. K.）　7
可塑性　178
葛藤抑制　30, 31
過度な情動抑制　208
感覚過敏・感覚鈍麻　204
感情制御　117
感情の原因　108
感情理解　220
期待違反法　73
期待外れのプレゼント　112, 117
＊北山忍　56
機能的磁気共鳴画像法（fMRI）　237
教育的動物　120
共感　240
　　――化　192, 193, 196
　　――化指数（EQ）　192
　　――化-システム化（E-S）理論　187, 192, 194-196
　　――性　63, 242
　　――脳（E）タイプ　194
教示行為　90
共同注意　168-170, 209
共有者　212
極端なSタイプ　194, 195
＊グランディン（Grandin, T.）　11
原-教示行為　121
言語的命題化　227
高機能自閉症　199
向社会的行動　132, 141
向社会的モチベーション　90
広汎性発達障害（PDD）　163
高齢者　238
＊コール（Call, J.）　8
心の表象理論　20
心の読み取り指導　220-222, 226
心の理解　82
心の理論　3-15, 17, 19, 41, 47-51, 55, 82, 108, 116, 235, 237, 242
　　――課題　226

247

——欠損仮説　201
　　——障害説　166
　　——と実行機能の関連　34
　　——の欠損　199
　　——の障害（マインド・ブラインドネス）
　　　仮説　164
心を読む（mind reading）　164
個人差　143
個人主義　56
誤信念　109-111, 114, 116, 165-167
　　——課題　17-19, 23, 25, 27, 29, 38, 47, 49,
　　　55, 71, 87, 89, 109-111, 113, 114, 144, 235
　　——に基づく感情　110, 111
　　——理解　223, 227, 229
誤表象　166
＊ゴプニク（Gopnik, A.）　133
コミック会話　228
＊子安増生　13
壊れた鏡　174

さ　行

作為　236
作動記憶　31
サリーとアンの課題／「サリーとアン」テス
　ト　6, 210
三項関係　168, 179, 209-214, 218
　　——の複合　211, 215
参照視　169
＊糸賀一雄　91
時間的拡張自己　87
指示対象　20-22
システム化　192, 193, 196
　　——指数（SQ）　192
システム脳（S）タイプ　194
視線忌避説　171
視線追従　172
　　——行動　69
自他の混乱　86
実行機能　30, 89
視点取得　57, 222, 241
児童期　95, 235
自発的な誤信念課題　72
自発的な反応　72, 76
自分に向けられた視線　69

自閉症／自閉症スペクトラム障害／自閉ス
　ペクトラム症（ASD）　35, 46, 47, 49, 163,
　164, 239
「自閉症＝〈心の理論〉欠如」仮説　6, 10
自閉症児　5, 6, 10, 11, 13
自閉症スペクトラム　164, 170
　　——指数（AQ）　187, 188, 195, 196
自閉性障害　163
社会コミュニケーションの障害／社会性コミ
　ュニケーションの障害／社会的コミュニケ
　ーションの障害　188, 189, 193, 194
社会性　234
社会的刺激への反応傾性　205
社会的動機づけ　230
社会脳　89
　　——仮説　37
社会文化的　168
囚人のジレンマゲーム　240
修正行動　217
集団主義　56
熟達化　238
主知主義　177
状況理論家　21, 26
情状酌量　238
上側頭溝（STS）　6
情動　202
　　——共有経験　205-207
　　——調整の障害　200, 208
　　——的な心　201
神経発達障害　239
人工知能　6
心的状態　59
　　——語　19, 57
　　——についての会話　144, 145, 152, 155,
　　　156
信念理解　220
＊スウェッテナム（Swettenham, J.）　220, 221
ストレンジストーリー課題　145-147, 151,
　153-155
スマーティ課題／「スマーティ」テスト　5,
　9, 213
善悪判断　233
潜在的な心の理論　228, 230
前頭葉　32

索　引

相互主体的　169, 170, 176, 179
ソーシャルスキル　229
　　──尺度　220, 221
ソーシャルストーリー　228
側頭頭頂接合部　238
ソクラテス的提示　126
素朴心理学　191, 192
素朴物理学　191, 192
ソマティック・マーカー　203

た　行

第一反抗期　132, 134
＊高橋惠子　59
多義図形　22-25
＊ダン（Dunn, J.）　57
遅延自己映像認知課題　88
遅延抑制　30
知識状態　97
知識に基づく行動の予測　223
チンパンジー　120
定型発達　8
道徳　138, 139
　　──性　240
　　──的判断　101, 233, 234
倒立効果　172
特定不能の PDD　163
＊トマセロ（Tomasello, M.）　8

な　行

内側前頭前野（mPFC）　6
内的調整　204, 206, 207
＊内藤美加　56, 59
なぐさめ行動　116
二項関係　170, 179, 218
＊西垣順子　13
二次的誤信念　5
　　──課題／二次の誤信念課題　10, 14, 15, 95
二次的信念　32
二次の心の理論　95
二次表象　20, 22, 25
乳児期　69
認知的共感　241
認知的柔軟性　31, 36

認知的な心　201
脳神経線維束　179

は　行

＊パーナー（Perner, J.）　4-6, 19-23, 25, 55, 131
＊ハウリン（Howlin, P.）　219, 220, 222, 229
＊波多野誼余夫　59
発達保障　91
＊ハドウィン（Hadwin, J. A.）　220, 221
母親言葉　175, 176
「速い」心の理論　77
バランス脳（B）タイプ　194
＊バロン＝コーエン（Baron-Cohen, S.）　5, 6, 10, 164, 165, 188, 191, 209, 219, 220, 229
反射的な共同注意　172, 173
反復的・限定的な関心やこだわり行動（RRB）　188, 189, 193, 194, 196, 197
＊ピアジェ（Piaget, J.）　234
＊ピーターソン（Peterson, C. C.）　57
非共有者　212, 213, 216
皮質下　177, 179, 180
一人二役会話　86
表示規則　98
表象　19, 177
　　──機能　17, 26, 165
　　──内容　20-22
　　──媒体　20
　　──理論家　22
不作為　236
「2つの心の理論」説　78
ふり遊び　220
＊プレマック（Premack, D.）　3, 4, 8, 55
ポジティビティ・バイアス　236

ま　行

＊マーカス（Markus, H.）　56
マキシ課題　108, 109
窓課題　33
見かけと本当課題　144
ミラーシステム　42-47, 49, 50
ミラーニューロン　41-43
　　──システム　41, 173, 177
見ることと知ることの関係の理解　221

249

見ることは知ること　222
　　──の理解　224
明示的な心の理論　230
メタ認知的言語課題　147
メタ表象　21, 22, 166
メタ分析　8, 9, 12, 55
モジュール　19, 166, 177, 179
モニタリング　122
物語　13-15
模倣　43-47, 169, 174

や　行

「やってみせて教える」　122
＊山田詠美　13

優美の年齢　26
指さし　212
予期的注視　73
抑制機能　19
抑制制御　30
4枚カード問題　36

ら・わ行

＊ラフマン（Ruffman, T.）　57
領域固有的　19
領域普遍的　19
連合学習　169
＊ワロン（Wallon, H.）　26

《執筆者紹介》（執筆順，＊は編著者）

＊子安増生（こやす　ますお）　まえがき・Ⅰ-1
　　現　在：京都大学大学院教育学研究科教授
　　主　著：『心の理論——心を読む心の科学』（単著，2000年，岩波書店）
　　　　　　『ミラーニューロンと〈心の理論〉』（共編著，2011年，新曜社）

加藤義信（かとう　よしのぶ）　Ⅰ-2
　　現　在：名古屋芸術大学人間発達学部子ども発達学科教授，愛知県立大学名誉教授
　　主　著：『アンリ・ワロン　その生涯と発達思想——21世紀のいま「発達のグランドセオリー」を再考する』（単著，2015年，福村出版）
　　　　　　『子どもの心的世界のゆらぎと発達——表象発達をめぐる不思議』（共編著，2011年，ミネルヴァ書房）

郷式　徹（ごうしき　とおる）　Ⅰ-3
　　現　在：龍谷大学文学部哲学科教授
　　主　著：『幼児期の自己理解の発達——3歳児はなぜ自分の誤った信念を思い出せないのか？』（単著，2005年，ナカニシヤ出版）
　　　　　　『心の理論——第2世代の研究へ』（共編著，印刷中，新曜社）

嶋田総太郎（しまだ　そうたろう）　Ⅰ-4
　　現　在：明治大学理工学部電気電子生命学科教授
　　主　著：『ミラーニューロンと〈心の理論〉』（共著，2011年，新曜社）
　　　　　　『ソーシャルブレインズ——自己と他者を認知する脳』（共著，2009年，東京大学出版会）

東山　薫（とうやま　かおる）　Ⅰ-5
　　現　在：龍谷大学経済学部現代経済学科講師
　　主　著：『「心の理論」の再検討——心の多面性の理解とその発達の関連要因』（単著，2012年，風間書房）
　　　　　　『はじめて学ぶ心理学——心の形成・心の理解』（共著，2015年，大学図書出版）

千住　淳（せんじゅう　あつし）　Ⅱ-1
　　現　在：ロンドン大学バークベックカレッジ心理科学科リサーチフェロー
　　主　著：『社会脳の発達』（単著，2012年，東京大学出版会）
　　　　　　『自閉症スペクトラムとは何か』（単著，2014年，筑摩書房）

木下孝司（きのした　たかし）　Ⅱ-2
　　現　在：神戸大学大学院人間発達環境学研究科教授
　　主　著：『子どもの発達に共感するとき——保育・障害児教育に学ぶ』（単著，2010年，全国障害者問題研究会出版部）
　　　　　　『子どもの心的世界のゆらぎと発達——表象発達をめぐる不思議』（共編著，2011年，ミネルヴァ書房）

林　創（はやし　はじむ）Ⅱ-3
　現　在：神戸大学大学院人間発達環境学研究科准教授
　主　著：『大学生のためのリサーチリテラシー入門――研究のための8つの力』（共著，2011年，ミネルヴァ書房）
　　　　　『再帰的事象の認識とその発達に関する心理学的研究』（単著，2008年，風間書房）

溝川　藍（みぞかわ　あい）Ⅱ-4,（Ⅱ-7：訳者）
　現　在：明治学院大学心理学部教育発達学科助教
　主　著：『幼児期・児童期の感情表出の調整と他者の心の理解――対人コミュニケーションの基礎の発達』（単著，2013年，ナカニシヤ出版）
　　　　　『心の理論――第2世代の研究へ』（共著，印刷中，新曜社）

赤木和重（あかぎ　かずしげ）Ⅱ-5
　現　在：神戸大学大学院人間発達環境学研究科准教授
　主　著：『「気になる子」と言わない保育』（共著，2013年，ひとなる書房）
　　　　　『0123発達と保育』（共著，2012年，ミネルヴァ書房）

小川絢子（おがわ　あやこ）Ⅱ-6
　現　在：名古屋短期大学保育科准教授
　主　著：『保育のための心理学ワークブック』（共著，2015年，ナカニシヤ出版）

Serena Lecce（セレナ・レッチェ）Ⅱ-7
　現　在：Department of Brain and Behavioral Sciences, University of Pavia Associate Professor（パヴィア大学准教授）
　主　著：「Training preschoolers on 1st-order-false-belief understanding : Transfer on advanced ToM skills and metamemory.」（共著，2014年，*Child Development*, **85**, 2404-2418.）
　　　　　「Does sensitivity to criticism mediate the relationship between theory of mind and academic achievement.」（共著，2011年，*Journal of Experimental Child Psychology*, **110**(3), 313-331.）

Federica Bianco（フェデリカ・ビアンコ）Ⅱ-7
　現　在：Department of Brain and Behavioral Sciences, University of Pavia Post doctoral researcher（パヴィア大学博士研究員）
　主　著：「Conversations about mental states and theory of mind development in middle childhood : A training study.」（共著，印刷中，*Journal of Experimental Child Psychology*.）
　　　　　「Training preschoolers on 1st-order-false-belief understanding : Transfer on advanced ToM skills and metamemory.」（共著，2014年，*Child Development*, **85**, 2404-2418.）

内藤美加（ないとう　みか）Ⅲ-1
　現　在：上越教育大学大学院学校教育研究科教授
　主　著：『発達障害の臨床的支援と理解2　幼児期の理解と支援』（共著，2012年，金子書房）
　　　　　『自己心理学4　認知心理学へのアプローチ』（共著，2008年，金子書房）

若林明雄（わかばやし　あきお）Ⅲ-2
　現　在：千葉大学文学部行動科学科・千葉大学こどものこころの発達研究センター教授
　主　著：『パーソナリティとは何か──その概念と理論』（単著，2009年，培風館）
　　　　　『認知の個人差』（共著，2011年，北大路書房）

別府　哲（べっぷ　さとし）Ⅲ-3
　現　在：岐阜大学教育学部教授
　主　著：『自閉症児者の発達と生活──共感的自己肯定感を育むために』（単著，2009年，全国障害者問題研究会出版部）
　　　　　『「自尊心」を大切にした高機能自閉症の理解と支援』（共編，2010年，有斐閣）

熊谷高幸（くまがい　たかゆき）Ⅲ-4
　現　在：福井大学教育地域科学部特命教授
　主　著：『自閉症──私とあなたが成り立つまで』（単著，2006年，ミネルヴァ書房）
　　　　　『天才を生んだ孤独な少年期──ダ・ヴィンチからジョブズまで』（単著，2015年，新曜社）

藤野　博（ふじの　ひろし）Ⅲ-5
　現　在：東京学芸大学教育学部特別支援科学講座教授
　主　著：『障がいのある子との遊びサポートブック──達人の技から学ぶ楽しいコミュニケーション』（編著，2008年，学苑社）
　　　　　『自閉症スペクトラムSSTスタートブック──チームで進める社会性とコミュニケーションの支援』（編著，2010年，学苑社）

米田英嗣（こめだ　ひでつぐ）Ⅲ-6
　現　在：京都大学白眉センター特定准教授
　主　著：『発達科学ハンドブック8巻　脳の発達科学』（共編著，2015年，新曜社）
　　　　　『心のしくみを考える：認知心理学研究の深化と広がり』（共著，2015年，ナカニシヤ出版）

《編著者紹介》

子安増生 (こやす・ますお)
　京都大学大学院教育学研究科博士課程中退　博士（教育学）
　現　在　京都大学大学院教育学研究科教授
　主　著　『心の理論──心を読む心の科学』（単著，2000年，岩波書店）
　　　　　『ミラーニューロンと〈心の理論〉』（共編著，2011年，新曜社）　ほか

「心の理論」から学ぶ発達の基礎
──教育・保育・自閉症理解への道──

2016年3月5日　初版第1刷発行　　　　　　〈検印省略〉

定価はカバーに
表示しています

編 著 者	子 安 増 生
発 行 者	杉 田 啓 三
印 刷 者	田 中 雅 博

発行所　株式会社　ミネルヴァ書房
607-8494　京都市山科区日ノ岡堤谷町1
電話代表（075）581-5191
振替口座01020-0-8076

©子安増生，2016　　　　創栄図書印刷・新生製本
ISBN978-4-623-07537-9
Printed in Japan

よくわかる認知発達とその支援
子安増生／編

B5判／216頁
本体2400円

子どもの心的世界のゆらぎと発達
　　──表象発達をめぐる不思議

木下孝司・加用文男・加藤義信／編著
瀬野由衣・木村美奈子・塚越奈美・富田昌平／著

A5判／216頁
本体2400円

0123　発達と保育
　　──年齢から読み解く子どもの世界

松本博雄・常田美穂・川田　学・赤木和重／著

A5判／240頁
本体2200円

脳科学からみる子どもの心の育ち
　　──認知発達のルーツをさぐる

乾　敏郎／著

四六判／268頁
本体2800円

発達科学の最前線
板倉昭二／編著

A5判／228頁
本体2500円

季刊誌　発達　〈1・4・7・10月　各25日発売〉
B5判／120頁　本体1500円

乳幼児期の子どもの発達や，それを支える営みについて，幅広い視点から最新の知見をお届け！

ミネルヴァ書房

http://www.minervashobo.co.jp/